商品流通企业会计

SHANGPIN LIUTONG QIYE KUAIJI

（第三版）

王国生 ◎ 编著

首都经济贸易大学出版社
Capital University of Economics and Business Press
·北 京·

图书在版编目(CIP)数据

商品流通企业会计/王国生编著.—3版.—北京:首都经济贸易大学出版社,2017.3

ISBN 978-7-5638-2617-9

Ⅰ.①商… Ⅱ.①王… Ⅲ.①商业会计 Ⅳ.①F715.51

中国版本图书馆CIP数据核字(2017)第023338号

商品流通企业会计(第三版)

王国生 编著

责任编辑	薛晓红
封面设计	砚祥志远·激光照排 TEL:010-65976003
出版发行	首都经济贸易大学出版社
地　　址	北京市朝阳区红庙(邮编100026)
电　　话	(010)65976483　65065761　65071505(传真)
网　　址	http://www.sjmcb.com
E-mail	publish@cueb.edu.cn
经　　销	全国新华书店
照　　排	北京砚祥志远激光照排技术有限公司
印　　刷	北京九州迅驰传媒文化有限公司
开　　本	710毫米×1000毫米　1/16
字　　数	321千字
印　　张	18.25
版　　次	2009年1月第1版　2012年1月第2版 **2017年3月第3版**　2017年3月总第5次印刷
书　　号	ISBN 978-7-5638-2617-9/F·1458
定　　价	32.00元

第三版前言

《商品流通企业会计》自2009年第一版、2012年第二版发行之后，以其内容简明、务实、规范、通俗以及实例丰富、紧密联系实际等特点，得到了广大读者的认可、支持与厚爱。借此修订第三版之际，作者谨向选用本书的广大读者朋友，表示衷心的感谢！

本书自2012年第二版发行之后，我国企业会计规范发生了较大的变化，财政部先后发布了《企业产品成本核算制度（试行）》以及《企业会计准则第39号——公允价值计量》、《企业会计准则第40号——合营安排》和《企业会计准则第41号——在其他主体中权益的披露》3项新的会计准则，并对《企业会计准则第2号——长期股权投资》、《企业会计准则第9号——职工薪酬》、《企业会计准则第30号——财务报表列报》、《企业会计准则第33号——合并财务报表》和《企业会计准则第37号——金融工具列报》等准则进行了修订。与此同时，我国增值税、营业税等税收政策也发生了一定的变化。

为了更好地满足读者的需要，作者对《商品流通企业会计》（修订第二版）进行了修订。与第二版相比，此次修订的内容如下：

1. 第七章更名为“商品流通企业库存商品加工、出租和周转材料的核算”；第八章更名为“商品流通企业固定资产、无形资产和投资性房地产的核算”。

2. 第五章增加了“期末库存商品清查与计价”一节，第六章增加了“零售商品特殊销售方式的核算”一节，第十章增加了借款费用资本化以及批发商业企业增值税的核算，第十一章增加了营业利润案例，第十二章增加了现金流量表个别项目编制的举例。

3. 根据修订后的《企业会计准则第2号——长期股权投资》、《企业会计准则第9号——职工薪酬》和《企业会计准则第30号——财务报表列报》，更新了相应章节的内容。

4. 删除营业税相关内容。根据我国2016年5月1日全面实施营业税改征增值税的规定，删除了营业税相关内容，增加了财政部新印发的《增值税会计处理规定》的相关内容。

5. 各章正文中，增补了一定数量的举例，同时也更新了相关章节的练习题。

由于编者的水平有限，本次修订可能存在不足之处，恭请读者给予批评指正。

作　者

2016年12月

第一版前言

《商品流通企业会计》是为适应各类财经院校学生学习行业会计的需要而编写的教材。本书以财政部2006年颁布的《企业会计准则——基本准则》、38项具体会计准则以及《企业会计准则应用指南》为依据，全面、详细地介绍了商品流通企业会计理论与方法。本书具有以下特点：

第一，内容新颖。本书以财务会计的基本概念和方法为基础，以我国会计准则体系为主体，在阐述会计基本理论与方法的同时，紧紧围绕我国财务会计改革现状，对新的《企业会计准则——基本准则》、38项具体会计准则、《企业会计准则应用指南》等重点内容，结合商品流通企业业务活动的特点做了系统的介绍。

第二，体例安排合理。在体例安排上，本书以商品流转的核算为主线，以形成"四表一注"的财务报表体系为目的，对商品流通企业的创办、货币资金、往来款项、商品资金、非商品资金、流通费用、税金、财务成果的核算方法以及财务报表编制做了全面、具体和详细的说明，读者按照教材的体系脉络，可以对商品流通企业的会计核算内容有一个比较系统的了解。

第三，由简到繁，由浅入深。本书在全面介绍商品流通企业会计科目的设置、运用和会计报表编制的理论与方法的同时，对商品流通企业长期会计实践中形成的一些行之有效的管理措施、管理办法进行了总结，并在文字叙述上力求做到深入浅出、通俗易懂、便于自学；对难于理解的内容，均举例或以图示说明。

第四，层次居中，针对性强。不论教材的对象是谁，都面临着编写什么内容和如何编写的问题，本教材亦如此。既然是商品流通企业会计教材，在内容安排上，本书精选和提炼了商品流通企业的常规业务，同时，也对其改革与发展实践中所面临的重点、难点问题如代销、分期收款等业务进行了系统的阐述。

《商品流通企业会计》立足于本科、高职高专的教学要求，突出本科、高职高专会计专业特色，注重会计理论与方法的实用性和适用性，满足培养高等会计技术应用型人才的需要。

第五，实用性强。本书实用性强，主要适用以下人员的学习需要：

一是商业、粮食、物资供销、供销合作社、对外贸易、医药、石油、烟草商业和图书发行等各类企业的财会人员；

二是高等和中等财经院校会计专业及贸易、物流、旅游和服务等专业学生；

三是财政、税务、银行、会计服务中介和信息咨询等相关人员；

四是企业中担任各种经济管理职责的非会计人员。

会计是适应社会经济的发展而不断发展的一项管理活动。在本书的编写过程中,作者力求以我国会计法规为依据,对我国商品流通企业在会计实践中形成的行之有效的科学理论和科学方法进行系统的总结。但基于作者的水平,加之我国商品流通企业发展比较快,会计改革的力度和深度也在不断地加大,书中可能存在不妥或谬误的内容,敬请各位同仁指正。

本书在写作过程中,参阅和引用了国内大量的优秀文献和著作,在此对相关作者表示感谢。

作　者

2008 年 10 月

目　录

第一章　总　论

学习目标

> 本章主要介绍商品流通企业会计的基本理论。通过本章的学习，应了解批发企业、零售企业经营活动特点，理解商品流通企业资金及其运动特点，掌握商品流通企业会计要素及会计科目的内容，了解商品流通企业会计规范的主要内容。

商品流通企业会计是应用于商品流通企业的一门专业会计，它是商品流通企业经济管理的重要组成部分。商品流通企业会计的基本目标是向会计信息使用者提供与企业财务状况、经营成果和现金流量等有关的会计信息，反映企业管理层受托责任履行情况，有助于他们作出经济决策。商品流通企业进行会计核算工作，必须遵循一定的原则，采取一定的方法和步骤，遵守一定的程序和规范。

第一节　商品流通企业经营活动的特点

一、商品流通企业的含义

商品流通企业是以商品的购进、调拨、储存和销售等经济活动为主营业务，实现商品从流通领域向消费领域转移的经济组织。商品流通企业包括：商业、粮食、物资供销、供销合作社、对外贸易、医药、石油、烟草商业、图书发行以及从事其他商品流通活动的企业。

商品流通企业的主要经济活动是组织商品流通，即组织商品购进、商品储存和商品销售。

商品购进是指商品流通企业通过货币结算而取得商品所有权的交易行为，它是商品流通的起点。按商品来源不同，商品购进可分为从生产者购进、从批发或零售贸易企业购进、进口和其他购进。商品购进必须以商品实物的转移为前提，取得商品的同时通过货币收付实现价值的转移。没有商品的转移而只有货币收付，或未通过货币收付的商品转移，均不属于商品购进。

商品存储是指商品流通企业购进的商品未销售前，在生产、流通领域中的暂时停泊和存放过程。它是商品购进和商品销售的中间环节。商品贮存的根本目的是保证商品销售,为消费者服务。在购进、销售的不断循环过程中,商品存储使各个环节相对独立的经济活动成为可能。商品存储可以调节各个环节之间由于供求品种及数量的不一致而发生的变化,使购进和销售等经营环节能够连接起来。通过商品储存,不仅支持了生产,也保证了商品货源充足,既协调商品产、销矛盾,也满足了消费者需求,起到润滑剂的作用。

商品销售是指商品流通企业通过货币结算出售所经营的商品,转移所有权并取得销售收入的交易行为。通过商品销售一是将企业生产或购进的商品推向生产或消费领域,满足其生产、生活需要;二是社会选择市场和商品交换方式,在企业转让商品、产品给生产者或消费者的同时,从客户那里获得货币,让商品变为货币,社会可以为企业补充和追加投入生产要素,对商品生产、经营中的劳动消耗予以补偿,企业因此也获得了生存和发展的条件。

需要说明的是,商品流通企业对经营的商品基本不进行加工或只进行浅度加工。通常情况下,商品流通企业的主要职能是组织商品的流通,加工的对象是进入流通过程的商品,加工的程度大多是简单形式的加工,只是改变商品的外部形态,不改变其性质和使用价值,是对生产加工的一种辅助和补充,其目的是为了促进销售,维护产品质量和提高流通效率,更好地满足流通过程的要求。

按照商品流通企业在社会再生产过程中的作用不同,商品流通企业分为批发企业和零售企业。

二、批发企业

(一)批发企业的概念

批发商业企业是指在商品流通环节中专门组织批量商品购销的商品流通企业。其经营活动特点主要是从生产企业或其他批发企业购进商品,供应给零售企业或其他批发企业用于转售,或供应给其他企业用于进一步加工。

批发企业处于商品流通的起点和中间环节。作为商品流通的起点,它购进生产部门的产品使其从生产领域进入流通领域;作为商品流通的中间环节,它又将进入流通领域的商品尽可能地批发销售给远离产地的商品流通企业。

(二)批发企业经营活动特点

批发企业经营活动具有以下特点:

1. 批发企业经营的商品主要来源于工农业生产部门或其他商业企业,此外,还有一部分进口商品。批发企业取得商品后,再转卖给零售企业或其他批发企业,或作为生产资料供应给工农业生产部门。

2. 批发企业的商品经营活动一般是大宗商品买卖,交易次数虽然不像零售企业那样频繁,但是,每次商品购销额比较大。

3. 批发企业商品储存数量大。为了合理地组织进货并保证销售，批发企业商品储存数量比较大，占用的资金也较多，有的批发企业还担负着一定的商品储备任务。

4. 批发企业的商品购销对象主要是企业单位，有同城的，也有异地的，有些批发企业异地交易占有相当大的比重。

5. 为了保证有计划地组织商品流转，交易双方应当签订商品购销合同或协议，并应严格执行合同或协议的规定。

（三）批发企业的分类

1. 按批发企业经营的商品性质不同分类，批发企业分为生产资料批发（如建材批发市场等）和消费品批发（如服装批发市场、文化用品批发市场等）；工业品批发（如生产企业的营销分公司等）和农产品批发（如粮油批发市场、海产品批发市场、蔬菜批发市场等）。还可以进一步细分为百货、文化用品、五金交电、服装鞋帽和蔬菜、粮食、土特产品等批发企业。

2. 按照销售商品的所有权分类，批发企业分为经销商和代理商两大类。经销商是专门从事商品批发的商业组织，商品的所有权归经销商所有，企业通过商品购进、储运、销售实现利润；代理商是指代替生产企业进行产品销售，促成实际交易，赚取企业代理佣金的一类商业单位。

3. 按照实体商品交割时间分类，批发企业可分为现货批发商和期货批发商两类。现货批发商经营的对象是已经生产出来的商品，交易完成的同时交付所成交的商品；期货批发的主要特征是在合约达成后的一个较长时间才交收或交割所交易的某种商品。

4. 按照地域特点分类，批发企业可分为产地批发商、中转批发商和销地批发商三类。产地批发商立足农产品或工业品的生产产地，充分利用商品在生产、加工等方面的资源优势开展业务。它们的出现使得商品生产企业无须将产品长途运送到专门的批发市场或是终端市场，而是直接在其产地附近就能实现销售，形成产销一体化。中转批发商，又称集散地批发企业。这类企业是利用自身所在地的地理区位、交通便利的优势，汇集大量的非本地生产的商品，以该企业所在地为中心向外辐射，将商品销往周边地市或下辖的县市、乡镇等。销地批发企业即面向企业所在地消费者的批发或批零兼营的企业。

5. 按照经营范围分类，批发企业分为综合批发企业、专业批发企业。综合批发企业经营范围广，品种多甚至有些杂，如小商品批发市场等；专业批发企业专门从事一类商品及周边产品的批发业务，如服装批发市场、文化音像、图书类专业市场，金属材料市场、建材装饰材料专业市场、电子市场、通信器材市场等。

此外，按照批发企业与所经营产品的生产企业之间的关系，批发企业可划分为独立批发商、依附批发商、附属批发商。其中，依附批发商在法律上是独立的，与所经营产品的生产企业也没有资本连接,但由于长期经营某一企业的产品,或签有互相独家协议,因而高度依赖特定生产企业的产品、品牌、市场营销能力,从而形成依附关系。附属批发商则是指生产企业独立运作的营销部门独立运作的营销分支机构。按照批发企业利润来源划分,批发企业可划分为配送(批发)商(其利润来源是物流配送)、场租批发商(其利润来源是提供营业场地给中小批发商或生产企业)、贸易(批发)商、多业务批发商等。

三、零售企业

(一)零售企业的概念

零售企业是以直接供应消费者用作生活消费或供应给社会集团作为非生产性消费为基本任务的商业企业。零售企业一般从商品批发企业或直接从生产企业批量购进商品,然后通过商品营业场所、柜台,将零售商品出售给个人和单位用于生活消费或生产消费,是商品流通的最终环节。零售企业一般包括食杂店、便利店、折扣店、超市、大型超市、仓储会员店、百货店、专业店、专卖店、家居建材商店、购物中心、厂家直销中心、电视购物、邮购、网上商店、自动售货亭、直销、电话购物等。

(二)零售企业经营活动特点

与批发企业相比,零售企业的经营活动具有以下特点:

1.企业组织形式多样。零售企业的服务对象主要是城乡居民和集体消费者。为了促进商品流通事业的发展,零售企业采取了多种多样的组织形式。如按所有制形式划分,零售企业可分为国营零售企业、外商独资零售企业、中外合资经营零售企业、基层供销合作社和其他集体零售企业,此外,还有各种零售个体户;按经营的范围划分,零售企业可分为专业性的零售企业、综合性的零售企业;按经营规模划分,零售企业有大、中型零售企业,也有小型零售企业;从零售企业核算组织和形式来说,零售企业有独立核算单位和非独立核算单位。

2.零售企业网点的设置比较分散,规模也比较小,业务人员分工不细。营业员不仅要负责销货,而且要对营业柜组经管的商品安全负责,在实行"一手钱,一手货"的情况下,营业员还承担管好销货款的责任。

3.零售企业经营商品的范围广泛,品种、规格繁多。零售企业既经营工业品,又经营农副产品,既有一般商品,又有贵重商品,而各种商品本身的性能不尽相同,有的容易保管,有的则不容易长期保存。

4.为了及时满足消费者多方位的需求,零售企业必须多渠道采购商品。零售企业既可能从批发企业进货,也可能从生产厂家提货,有时企业本身还加工制作商品。对于连锁经营的零售企业,一般由总部所属采购部门统一进货、统一配送。

5. 零售企业直接面对消费者，企业销售次数频繁，数量零星。销售收款一般都是现金交易，“一手钱，一手货”，除少数贵重商品和集体消费购买者需填制发票外，一般不需要填制销货凭证。

6. 零售企业以商品购销为主要经营活动内容，没有长期储备商品的任务，一般不留有过多的库存，商品库存数量虽然不多，但经常变动。除一部分存放在仓库外，在营业柜组必须存放一定数量的商品，并且要保持花色品种齐全，便于顾客挑选。

（三）零售企业的分类

1. 按照企业经营的商品范围不同，零售企业可分为专业性零售企业和综合性零售企业。

（1）专业性零售企业，是专门经营一种或某一类商品的零售企业。专业性零售企业一般采取定价销售和开架销售；商品结构体现专业性；从业人员需具备丰富的专业知识；选址多样化；多数店址设在繁华商业区、商业街或百货店、购物中心内；商圈范围不定；营业面积根据主营商品特点而定；目标市场多为流通客户。

（2）综合性零售企业，是负责经营一类或几类商品的零售企业。根据我国流通行业主管部门的规定，综合性零售企业按不同的销售形式可分为百货商店、超级市场、便利店、折扣店、购物中心等形式。

2. 按是否有店铺分类，零售企业分为有店铺零售业和无店铺零售业两大类。

（1）有店铺零售业。有店铺零售业是指有固定的进行商品陈列和销售所需要的场所和空间，并且消费者的购买行为主要在这一场所内完成的零售业。包括：①百货商店，是经营包括服装、家电、日用品等众多种类商品的大型零售商店；②超级市场，是实行自动服务和集中式一次性付款的销售方式，以销售包装食品、生鲜食品和日常生活用品为主，满足消费者日常生活必需品需求的零售业；③专业店，是以某一大类商品为主，并且拥有具备丰富专业知识的销售人员和适当的售后服务，满足消费者对某大类商品的选择需求的零售业态，例如，电器商店、服装店、体育用品商店等；④专卖店，是指专门经营或授权经营某种品牌商品的零售企业；⑤便利店，是一种以自选销售为主，销售小容量应急性的食品、日常生活用品和提供商品性服务，以满足顾客便利性需求为主要目的的零售企业；⑥仓储商店，是指实行储销一体、提供有限服务和低价格商品、采取自选方式销售的零售业态；⑦购物中心，是汇集了众多商店和服务机构的消费场所，是零售业的大聚集；⑧折扣店，是指以出售一流耐用消费品和家庭生活用品为主，以比其他零售店更低的价格进行销售的零售企业。

（2）无店铺零售业。无店铺零售业是指不设店铺、没有营业人员的零售业态，如自动售货机销售、邮购销售、网络商店等。

第二节 商品流通企业会计的内容

一、商品流通企业会计的概念

什么是商品流通企业会计？商品流通企业会计是企业会计的组成部分，是适用于商品流通企业的一门专业会计。它以货币为主要计量单位，对商品流通企业资金运动的过程及结果进行确认、计量、记录和报告，向会计信息使用者提供与商品流通企业财务状况、经营成果、现金流量等可靠、相关的会计信息，反映商品流通企业受托责任的履行情况，有助于会计信息使用者进行经营管理、作出经济决策的一项管理活动。

(1)商品流通企业会计是企业会计的一个分支，是适应于商品流通企业的一门专业会计。

企业会计是核算和监督企业经营资金增减变动、成本或费用的发生以及财务成果的一种管理活动。按企业的性质，有商品流通企业会计、工业企业会计、旅游饮食服务企业会计、农业企业会计、施工企业会计、金融企业会计、房地产企业会计和交通运输企业会计等。可见，商品流通企业会计是企业会计体系中的一个分支，它以商品购、销、存以及其资金运动为核算内容，是适用于商品流通企业的一门专业会计。

(2)商品流通企业会计目标是向财务会计报告使用者提供与企业财务状况、经营成果和现金流量等有关的会计信息，反映企业管理层受托责任履行情况，有助于财务会计报告使用者作出经济决策。

①反映企业管理层受托责任履行情况。企业所有权和经营权相分离，资源的所有者和经营者相分离，资源的受托方(资源经营者)接受委托，管理委托方(资源所有者)所支付的资源，构成现代商品流通企业管理制度的重要特征之一。委托方关注的是委托财产资源的保值与增值，与之相适应，受托方因此承担合理、有效地管理与应用受托资源，使其尽可能地保值增值的义务。会计应当反映企业管理层受托责任的履行情况，以便外部投资者和债权人等评价企业的经营管理责任和资源使用的有效性。

②向财务报告使用者提供决策有关信息。企业财务报告的使用者包括投资者、债权人、政府及有关部门、社会公众等利益相关者。向财务会计报告使用者提供与企业财务状况、经营成果和现金流量等有关的会计信息，有助于财务会计报告使用者作出相关的经济决策。

(3)提供可靠、相关的信息，是商品流通企业会计信息质量的基本要求。会计信息质量要求是对企业财务会计报告中所提供高质量会计信息的基本规范，是使财务会计报告中所提供的会计信息对投资者等使用者决策有用应具备的基本特征，主要包括可靠性、相关性、可理解性、可比性、实质重于形式、重要性、谨慎性和及时性等。其中，会计信息的可靠性和相关性构成了商品流通企业会计信息质量的基本要求。

①可靠性。可靠性要求企业应当以实际发生的交易或者事项为依据进行确认、计量和报告，如实反映符合确认和计量要求的各项会计要素及其他相关信息，保证会计信息真实可靠、内容完整。为了贯彻可靠性要求，企业应当做到：一是以实际发生的交易或者事项为依据进行确认、计量和报告。二是在符合重要性和成本效益原则的前提下，保证会计信息的完整性。三是财务会计报告中列示的会计信息应当是中立的。

②相关性。相关性要求企业提供的会计信息应当与财务会计报告使用者的经济决策需要相关，有助于财务会计报告使用者对企业过去和现在的情况作出评价，对未来的情况作出预测。

会计信息质量的相关性要求，以可靠性为基础，两者之间是统一的，并不矛盾，不应将两者对立起来。在可靠性前提下，会计信息应尽可能与决策相关，以满足财务会计报告使用者的决策需要。

(4)商品流通企业会计的基本程序为确认、计量、记录和报告。“确认”，是指是否将经济交易或事项作为资产、负债等会计要素加以记录和列入报表的过程；“计量”，是指依据一定的计量标准和计量方法，将符合确认条件的会计要素加以衡量、计算、入账、列报，以确定其金额的处理过程；“记录”，是指在确认和计量基础上，对经济业务事项运用会计科目进行账务处理的方法记录；“报告”，是确认、计量和记录的结果，是连接企业和投资者等会计信息使用者的载体和桥梁。

(5)商品流通企业会计的性质是一项管理活动。商品流通企业会计是基于人们对流通领域经济活动管理的需要而产生的一种管理活动，它既对经营活动的管理提供信息，又直接履行管理的职能。

二、商品流通企业资金及其运动

商品流通企业会计内容是指商品流通企业能够用货币表现的经济活动，也就是商品流通企业的资金运动。

商品流通企业要开展经济活动获得利润，必须拥有一定数量结构合理的商品及财产物资，这些商品及财产物资的价值表现叫做企业的经营资金，简称资金。这些资金随着企业购进过程、销售过程的不断进行，也在不断地进行着循环和周转。其运动过程如图 1 -1 所示。

在商品流通企业的经营活动中，其资金主要以“货币—商品—货币”形式不断

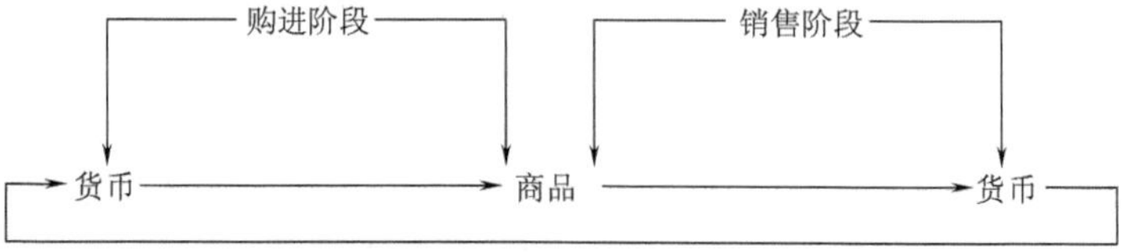

图 1－1

运动，其中"货币—商品"即付出货币取得商品，是货币资金转化为商品资金的过程，称为商品购进过程；"商品—货币"即付出商品取得货币，是商品资金转化为货币资金的过程，称为商品销售过程。二者构成商品流通企业的全部经营过程。这种"货币—商品—货币"的一次资金形态变化叫做资金循环，资金的不断循环称为资金周转。在经营过程中发生的各种收入，包括主营业务收入、其他业务收入及营业外收入，统称经营收入；发生的各种支出，包括主营业务成本、其他业务成本、销售费用、管理费用、财务费用、税金及附加以及营业外支出，统称经营支出。商品流通企业一定时期的全部经营收入与全部经营支出相抵后的差额，称为商品流通企业的经营成果（又称财务成果），它是考核商品流通企业经济效益的重要指标。该差额为正值，称为"利润"；为负值，则为"亏损"。

上述由于资金的取得、运用和退出等经济活动所引起的各项财产物资的增减变化情况，在经营过程中各项流通费用的支出情况，以及企业销售收入的取得、净利润的实现（或亏损的发生）、分配等情况，构成了商品流通企业会计的具体内容。

通过对上述经济活动进行细致的描述可以看出，商品流通企业的资金可表现为货币资金、材料物资、包装物、库存商品占用的资金、固定资产占用的资金，我们将这些占用资金的项目统称为"资产"。商品流通企业的资金主要来自于两个方面，一是从债权人取得，二是企业所有者投入，人们习惯上把前者称为"负债"，而把后者称为"所有者权益"。商品流通企业对外销售商品取得的货币资金，是企业运用资金取得的成果即经营收入，称为"收入"；而商品流通企业为取得收入所耗费资产的货币数额，称为"费用"；收入与费用之间的差额，亦即商品流通企业运用资金而取得的增值额，称为"利润"。上述资产、负债、所有者权益、收入、费用和利润就是会计要素。

三、会计要素

会计要素，是确认、计量和报告企业财务状况，确定经营成果的基本单位，也是确定财务报表结构和内容的基础。《企业会计准则——基本准则》规定，会计要素按照其性质分为资产、负债、所有者权益、收入、费用和利润。其中，资产、负债和所有者权益是企业财务状况的静态反映，也可视为资产负债表要素；收入、费用和利润从动态方面来反映企业的经营成果,也可视为利润表要素。人们利用这些会计要素,可以从静态和动态两个方面为投资者等财务报告使用者提供有价值的会计信息。

(一)反映财务状况的会计要素

财务状况是指企业一定日期的资产及权益情况,是资金运动相对静止状态时的表现。商品流通企业的财务状况可通过资产、负债和所有者权益三个会计要素得以反映。

1. 资产。资产是指企业过去的交易或者事项形成的、由企业拥有或者控制的、预期会给企业带来经济利益的资源。资产通常按流动性分为流动资产与非流动资产。一般在1年内或长于1年的一个营业周期内变现或耗用的资产称为流动资产,如货币资金、应收及预付款项、存货等。不符合上述条件的资产均为非流动资产,如长期股权投资、固定资产、在建工程、无形资产等。如图1-2所示。

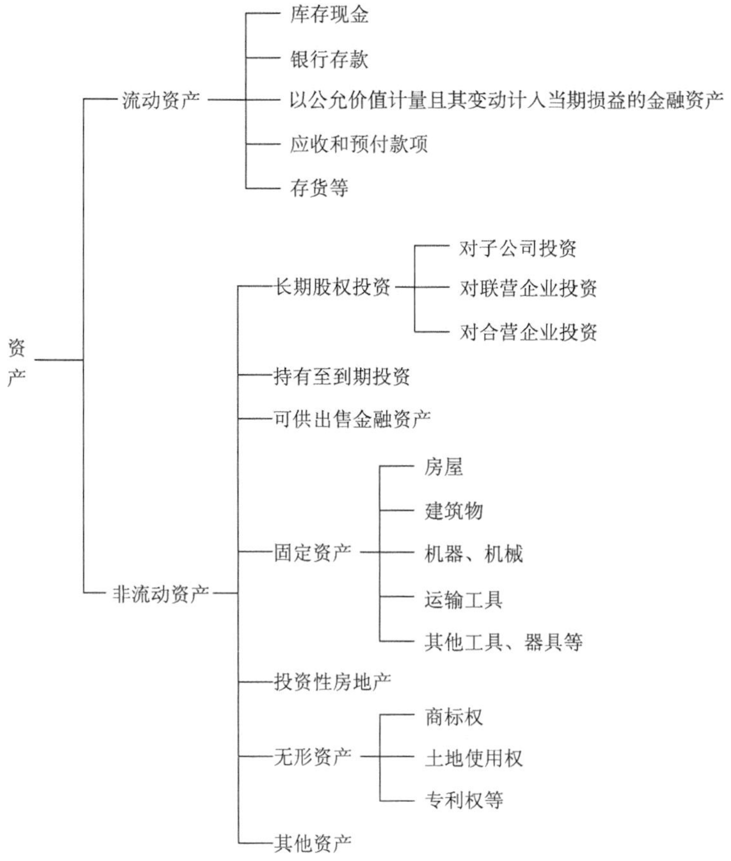

图1-2　资产构成

2. 负债。负债是指企业过去的交易或者事项形成的、预期会导致经济利益流出企业的现时义务。按照流动性对负债分类，负债可分为流动负债与非流动负债。一般将在 1 年内或长于 1 年的一个营业周期内偿还的债务为流动负债，如短期借款、应付及预收款项等。偿还期长于 1 年或长于一个营业周期的债务属于非流动负债，如长期借款、应付债券以及长期应付款项等。如图 1－3 所示。

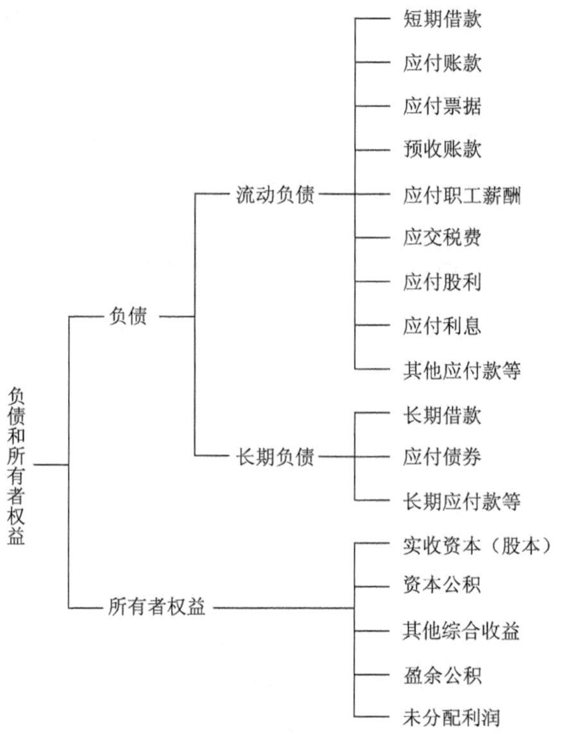

图 1－3　负债和所有者权益构成

3. 所有者权益。所有者权益是指企业资产扣除负债后由所有者享有的剩余权益，是所有者在企业资产中所享有的经济利益。所有者权益的来源包括所有者投入的资本、直接计入所有者权益的利得和损失、留存收益等。如图 1－3 所示。

（二）反映经营成果的会计要素

经营成果是企业在一定时期内从事生产经营活动所取得的最终成果，是资金运动显著变动状态的主要体现。商品流通企业的经营成果可通过收入、费用和利润三个会计要素得以反映。

1. 收入。收入是指企业在日常活动中形成的、会导致所有者权益增加的、与所有者投入资本无关的经济利益的总流入。收入一般包括销售商品收入、提供劳务收入和让渡资产使用权收入。

2. 费用。费用是指企业在日常活动中发生的、会导致所有者权益减少的、与向所有者分配利润无关的经济利益的总流出。费用按照其与收入的关系可分为营业成本和期间费用,如管理费用、销售费用和财务费用。

3. 利润。利润是指企业在一定会计期间的经营成果。利润包括收入减去费用后的净额、直接计入当期利润的利得和损失等。

(三)会计等式

如果在某个会计期间开始时考察一个会计主体的财务状况,那么必然存在下列恒等关系:

资产 = 负债 + 所有者权益

上述等式称作"会计等式"。会计等式,是指资产与负债、所有者权益之间在数量上的必然相等关系。等式左方,是企业拥有的资产,构成了企业经营的物质基础,也反映企业经营者的权力。经营者可以运用这些资产,自主进行生产经营活动。等式右方,是企业资产的来源,构成了企业资产提供者的权益,也反映企业经营者的责任。企业经营者对资产提供者负有保全其投入资本,并为他们赚收利息、利润的责任。在任何时候、任何场合下,企业的资产和权益都相等。

由于商品流通企业的主要目标是通过赚取利润使所有者权益增加,因此,企业总是力求增加收入,减少费用,使净收入最大化。收入使所有者权益增加,而费用则使所有者权益减少,因此,收入和费用的发生将影响企业的所有者权益,故会计等式也可以写成下列形式:

在会计期间内的任一时刻(未结算之前),则为:

资产 = 负债 + 所有者权益 + (收入 − 费用)

或者

资产 = 负债 + 所有者权益 + 利润

利润按规定的程序分配后,上述等式又成为:

资产 = 负债 + 所有者权益

会计等式揭示了会计对象要素之间的联系,它是复式记账、试算平衡及编制会计报表的理论依据。

(四)商品流通企业会计科目

会计科目是对会计要素按其经济内容和用途所作的具体分类项目。通过设置会计科目,可以将会计要素的增减变化分门别类地予以登记,为企业内部经济管理和外部有关方面提供一系列具体的分类数量指标。设置会计科目,在会计核算体系中占有十分重要的位置,它是设置科目、进行账务处理的依据。

1. 商品流通企业会计科目表。一个企业所使用的全部总分类科目的目录称为会计科目表。一份会计科目表表明一个会计主体的完整的科目体系。一个企业的会计科目(总分类科目)无论是由有关部门统一制定,还是由单位自主设置,都需要事先编列会计科目表,按照会计科目表开设分类账,以便企业内部随时查找。会计科目表的一般形式如表1－1所示。

表1－1　会计科目表

顺序号	会计科目名称	顺序号	会计科目名称
	一、资产类	27	固定资产
1	库存现金	28	累计折旧
2	银行存款	29	固定资产减值准备
3	其他货币资金	30	在建工程
4	交易性金融资产	31	工程物资
5	应收票据	32	固定资产清理
6	应收账款	33	无形资产
7	预付账款	34	累计摊销
8	应收股利	35	无形资产减值准备
9	应收利息	36	商誉
10	其他应收款	37	长期待摊费用
11	坏账准备	38	递延所得税资产
12	在途物资	39	待处理财产损溢
13	库存商品		二、负债类
14	发出商品	40	短期借款
15	商品进销差价	41	交易性金融负债
16	委托加工物资	42	应付票据
17	周转材料	43	应付账款
18	存货跌价准备	44	预收账款
19	持有至到期投资	45	应付职工薪酬
20	持有至到期投资减值准备	46	应交税费
21	可供出售金融资产	47	应付股利
22	长期股权投资	48	应付利息
23	长期股权投资减值准备	49	其他应付款
24	投资性房地产	50	递延收益
25	长期应收款	51	长期借款
26	未实现融资收益	52	应付债券

续表

顺序号	会计科目名称	顺序号	会计科目名称
53	长期应付款	66	主营业务收入
54	未确认融资费用	67	其他业务收入
55	专项应付款	68	公允价值变动损益
56	预计负债	69	投资收益
57	递延所得税负债	70	营业外收入
	三、所有者权益类	71	主营业务成本
58	实收资本	72	其他业务成本
59	资本公积	73	税金及附加
60	盈余公积	74	销售费用
61	本年利润	75	管理费用
62	利润分配	76	财务费用
63	库存股	77	资产减值损失
	四、成本类	78	营业外支出
64	劳务成本	79	所得税费用
65	研发支出	80	以前年度损益调整
	五、损益类		

2. 会计科目的运用。为了保证会计核算工作的正常进行,并满足会计资料使用者的需要,商品流通企业在会计科目的使用上,必须注意以下几点:

第一,商品流通企业应按会计准则的规定设置和使用会计科目,以保证会计指标的统一性和可比性。在不影响会计核算要求和会计报表指标汇总,以及对外提供统一的财务会计报告的前提下,可以根据实际情况自行增设、减少或合并某些会计科目。明细科目的设置,除会计制度已有规定者外,在不违反统一会计核算要求的前提下,商品流通企业可以根据需要自行确定。

第二,商品流通企业应按照会计准则规定的会计科目编号,编制会计凭证,登记账簿,查阅账目,实行会计电算化。商品流通企业不应当随意打乱重编。对于单位根据需要增设的会计科目,其科目编号可相应排列在所留的会计科目编号之间的空号中。

第三,对于会计科目名称,商品流通企业可以根据本企业的具体情况,在不违背会计科目使用原则的基础上,确定适合于本企业的会计科目名称。

第四,商品流通企业在填制会计凭证、登记账簿时,应当填列会计科目的名称,或者同时填列会计科目的名称和编号,不应当只填科目编号,不填科目名称。

第三节 商品流通企业会计规范

商品流通企业进行会计核算必须遵循一定的规范。我国企业会计核算规范主要由《中华人民共和国会计法》(以下简称《会计法》)、企业会计准则等组成,并已形成了以《会计法》为核心的一个比较完整的体系。

一、会计法

我国 1999 年修订的《会计法》共 7 章 52 条,包括总则、会计核算、公司与企业会计核算的特别规定、会计监督、会计机构和会计人员、法律责任及附则。其中,总则是对会计工作作出的总体的法律规定;会计核算以法律的形式,对会计核算的基本事项、会计期限、计量单位、会计凭证、账簿、财务会计报告等会计核算内容进行了具体规定;公司与企业会计核算的特别规定,对公司、企业会计核算作出了特别规定,并明确公司、企业进行会计核算时,除遵循《会计法》关于会计核算的一般规定外,还应遵循这些特别规定;会计监督,以法律的形式对会计机构、会计人员、单位负责人、财政部门在会计监督中的职责作出了明确规定;对会计机构和会计人员,明确规定了各单位应当根据会计业务的需要设置会计机构,应在会计机构内部建立稽核制度,并对会计人员和会计机构负责人的任职资格作出了明确规定;法律责任,对违反法律规定的法律责任和依法处理办法作出了明确、具体的规定,并明确了执法主体——县级以上人民政府财政部门;附则主要对一些概念进行了界定,如单位负责人、国家统一的会计制度等。

二、企业会计准则

企业会计准则是会计核算工作的规范,即会计确认、计量、记录和报告必须遵循的标准。会计准则体系作为技术规范,有着严密的结构和层次。中国企业会计准则体系由《企业会计准则——基本准则》、《企业会计准则——具体准则》、《企业会计准则——应用指南》和《小企业会计准则》组成。其中,《企业会计准则——基本准则》是纲,适用于在中华人民共和国境内设立的所有企业;企业会计准则(包括具体准则和应用指南)和小企业会计准则是基本准则框架下的两个子系统,分别适用于大中型企业和小企业。

(一)基本准则

基本准则,是企业会计准则体系的概念基础,是具体准则、应用指南及小企业会计准则的制定依据。基本准则包括六部分内容:一是财务报告目标。基本准则明确了我国财务报告的目标是向财务报告使用者提供决策有用的信息,并反映企业管理层受托责任的履行情况。二是会计基本假设。基本准则强调了企业会计确认、计量和报告应当以会计主体、持续经营、会计分期和货币计量为会计基本假设。三是会计基础。基本准则坚持了企业会计确认、计量和报告应当以权责发生制为基础。四是会计信息质量要求。基本准则建立了企业会计信息质量要求体系，规定企业财务报告中提供的会计信息应当满足会计信息质量要求。五是会计要素分类及其确认、计量原则。基本准则将会计要素分为资产、负债、所有者权益、收入、费用和利润六个要素，同时对有关要素建立了相应的确认和计量原则，规定会计要素在确认时，均应满足相应条件。会计要素在计量时可供选择的计量属性包括历史成本、重置成本、可变现净值、现值和公允价值等。六是财务报告。基本准则明确了财务报告的基本概念、应当包括的主要内容和应反映信息的基本要求等。企业会计基本准则框架如图 1－4 所示。

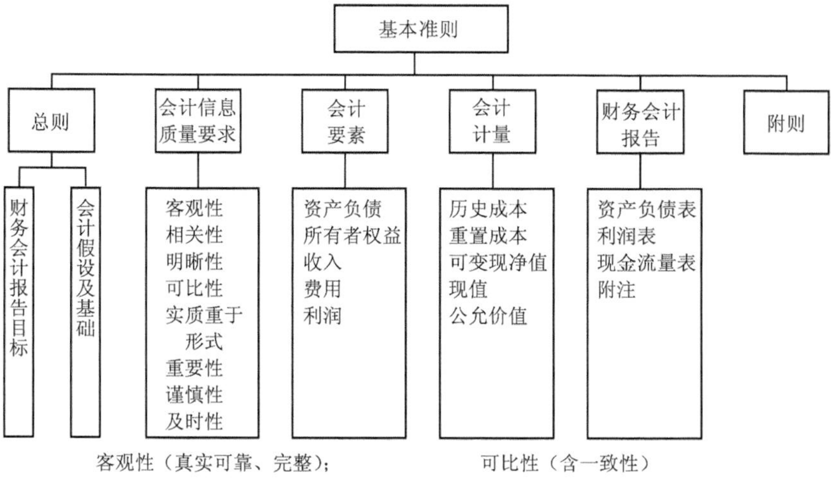

图 1－4 企业会计基本准则框架

基本准则的作用主要体现在以下方面：

第一，基本准则是制定具体准则的依据。具体准则涉及会计核算的具体业务，为了保证具体准则相互之间的协调，使整个会计准则形成一个严密的体系，必须有一个贯彻始终的指导原则，即基本准则。由于基本准则是对财务报告目标等会计的基本问题所进行的规范，从而成为制定各项具体准则和指导会计实务的重要依据。

第二，基本准则是解决新的会计问题的指南。在会计实务中，由于经济交易或事项的不断发展、创新，可能会出现一些新的交易或者事项在具体准则中尚未规范但又急需处理的问题，基本准则就为解决这些问题提供了会计处理依据。

（二）具体准则

具体准则，是根据基本准则的要求，用以规范企业发生的具体交易或事项的会计处理。其正文涵盖了目前各类企业会计要素和主要交易或事项的确认、计量和相关信息的披露。目前,我国企业会计具体准则,如表1-2所示。

表1-2　41项具体会计准则

序号	名称	序号	名称
1	存货	22	金融工具确认和计量
2	长期股权投资	23	金融资产转移
3	投资性房地产	24	套期保值
4	固定资产	25	原保险合同
5	生物资产	26	再保险合同
6	无形资产	27	石油天然气开采
7	非货币性资产交换	28	会计政策、会计估计变更和差错更正
8	资产减值	29	资产负债表日后事项
9	职工薪酬	30	财务报表列报
10	企业年金基金	31	现金流量表
11	股份支付	32	中期财务报告
12	债务重组	33	合并财务报表
13	或有事项	34	每股收益
14	收入	35	分部报告
15	建造合同	36	关联方披露
16	政府补助	37	金融工具列报
17	借款费用	38	首次执行企业会计准则
18	所得税	39	公允价值计量
19	外币折算	40	合营安排
20	企业合并	41	在其他主体中权益的披露
21	租赁		

上述41项具体准则按照内容分为共同性业务准则、特殊行业的特定业务准则和报告准则三类。其中,共同性业务准则主要规范各类企业普遍适用的一般经济业务的确认和计量要求;特殊行业的特定业务准则主要规范特殊行业的特定业务的确认与计量要求;报告准则主要规范普遍适用于各类企业的报告类准则。

(三)会计准则应用指南

会计准则应用指南,是根据基本准则、具体准则制定的,用以指导会计实务的操作性指南,是对具体准则相关条款的细化和重点难点内容提供的操作性规定。应用指南主要包括具体准则解释和会计科目、主要账务处理、财务报表及其格式等，为企业执行会计准则提供操作性规范。

三、小企业会计准则

为了规范小企业内部管理，强化税收、贷款监管，提高会计信息质量，促进小企业与社会和谐发展，2011 年财政部发布《小企业会计准则》，该准则分总则、资产、负债、所有者权益、收入、费用、利润及利润分配、外币业务、财务报表、附则 10 章 90 条，自 2013 年 1 月 1 日起施行。

根据《小企业会计准则》规定，该准则适用于在中华人民共和国境内依法设立的、符合《中小企业划型标准规定》所规定的小型企业标准的企业。

思考题与练习题

1. 与批发企业相比，零售企业经营活动特点表现在哪些方面？

2. 简述商品流通企业资金及其运动特点。

3. 什么是财务会计的基本要素？财务会计的基本要素包括哪些具体内容？这些要素之间有何联系？

4. 我国企业会计准则体系是由哪些内容组成的？

第二章 商品流通企业资金及其来源的核算

学习目标

本章主要介绍商品流通企业货币资金和资金来源的核算。通过本章的学习,应了解现金的使用范围、现金及其内部控制、银行结算方式,理解投入资本的概念、形式,掌握有限责任公司、股份有限责任公司投入资本的核算,了解资本公积的内容,掌握资本公积的会计处理方法,了解借入资金的内容,掌握长短期借款、发行债券的会计处理。

商品流通企业拥有一定数量的资金,是组织商品流通的必要条件。按照资金来源渠道划分,商品流通企业的资金可分为投资者投入和向债权人借入两部分。资金形式有货币形态、实物形态,还有无实物形态。

第一节 货币资金的核算

货币资金,是指企业在生产经营过程中处于货币形态的那部分资金,包括库存现金、银行存款、其他货币资金。商品流通企业大部分经济业务始于货币资金或终于货币资金,货币资金构成了商品流通企业资金运动的起点和终点。

一、库存现金的核算

库存现金是指存放于商品流通企业财会部门,由出纳人员负责经管的货币,包括库存的人民币和各种外币。库存现金可以直接支用,也可以立即投入流通,还可以作为存款存入银行。它是商品流通企业流动性最强的资产项目,也是最容易被挪用和侵吞的对象。因此,必须对现金进行严格的管理和控制。

(一)库存现金的控制

根据现行制度,国家有关部门对商品流通企业使用现金有如下规定。

1.现金的使用范围。商品流通企业只能在下列范围内支付现金:职工工资、津贴;个人劳务报酬;根据国家规定发给个人的各种奖金;各种劳保、福利费用以及国家规定的对个人的其他支出;向个人收购农副产品和其他物资的价款;出差人员须随身携带的差旅费;结算起点以下的零星支出;中国人民银行确定需要支付现金的其他支出。

2. 库存现金限额。为了促进现金流转，保证现金的安全，通常由企业的开户银行核定其库存现金的最高限额。商品流通企业必须按规定的限额控制库存现金，每日现金结存额不得超过核定的限额，超过部分应及时送存银行。

3. 库存现金日常收支管理。企业应做好以下工作，加强库存现金日常收支的管理：

第一，严格按照国家规定的现金使用范围使用现金。除规定可用现金支付的项目外，一切款项的收付均应通过银行转账结算。

第二，应设置"现金日记账"，对现金收支业务应根据合法凭证，逐日、逐笔登记入账。

第三，不得"坐支"现金，即不得以本企业的现金收入直接支付现金支出。因特殊情况需要"坐支"现金的，必须报经有关部门批准并在核定的范围和限额内进行。

第四，定期或不定期地由内部审计人员对库存现金进行查核。

（二）库存现金的总分类核算

为了反映库存现金收支和结存情况，商品流通企业应设置"库存现金"和"待处理财产损溢"科目。

"库存现金"科目是核算商品流通企业库存现金的收付和结存情况。该科目的借方登记现金的增加；贷方登记现金的减少；期末余额在借方，反映商品流通企业实际持有的库存现金。

"待处理财产损溢"科目是核算商品流通企业在清查财产过程中查明的各种财产盘盈、盘亏和毁损的价值。该科目的借方登记企业盘亏、毁损的资产和报经批准处理的盘盈资产；贷方登记盘盈的资产和报经批准处理的盘亏资产；清查的各种财产的损益，在期末结账前应处理完毕。该科目处理前的借方余额，反映商品流通企业尚未处理的各种财产的净损失；贷方余额，则反映商品流通企业尚未处理的各种财产的净溢余。期末，处理后该科目应无余额。

商品流通企业收入现金的主要途径有：从银行提取现金；收取转账起点以下的小额销售款；职工交回的差旅费剩余款等。商品流通企业收入现金时，根据审核无误的记账凭证借记"库存现金"科目，贷记"主营业务收入"等有关科目。

商品流通企业支出现金时，根据审核无误的记账凭证借记"库存商品"等有关科目，贷记"库存现金"科目。

【例 2－1】某批发商业企业 2×16 年 3 月 5 日发生如下现金收支业务：

（1）从开户银行提取现金 72 000 元用以发放工资；

（2）临时出租固定资产取得租金收入 3 600 元，增值税税额 180 元，款项存入银行；

（3）销售商品货款为 2 400 元，增值税额为 408 元，收入现金共计 2 808 元；

(4)企业管理部门职工王某原出差借款5 000元,报销5 200元,以现金补足差额;
(5)以现金支付职工工资72 000元。
根据上述现金收付业务编制如下会计分录:
(1)借:库存现金 72 000
　　贷:银行存款 72 000
(2)借:库存现金 3 780
　　贷:其他业务收入 3 600
　　　应交税费——应交增值税(销项税额) 180
(3)借:库存现金 2 808
　　贷:主营业务收入 2 400
　　　应交税费——应交增值税(销项税额) 408
(4)借:管理费用 5 200
　贷:其他应收款——王某 5 000
　　库存现金 200
(5)借:应付职工薪酬 72 000
　　贷:库存现金 72 000

(三)库存现金的明细分类核算

商品流通企业应设置"库存现金日记账"对库存现金进行明细分类核算。库存现金日记账是由现金出纳员根据有关现金的收付凭证,按照经济业务逐日、逐笔进行登记的。"库存现金日记账"必须做到日清月结,每日业务终了,出纳员应计算全日现金收支合计数和结余数,并将结余数与实际库存数核对,保证账款相符。如果发现账款不符,应及时查明原因,并进行处理。月份终了,应将"库存现金日记账"的余额与"库存现金"总账的余额核对,做到账账相符。"库存现金日记账"的格式如表2-1所示。

表2-1　库存现金日记账

2×16年		凭证		摘　要	对应科目	借方	贷方	借或贷	结存
月	日	种类	号数						
3	5			承前页				借	15 000
	5	收	5	提取现金	银行存款	72 000		借	
	5	收	6	出租收入	其他业务收入、应交税费	3 780		借	
	5	收	7	销售收入	主营业务收入、应交税费	2 808		借	
	5	付	6	报销差旅费	管理费用		400	借	
	5	付	7	支付工资	应付职工薪酬		72 000	借	
	5			本日合计及余额		78 588	72 400	借	21 188

（四）库存现金清查的核算

为了加强现金管理，出纳或有关人员应对库存现金进行定期或不定期的盘点清查。清查方法是以库存现金的实有数与账面余额进行核对。清查时不仅要查明库存现金实有数和账面结存数是否相符，还要审查现金收支是否符合现金管理制度。清查结束，应根据清查结果编制现金盘点报告单，列明实存、账存和盈亏金额。如有盈亏，要查明原因，及时报请领导，以便得到妥善处理。尚待查明原因的现金短缺或溢余，应通过"待处理财产损溢"科目核算，待查明原因，按管理权限报经批准后，分别以下情况处理：①如为现金短缺，属于应由责任人赔偿或保险公司赔偿的部分，计入其他应收款；属于无法查明的其他原因，计入管理费用。②如为现金溢余，属于应支付给有关人员或单位的，计入其他应付款；属于无法查明原因的，计入营业外收入。

【例2－2】某批发商业企业2×16年5月份发生如下现金长短款业务及编制会计分录如下：

(1)15日现金清查时，发现库存现金较账面余额多出150元。

借：库存现金　150

　贷：待处理财产损溢——待处理流动资产损溢　150

(2)25日现金清查时，发现库存现金较账面余额短缺80元。

借：待处理财产损溢——待处理流动资产损溢　80

　贷：库存现金　80

(3)经反复核查，15日现金长款原因不明，月末经批准转作营业外收入处理。

借：待处理财产损溢——待处理流动资产损溢　150

　贷：营业外收入　150

(4)经查，25日现金短缺100元属于出纳员张洁的责任，应由其赔偿，其余部分现金短缺无法查明原因，经批准作为管理费用处理。

借：其他应收款——张洁　100

　　管理费用　50

　贷：待处理财产损溢——待处理流动资产损溢　150

(5)收到上述出纳员张洁赔款100元。

借：库存现金　100

　贷：其他应收款——张洁　100

二、银行存款的核算

银行存款，是指企业或企业存入银行和其他金融机构的各种存款。任何独立核算的商品流通企业都必须在当地银行开设账户。除规定可用现金直接支付的款项外，其他一切收支业务均须通过银行存款账户核算。

（一）银行账户的设置

根据《银行账户管理办法》，银行账户分为基本存款账户、一般存款账户、临时存款账户和专用存款账户。其中，基本存款账户是指存款人办理日常转账结算和现金收付的账户。存款人的工资、奖金等现金的支取，只能通过本账户办理。一般存款账户，是在基本存款账户以外的银行借款转存或与基本存款户的存款人不在同一地点的附属不独立核算单位开立的账户，单位可以通过本账户办理转账结算和现金交存，但不能办理现金的支取。临时存款账户，是指单位因临时业务活动需要而开立的账户，本账户可以办理转账和根据国家现金管理的规定办理现金收付。专用存款账户，是指因单位特定用途需要而开立的账户。特定用途的资金范围包括基本建设的资金、更新改造的资金以及其他特定用途、需要专户管理的资金。

商品流通企业可以自主选择银行，银行也可以自愿选择存款人。但一个单位只能选择一家银行的一个营业机构开立一个基本存款账户，不得在多家银行机构开立基本存款账户，不得在同一家银行的几个分支机构开立一般存款账户。

（二）银行转账结算方式

商品流通企业在其生产经营过程中，由于商品交易、劳务供应、资金调拨等活动而要经常与其他企业或个人发生各种往来结算款项。除按照国家规定的现金使用范围利用现金结算外，其他各种往来结算款项都必须通过开户银行进行转账结算。目前，银行转账结算方式有支票、银行本票、商业汇票、银行汇票、委托收款、托收承付、汇兑和信用卡等方式。

1. 支票。支票是单位或个人签发的，委托办理支票存款业务的银行在见票时无条件支付确定的金额给收款人或者持票人的票据。单位和个人在同一票据交换区域的各种款项结算，均可以使用支票。支票由银行统一印制，支票上印有“现金”字样的为现金支票。支票上印有“转账”字样的为转账支票，转账支票只能用于转账。未印有“现金”或“转账”字样的为普通支票，普通支票可以用于支取现金，也可以用于转账。在普通支票左上角划两条平行线的，为划线支票，划线支票只能用于转账，不得支取现金。

企业应加强支票的管理，不得签发空头支票、空白支票，不准出租出借支票。

2. 银行本票。银行本票是银行签发的，承诺自己在见票时无条件支付确定的金额给收款人或者持票人的票据。单位或个人在同一票据交换区域支付各种款项，都可以使用银行本票。

银行本票分为定额和不定额两种。定额银行本票面额分别为 1 000 元、5 000 元、10 000 元和 50 000 元。银行本票一律记名，可以背书转让，付款期为自出票起最长不超过 2 个月。

用银行本票购买材料物资，销货方可以见票付货，购货方可以凭票提货，债权债务双方可以凭票清偿。收款人将本票交存银行，银行即可为其入账。

3. 商业汇票。商业汇票是出票人签发的，委托付款人在指定日期无条件支付确定的金额给收款人或者持票人的票据。在银行开立存款账户的法人以及其他组织之间须具有真实的交易关系或债权债务关系，才能使用商业汇票。商业汇票的付款期限由交易双方商定，但最长不得超过 6 个月。

商业汇票按其承兑人的不同，分为商业承兑汇票和银行承兑汇票。

（1）商业承兑汇票。商业承兑汇票，是由银行以外的付款人承兑的票据，这种结算方式一般要经过以下几个环节完成：一是签约。交易双方约定，由销货企业或购货企业签发，但由购货企业承兑。二是出票与承兑。收款人或付款人签发商业承兑汇票，交付款人承兑，付款人在商业承兑汇票正面签署“承兑”字样和承兑日期，并加盖预留银行印章后交给收款人。三是委托银行收款。收款人或被背书人（被背书人是指票据权利的受让人）待商业汇票到期时，填制委托收款凭证连同汇票一并送交开户银行，委托办理收款。四是到期付款。付款人应在商业承兑汇票到期前备足票款，其开户银行接到收款人或被背书人开户银行寄来委托收款人凭证及汇票，经审核无误后，于汇票到期日按照以下情况处理：付款人的银行科目有足够款项支付的，办理划款；付款人银行科目的款项不足支付的，应将委托凭证和汇票退给收款人或被背书人，由其自行处理，同时，按照银行有关规定向付款人收取罚款。

（2）银行承兑汇票。银行承兑汇票，是由银行承兑，由在承兑银行开立存款账户的存款人签发。购货企业应于汇票到期前将票款足额交存其开户银行，以备由承兑银行在汇票到期日或到期日后的见票当日支付票款。销货企业应在汇票到期时将汇票连同进账单送交开户银行以便转账收款。承兑银行凭汇票将承兑款项无条件转给销货企业。银行代企业承兑，既要承担经济风险，又要付出一定劳务。对此，承兑银行要按承兑汇票票面金额一定比例收取承兑手续费。

（3）商业汇票的贴现。收款人收到承兑的商业汇票后，在到期之前，如急需现款，可持未到期汇票向其开户银行申请贴现。贴现是指汇票持票人为了取得现款，在票据到期之前向银行贴付一定的利息，把票据转让给银行而取得现款的行为，经银行审查同意，从票面金额扣除从贴现日到汇票到期日的利息后，将余款付给收款人。

4. 银行汇票。银行汇票是汇款人将款项交存当地出票银行，由出票银行签发的，由其在见票时，按照实际结算金额无条件支付给收款人或持票人的票据。银行汇票可以用于转账，填明“现金”字样（申请人或者收款人为单位的，不得在“银行汇票申请书”上填明“现金”字样）的银行汇票也可以用于支取现金。银行汇票的提示付款期限为自出票日起 1 个月，持票人超过付款期限提示付款的，银行将不予受理。单位和个人、各种款项结算，均可使用银行汇票。

5. 托收承付。托收承付，是指根据经济合同由收款人发货后，委托银行向异地付款人收取款项，由付款人向银行承认付款的结算方式。使用托收承付结算方式的收付款双方，必须是国有企业、供销合作社以及经营管理较好，并经开户银行审查同意的城乡集体所有制工业企业。办理托收承付结算的款项必须是商品交易，以及因商品交易而产生的劳务供应的款项。代销、寄销、赊销商品的款项，不得办理托收承付结算。这种结算方式包括以下内容：一是托收。收款企业按经济合同发货后，根据发货票、发运证件等单据，填写托收承付结算凭证，送交开户银行办理托收。二是付款。购货企业开户银行将销货企业开户银行转来的托收承付结算凭证及附件送交购货企业，通知承付货款。承付货款有验单付款和验货付款两种方式，由收付双方在合同中明确规定。如在付款期内付款企业未提出异议，银行视作同意付款，将款项划转。三是拒付。付款企业验单或验货后，如发现商品有问题，或其他方面不符合合同规定，在承付期内可填制拒付理由书，对结算款项全部或部分拒付。

6. 委托收款。委托收款，是指收款人委托银行向付款人收取款项的结算方式。单位和个人凭已承兑商业汇票、债券、存单等付款人债务证明办理款项的结算，均可以使用委托收款结算方式。委托收款在同城、异地均可以使用。委托收款结算款项的划回方式分邮寄和电报两种，由收款人选择使用。

7. 汇兑。汇兑，是指付款人委托银行将款项汇给外地收款人的结算方式。汇兑分为信汇和电汇两种。这两种方式由汇款人选择使用。

8. 信用卡。信用卡是指商业银行向单位和个人发行的，凭以向特约单位购物、消费和向银行存取现金，且具有消费信用的特制载体卡片。信用卡按使用对象分为单位卡和个人卡。单位卡账户的资金一律从其基本存款账户转账存入，不得交存现金，不得将销货收入的款项存入其科目。单位卡不得用于10万元以上的商品交易、劳务供应款项的结算。

每种结算方式适用范围、金额起点、结算期限及其会计处理，如表2－2所示。

表2－2 银行转账结算及其账务处理

支付方式	适用范围	金额起点	结算期限	收到或应收款项的会计处理	支付或应付款项的会计处理	备注
支票	同城或同一票据交换区域	无	10天	借：银行存款 贷：主营业务收入等	借：材料采购等 贷：银行存款	取消了金额起点100元的限制
银行汇票	同城或异地采购商品	无	1个月	借：银行存款 贷：主营业务收入等	借：材料采购等 贷：应付票据	取消了金额起点500元的限制，同时由异地改为同城异地均可
商业汇票	同城或异地的交易关系或债权债务关系	无	最长6个月	借：应收票据 贷：主营业务收入等	借：材料采购等 贷：应付票据	扩大了商业汇票的适用范围

续表

支付方式	适用范围	金额起点	结算期限	收到或应收款项的会计处理	支付或应付款项的会计处理	备　注
银行本票	同城或同一票据交换区域，见票即付	不定额本票无金额起点，定额本票有面值	2 个月	借：银行存款 贷：主营业务收入等	借：材料采购等 贷：其他货币资金——银行本票存款	提示付款期由 1 个月改为 2 个月，定额本票的面值调整为1 000元、5 000 元、10 000元和50 000 元
汇兑	同城、异地均可	无	提交汇兑凭证的当日	借：银行存款 贷：主营业务收入等	借：材料采购等 贷：银行存款	在具体办理此种支付方式时，还分为信汇和电汇两种形式
委托收款	同城、异地均可	无	3 天	借：银行存款或应收账款 贷：应收票据等	借：材料采购等 贷：银行存款	缩小了使用范围，只适用于已承兑商业汇票、债券、存单等付款人债务证明办理款项的结算
托收承付	异地商品交易	10 000 元、新华书店形态 10 000元	验单承付 3 天、验货承付 10 天	借：应收账款或银行存款 贷：主营业务收入等	借：材料采购等 贷：应付账款或银行存款	1. 金额起点由原来的 10 万元改为 1 万元 2. 收款人托收，必须具有商品已发运的证件
信用卡	同城、异地均可	高限 10 万元	无明确规定	借：银行存款 贷：其他业务收入等	借：管理费用等 贷：其他货币资金——信用卡存款	1. 主要用于消费性支出，不得用于 10 万元以上的商品交易 2. 有明确的透支额度
信用证	主要用于国际间的商品交易	无	无明确规定	借：应收账款或银行存款 贷：主营业务收入	借：材料采购等 贷：其他货币资金——信用证存款	1. 信用证是一项独立的文件，不受购销合同的约束 2. 信用证业务实质上是一种单据的买卖

注：表中会计处理不涉及相关税费。

资料来源：汤湘希等. 财务与会计，2002(7).

（三）银行存款的会计处理

商品流通企业应设立“银行存款”科目核算银行存款收支和结存情况。该科目的借方登记银行存款的增加；贷方登记银行存款的减少；期末余额在借方，反映商品流通企业实际存在银行或其他金融机构的款项。

【例2－3】某商业批发企业2×16年3月份发生如下银行存款收付业务：

（1）从银行借入半年期借款50 000元，存入银行。

（2）采购商品一批，价款为10 000元，增值税额为1 700元，商品已验收入库，全部款项以银行存款支付。

（3）持有三个月的商业汇票到期，收回票款30 000元存入银行。

根据上述经济业务，编制如下会计分录：

（1）借：银行存款	50 000	
贷：短期借款		50 000
（2）借：库存商品	10 000	
应交税费——应交增值税（进项税额）	1 700	
贷：银行存款		11 700
（3）借：银行存款	30 000	
贷：应收票据		30 000

（四）银行存款的明细分类核算

商品流通企业按开户银行和其他金融机构的名称以及存款种类分别设置“银行存款日记账”。有外币存款的商品流通企业，应在“银行存款”科目下分别按人民币和各种外币设置银行存款日记账进行明细核算。银行存款日记账应由出纳人员根据收付款凭证，逐日逐笔序时登记，每日终了应结出余额，月末结出当月收入、付出的合计数和月末结存数，并与银行核对账目。

（五）银行存款的清查

为了确保银行存款余额正确无误，商品流通企业应及时与银行核对账目。核对方法是将银行定期送交企业的对账单与企业银行存款日记账记录逐笔进行核对。银行对账单上余额常与企业银行存款日记账余额不一致，其原因如下：

一是企业或银行记账错误，如企业在几家银行同时开户，记账时可能发生银行之间串户错误，同样，银行也可能把各存款企业账目相互混淆。

二是存在未达账项，即企业与银行之间由于双方记账时间不同，而发生的一方已入账，另一方尚未入账的事项。

商品流通企业与银行之间双方记账差错引起账单不符，分别由双方按规定的错账更正方法予以更正；而对于未达账项引起的账单余额不符，则应编制“银行存款余额调节表”揭示与调整银行与企业间银行存款余额记录上的差异，据以核实银行与企业双方账目是否正确。银行存款调节表编制方法是：将企业的账面余额与银行对账单余额都调整到正确余额。

【例 2－4】某商业批发企业 2×16 年 6 月 30 日银行对账单日记账账面余额为 51 400 元,而银行对账单余额为 52 100 元,经逐笔核对,发现有以下未达账项:

(1)送存银行转账支票一张,计 15 000 元,银行尚未入账。

(2)开出现金支票一张,支付费用 3 500 元,银行尚未收到支票转账。

(3)委托银行代收款项 12 500 元,银行已收款入账,企业尚未接到银行收款通知,未入账。

(4)银行代企业支付本月水电费 850 元、煤气费 650 元,银行已付款入账,企业尚未收到付款通知。

(5)银行已结算本季度存款利息 1 200,企业尚未转账。

根据上述银行存款余额调节表编制方法而编制的调节表,如表 2－3 所示。

表 2－3

银行存款余额调节表

户名:某批发商业企业

账号:035××××36249　　　　2×16 年 6 月 30 日

项　目	金　额	项　目	金　额
银行存款日记账余额	51 400	银行对账单余额	52 100
加:银行已收企业未收的款项		加:企业已收银行未收的款项	
业务 3:银行代收销售款	12 500	业务 1:企业送存转账支票	15 000
业务 5:银行结算存款利息	1 200	减:企业已付银行未付的款项	
减:银行已付企业未付的款项		业务 2:企业开出现金支票	
业务 4:银行代付:水费	850	银行未支付	3 500
煤气费	650		
调整后银行存款余额	63 600	调整后银行存款余额	63 600

这里需要说明两点:①未达账项不是记账错误,因此,对查出的未达账项不需作账务调整,但对长期未达账项,应查明原因,及时处理;②表 2－3 中经过调节后所得出的相等数额,在双方记账无误的情况下,表示企业在银行的实际存款额。

三、其他货币资金的核算

(一)其他货币资金的概念和内容

1. 其他货币资金的概念。其他货币资金,是指存放地点和用途都与库存现金和银行存款不同的货币资金。其他货币资金就其性质而言,同现金和银行存款一样均属于货币资金,但是存放地点和用途不同于现金和银行存款,因此在会计上应分别核算。

2. 其他货币资金的内容。其他货币资金的内容主要包括:①银行汇票存款,是指企业为取得银行汇票按规定存入银行的款项。②银行本票存款,是指企业为取得银行本票按规定存入银行的款项。③信用卡存款,是指企业为取得信用卡而按规定存入银行的款项。④信用证保证金存款,是指企业为取得信用证而按规定存入银行的保证金。⑤存出投资款,是指企业已存入证券公司但尚未进行短期投资的现金。⑥外埠存款,是指企业到外地进行临时或零星采购时,汇往采购地银行开立采购专户的款项。

(二)其他货币资金的会计处理

商品流通企业应设置“其他货币资金”科目,以核算其他货币资金增减变动和结存情况。该科目的借方登记商品流通企业其他货币资金的增加额;贷方登记其他货币资金减少额;期末余额在借方,反映商品流通企业持有的其他货币资金。其明细账应当按照外埠存款的开户银行,银行汇票或本票、信用证的收款单位,分别“银行汇票存款”、“银行本票存款”、“信用卡存款”、“信用证保证金”、“存出投资款”等设置。

1. 银行汇票存款、银行本票存款。商品流通企业在填送“银行汇票(本票)申请书”并将款项交存银行,取得银行汇票(本票)后,借记“其他货币资金”科目,贷记“银行存款”科目;持银行汇票(本票)购货、收到有关发票账单时,借记“库存商品”、“应交税费——应交增值税(进项税额)”等科目;收到银行汇票(本票)、填制进账单到开户银行办理款项入账手续时,根据进账单及销货发票等,借记“银行存款”科目,贷记“主营业务收入”、“应交税费——应交增值税(销项税额)”等科目。

【例2-5】2×16年5月10日,某批发商业企业申请办理银行汇票,将银行存款56 000元转为银行汇票存款。5月15日以银行汇票结算采购商品款45 000元,增值税额为7 650元,共计52 650元,商品验收入库。5月20日银行将多余款项3 350元退回,收妥入账。该企业应编制如下会计分录:

借:其他货币资金——银行汇票存款	56 000	
贷:银行存款		56 000
借:库存商品	45 000	
应交税费——应交增值税(进项税额)	7 650	
贷:其他货币资金——银行汇票存款		52 650
借:银行存款	3 350	
贷:其他货币资金——银行汇票存款		3 350

2. 信用卡存款。商品流通企业应按规定填制申请表,连同支票和有关资料一并送交发卡银行,根据银行盖章退回的进账单第一联,借记“其他货币资金——外埠存款”科目,贷记“银行存款”科目;用信用卡购物或支付有关费用,借记“销售费

用”、“管理费用”等科目，贷记“其他货币资金”科目。

【例2－6】2×16年8月份，某批发商业企业发生信用卡存款收付业务如下：将银行存款30 000元存入信用卡；持信用卡支付业务招待费2 500元；收到信用卡存款的利息50元。该企业应编制如下会计分录（不考虑增值税）：

（1）将资金存入信用卡：

借：其他货币资金——信用卡存款	30 000	
贷：银行存款		30 000

（2）信用卡支付业务招待费：

借：管理费用	2 500	
贷：其他货币资金——信用卡存款		2 500

（3）收到信用卡存款的利息：

借：其他货币资金——信用卡存款	50	
贷：财务费用		50

3. 外埠存款。商品流通企业将款项汇往外地开立采购专用账户时，根据汇出款项凭证，借记“其他货币资金——外埠存款”科目，贷记“银行存款”科目；收到采购人员转来供应单位发票账单等报销凭证时，借记“在途物资”或“库存商品”、“应交税费——应交增值税（进项税额）”等科目，贷记“其他货币资金——外埠存款”科目；采购完毕收回剩余款项时，根据银行的收账通知，借记“银行存款”科目，贷记“其他货币资金——外埠存款”科目。

【例2－7】2×16年10月份，某批发商业企业发生如下外埠存款业务：8日委托开户的工商银行汇往山西工商银行10 000元以开立采购专户；20日采购员交来供货单位发票两张共计金额8 400元，其中货款7 180元，增值税额为1 220元，采购的商品尚未收到；25日收到开户银行的收账通知，多余的外埠存款1 600元已转回开户银行。该企业应编制如下会计分录：

（1）委托银行开立采购专户：

借：其他货币资金——外埠存款	10 000	
贷：银行存款		10 000

（2）采购商品：

借：在途物资	7 180	
应交税费——应交增值税（销项税额）	1 220	
贷：其他货币资金——外埠存款		8 400

（3）收到多余的外埠存款：

借：银行存款	1 600	
贷：其他货币资金——外埠存款		1 600

第二节 投入资本的核算

一、投入资本(或股本)概述

所有者权益按来源渠道划分,可分为三类:一是投入资本,如国家、其他法人单位和个人向企业初始投入的资本和追加投入的资本;二是盈利转化部分,是指企业从净利润提取的盈余公积和未分配利润,亦即留存收益;三是直接计入所有者权益的利得和损失,是指不应计入当期损益、会导致所有者权益发生增减变动的、与所有者投入资本或者向所有者分配利润无关的利得或者损失。所有者权益的后两部分内容将在本书第十一章讲述。

(一)投入资本的概念

投入资本是指被投资者作为资本实际投入企业的各种财产和物资。投入资本与实收资本是联系密切的两个概念。实收资本(或股本),是指投资者按照企业章程或合同、协议的约定,实际投入企业的资本。一般情况下,投资者的投入资本,即构成企业的实收资本,也正好等于其在登记机关的注册资本。但在某些特殊情况下,投资者也会因种种原因超额投入资金(如溢价发行股票等),从而使得其投入资本超过企业注册资本,在此情况下,企业不应将投入资本超过注册资本的部分作为实收资本核算,而应单独核算,确认为资本公积。

(二)投入资本的形式

在我国,投资者投入资本可以采取以下形式。

1. 以货币资金投资。这是指投资者直接以现金、银行存款向企业出资。如国家直接向企业拨付资金,国家、其他法人或个人以货币资金认购企业股份等进行的投资,以及外商以某种外币投入资本。

2. 以实物资产和有价证券投资。实物资产投资是指投资者以一定数量的实物资产向企业进行的投资,这些实物资产主要包括:机器设备、房屋建筑物等固定资产,原材料、库存商品等流动资产。有价证券投资是指以持有的其他单位的债券或股票等有价证券进行的投资。

3. 以无形资产投资。这是指投资者以工业产权、非专利技术、土地使用权等无形资产向企业进行的投资。

(三)投入资本的计价

投入资本的计价是指投资者投入资本的入账金额确定方法。我国企业会计准则规定,投资者投入的资本应按实际投资数额计价入账。不同的投资形式,其实际投资数额的确定方法并不完全相同。具体而言,若投资者以货币资金投入,应以实际拨付或转入的数额计价入账;若投资者以固定资产和流动资产等实物资产或无形资产投入,应当按照投资合同或协议约定的价值确定其入账价值。

(四)会计科目的设置

1."股本"科目。股份有限公司发行股票,不论是普通股还是优先股,均应设置"股本"科目进行核算。该科目贷方登记已发行的股票面值,借方登记经批准核销的股票面值,贷方余额反映发行在外的股票面值。其明细账应按股票的类别设置。

2."实收资本"科目。除股份有限公司外,其他各类企业设置"实收资本"科目,核算国家及各投资者投入资本的情况。接受投资时记入科目的贷方,该科目贷方登记投入资本的增加额,借方登记投入资本的减少额,期末余额在贷方,表示企业实有的资本额。其明细账应按投资者设置。

"股本"科目和"实收资本"科目记录的数额应与企业在工商管理部门登记的注册资本一致。

二、商业有限责任公司实收资本的核算

(一)商业有限责任公司的特征

商业有限责任公司(简称有限公司)是由两个以上的股东共同出资,每个股东以其所认缴的出资额对公司承担有限责任,公司以其全部资产对其债务承担责任的企业法人。其基本特征是:①公司是由股东共同出资设立的,其股东人数必须在50人以下,公司资本无须分为等额股份。②公司注册资本的最低限额为人民币3万元。③公司不对外发行股票筹集资本,资本是由股东依照其资格向公司投入货币资产、实物资产和无形资产来筹集。对于筹集的资产,公司只向股东签发出资证明。④公司具有一定的人和因素,其股权转让要受到限制。按照我国公司法规定,公司的股权只能在股东之间相互转让,不能转给股东以外的人。

(二)商业有限责任公司投入资本核算的原则

商业有限责任公司进行投入资本核算时,应遵循以下原则:

第一,公司对投资者缴付的作为出资的非货币财产应当评估作价,在评估作价、核实资产后进行账务处理,不得高估或低估作价。

第二,公司全体股东的首次出资额不得低于注册资本的20%,也不得低于法定注册资本的最低限额,其余部分由股东自公司成立之日起两年内缴足,其中,投资公司可以在五年内缴足。

第三,股东以货币出资的,应当将货币出资足额存入有限责任公司在银行开设的科目,全体股东的货币出资金额不得低于有限责任公司注册资本的30%;以非货币财产出资的,应当依法办理其财产权的转移手续。股东不按照规定缴纳所认缴的出资,应当向已足额缴纳出资的股东承担违约责任。股东缴纳出资后,必须经依法设立的验资机构验资并出具证明。

第四,公司建立的初期,股东按其在企业注册资本中所占的份额出资,不会出现资本溢价,按实际收到各投资者如期缴足的资本数额,记入“实收资本”科目。在公司发展过程中,如果在需要增资扩股时有新的投资者介入,这时,对于新的投资者缴纳的出资额大于其约定比例计算的其在注册资本中所占的份额部分,应作为资本公积处理。

(三)商业有限责任公司投入资本的会计处理

商业有限责任公司投资人可以用货币出资,也可以用实物、知识产权、土地使用权等可以用货币估价并可以依法转让的非货币财产作价出资。

商品流通企业收到投资者投入的资本,借记“银行存款”、“其他应收款”、“固定资产”、“无形资产”等科目;按其在注册资本或股本中所占份额,贷记“实收资本”科目;按其差额,贷记“资本公积——资本溢价”科目。涉及增值税进项税额的,还应进行相应的处理。

【例2-8】2×16年1月,某商业有限责任公司设立时收到投资情况如下:

(1)收到甲公司作为资本投入的不需要安装的机器设备一台,合同约定该机器设备的价值为3 000 000元,增值税进项税额为510 000元。合同约定的固定资产价值与公允价值相符。

(2)收到乙公司作为资本投入的库存商品一批,该批商品投资合同或协议约定价值(不含可抵扣的增值税)为200 000元,增值税进项税额为34 000元。乙公司已开具了增值税专用发票。假设合同约定的价值与公允价值相符,该进项税额允许抵扣。

(3)收到丙公司作为资本投入的一项非专利技术,该非专利技术投资合同约定价值为120 000元。同时收到丁公司作为资本投入的土地使用权一项,投资合同约定价值为160 000元。丙公司和丁公司合同约定的价值与其资产公允价值相符。不考虑增值税。

根据上述业务,该公司应编制如下会计分录:

(1)借:固定资产	3 000 000	
应交税费——应交增值税(进项税额)	510 000	
贷:实收资本——甲公司		3 510 000
(2)借:库存商品	200 000	
应交税费——应交增值税(进项税额)	34 000	
贷:实收资本——乙公司		234 000
(3)借:无形资产——非专利技术	120 000	
——土地使用权	160 000	
贷:实收资本——丙公司		120 000
——丁公司		160 000

三、商业股份有限公司股本的核算

（一）股份有限公司的特征

股份有限公司是指公司全部注册资本由等额股份构成并通过发行股票筹集资本的企业法人。其基本特征是：①公司的资本总额平分为金额相等的股份。股份有限公司最主要的特征是企业资本总额平均分成许多为数较小的份额，每一份额称为“一股”。公司资本总额划分为等额股份后，既可吸收社会闲散资金，也便于股份转让。②有限责任性。股份有限公司的有限责任性表现为：一是公司股东对公司仅仅承担有限责任，即公司股东仅有义务交付应当由他们支付的出资或股金，而对公司债务不直接承担个人责任；二是公司具有法律人格，是依法独立享有民事权利和承担民事义务的企业，依其全部财产对公司的债务承担责任。③股份可以自由转让。股份有限公司的一个重要特征在于其股份可以自由转让。当股东遇有急需，或持有此种股票获利水平不佳，或发现公司经营不善、面临亏损和破产时，可以根据自己的意志，无须征得其他股东的同意，将股份转让并收回投资。

（二）股份有限公司的股票及股票发行的会计处理

1. 股份与股票。股份有限公司的股份，是指按相等金额或相同比例，平均划分公司资本的基本金额计量单位。其含义包括两点：①股份是公司资本的构成单位，股份有限公司的全部资本都被划分为金额相等或比例相同的股份，所有股份金额之和等于公司资本总额。②股份体现了股东在股份有限公司中的法律地位，它代表了股东对于公司的权利和义务。股东可以凭其所持有公司的股份享有股息和红利，在公司破产清算和分配公司财产时得到优先清偿等权利和交付股款、重复投资等义务。

股票与股份是密切相关的两个概念。股票是公司签发的证明股东按其所持股份享有权利和承担义务的书面凭证，是公司股份的表现形式，一定数量的股票代表了一定份额的股份，有什么样的股份，也就构成了什么样的股票。

注册资本中已由股东认股缴款并已在股东账号上加以记录的股份，称之为已发行股份；尚未发行但公司在认为必要时仍可继续发行的股份，称之为未发行股份；已发行股份中经公司向外界收回尚未办理注销手续而由公司持有的股份，称之为库藏股份；已发行股份减去库藏股份后的余额称为发行在外股份。

2. 按面值发行股票收到现金的核算。商业股份有限公司发行股票收到现金的账务处理，依照其发行方式而有所区别。股票的发行价格受当时资本市场供求关系等因素的影响，可能等于面值，也可能高于面值。

企业发行股票时，按实际收到的现金等资产的金额，借记“库存现金”、“银行存款”等科目，按股票面值和核定的股份总额的乘积计算的金额，贷记“股本”科目，按其差额，贷记“资本公积”科目。

企业发行股票相关的手续费、佣金等交易费用，如果是溢价发行股票的，应从溢价中抵扣，冲减资本公积（股本溢价）；无溢价发行股票或溢价金额不足以抵扣的，应将不足抵扣的部分冲减盈余公积和未分配利润。

【例2－9】2×16年5月，某商业股份有限公司委托某证券公司代理发行30 000 000股，每股面值为5元。其与证券公司约定，按发行收入的2%收取手续费，从发行收入中直接扣除。根据上述资料，该股份有限公司应编制如下会计分录：

借：银行存款　　　　　　[30 000 000×5×(1－2%)]147 000 000
　　资本公积　　　　　　　　　　　　　　　　　3 000 000
　贷：股本——普通股　　　　　　　　　　　　　　150 000 000

3. 按溢价发行股票收到现金的核算。商业股份有限公司发行股票时，既可以按面值发行股票，也可以溢价发行（我国目前不准许折价发行）。商业股份有限公司在核定的股本总额及核定的股份总额的范围内发行股票时，应按实际收到现金等资产，借记“库存现金”、“银行存款”等科目，按股本总额，贷记“股本”科目，按其差额，贷记“资本公积”科目。

【例2－10】经批准，某商业股份有限公司发行普通股20 000 000股，每股面值为1元，每股发行价格为5元。股款100 000 000元已全部收到（不考虑其他因素）。根据上述资料，该股份有限公司应编制如下会计分录：

应记入“资本公积”科目的金额＝100 000 000－20 000 000＝80 000 000（元）

借：银行存款　　　　　　　　　　　　　　　100 000 000
　贷：股本　　　　　　　　　　　　　　　　　　20 000 000
　　　资本公积——股本溢价　　　　　　　　　　80 000 000

第三节　资本公积的核算

一、资本公积的概念及内容

（一）资本公积的概念

资本公积是指归所有者拥有，而非经营收益形成的，不能计入实收资本的所有者权益，主要包括投资者实际缴付的出资额超过其资本份额的差额（如股票溢价、资本溢价），以及直接计入所有者权益的利得和损失等。资本公积既不是企业生产经营利润产生的，也不一定是由所有者直接投入的，它形成了所有者权益中极具特点的重要内容。

资本公积与实收资本都属于投入资本范畴，但二者具有以下区别：实收资本来自所有者对企业资本的投入，其目的是为谋取一定的投资回报，除按规定增资或减资外，实收资本金额相对不变；而资本公积具有特定的来源，有时不需要所有者实际投入，形成资本公积时，原投入者并不谋求投资回报。

（二）资本公积的内容

1. 资本溢价，是指企业投资者投入的资金超过其在注册资本中所占份额的部分。

2. 其他资本公积，是指除资本溢价以外所形成的资本公积，以及从资本公积各准备项目转入的金额。

商品流通企业应设置“资本公积”科目，核算资本公积增减变动情况。该科目贷方登记资本公积的增加额；借方登记资本公积的减少额；期末贷方余额反映商品流通企业资本公积的结余额。其明细账按资本公积的类别设置。

二、资本（股本）溢价的核算

（一）资本溢价

资本溢价，是指企业投资者投入的资金超过其在注册资本中所占份额的部分。

商品流通企业在筹集资本金的活动中，投资者缴付的出资额超过资本金的情形主要有以下两种：一是企业创立时，注册资本的额度不能满足创立时对资金的需求，各出资方协商一致同意按相同比例增加出资额。二是企业在持续经营中，新的投资者加入企业，其出资额的一部分要作为资本公积处理，其原因是：①同为企业资本，其投入时间不同，获利能力也未必相同。如企业创立时要经过一系列艰辛的创立过程，经受着巨大的投资风险，企业的创办者为此付出了代价。同样数额的资本，出资时间越早，对企业的影响就越大，相应地，投资者享有的权利也大些，这样新加入的投资者为了取得一定的投资比例，往往需要付出大于按这一投资比例计算的实收资本额。②商品流通企业经营过程中因盈利而形成的留存收益是企业所有者的权益，但未转入实收资本，新的投资者一旦加入企业，本该属于出资者的企业积累就要在新旧投资者之间进行分享，对于原投资者而言显失公平。新的投资者为了获得一定的投资比例，并补偿原投资者的权益损失，就要比原投资者享有同样的比例付出更多的出资额。投资者投入的资本大于按其投资比例计算的实收资本额部分，作为资本公积。

企业收到投资者投入资金时，按实际收到的金额或规定的价值，借记“库存现金”、“原材料”、“固定资产”等科目；按其在注册资本中所占的份额，贷记“实收资本”科目；按其差额，贷记“资本公积”科目。

【例2－11】M商业有限责任公司是2×12年1月1日由股东甲、乙各出资4 000 000元设立的，经过5年经营后已有盈余公积、未分配利润为2 000 000元，现有丙投资者欲出资投资该企业，准备占有该公司注册资本的20%。M商业有限责任公司同意增资2 000 000元，使其注册资本扩充到10 000 000元，并让丙占有20%的投资比例。M商业有限责任公司的会计处理如下：

设丙投资者应该投入X元，则有下列等式：

$$(8\ 000\ 000 + 2\ 000\ 000 + X) \times (1 - 20\%) = 10\ 000\ 000$$

解得 $X = 2\ 500\ 000$(元)

直接增加实收资本的金额 = 10 000 000 × 20% = 2 000 000(元)

资本溢价 = 2 500 000 − 2 000 000 = 500 000(元)

收到丙投资者货币资金缴款时,编制如下会计分录:

借:银行存款　　2 500 000

　贷:实收资本——丙投资者　　2 000 000

　　资本公积——资本溢价　　500 000

(二)股本溢价

股本溢价,是指股份有限公司发行股票时,实际收到的款项超出股票面值总额的差额。商业股份有限公司是以发行股票的方式筹集股本的,股票可按面值发行,也可按溢价发行,我国目前不准折价发行。

股票之所以会出现溢价发行,主要有三方面原因:一是发行股票时证券市场需求旺盛;二是投资人与发行者对公司获利能力期望较高;三是公司资信度较高。由于我国《公司法》明确规定股票发行价格不得低于其面值,因此,我国股票没有折价发行。在采用溢价发行股票的情况下,商品流通企业发行股票的收入中,相当于股票面值部分计入股本,超出股票面值的溢价收入计入资本公积。

这里需要说明两点:

第一,与其他类型的企业不同,商业股份有限公司在成立时可能会溢价发行股票,因而在成立之初就可能会产生股本溢价。股本溢价的数额等于商业股份有限公司发行股票时实际收到的款额超过股票面值总额的部分。

第二,发行股票相关的手续费、佣金等交易费用,如果是溢价发行股票的,应从溢价中抵扣,冲减资本公积(股本溢价);无溢价发行股票或溢价金额不足以抵扣的,应将不足抵扣的部分冲减盈余公积和未分配利润。

【例 2 − 12】2 × 16 年 1 月 1 日,某商品流通企业委托证券公司代理发行 300 000股股票,每股面值 5 元,每股实收股款 6 元。与证券公司约定,按发行收入的 2% 收取手续费,从发行收入中直接扣除。该企业收到证券公司划转的股票款时,编制如下会计分录:

借:银行存款　　[300 000 × 6 × (1 − 2%)]1 764 000

　贷:股本——普通股　　1 500 000

　　资本公积——股本溢价　　264 000

三、其他资本公积的核算

其他资本公积是指除资本溢价(或股本溢价)项目以外所形成的资本公积,其中主要是直接计入所有者权益的利得和损失。

第四节　借入资金的核算

一、短期借款的核算

（一）短期借款的特点

商品流通企业在商品购销活动中，除了自有资金外，都必然要筹措和使用一定比例的借入资金，以满足其经营活动的需要。

短期借款是企业向银行或其他金融机构借入的还款期限在一年或超过一年的一个营业周期的各种借款。商品流通企业借款主要用于弥补企业临时性经营周转或季节性原因等出现的资金暂时不足。其基本特征有三个：一是其债权人不仅包括银行，还包括其他非银行金融机构；二是借款期限较短，一般为 1 年以下（含 1 年）；三是归还短期借款时，不仅要归还借款本金，还应支付相应的利息。

（二）短期借款的会计处理

商品流通企业应设置"短期借款"科目核算短期借款的增减变动及结存情况。该科目的贷方登记短期借款增加额，借方登记短期借款减少额，期末余额在贷方，表示尚未归还的借款本金。其明细账按债权人设置。

商品流通企业借入各种短期借款，借记"银行存款"科目，贷记"短期借款"科目；归还借款作相反的会计分录。资产负债表日，应按计算确定的短期借款利息费用，借记"财务费用"等科目，贷记"银行存款"、"应付利息"等科目。

【例 2－13】某商业企业因商品购销活动的临时性需要，于 2×16 年 9 月 1 日向工商银行借入金额为 240 000 元，期限 5 个月，年利率 10% 的短期借款。按月预提利息费用，到期一次还本付息。编制如下会计分录：

（1）借入资金：

借：银行存款　　240 000

　贷：短期借款　　240 000

（2）年末确认利息费用：

借：财务费用　　（240 000 × 10% ÷ 12 × 3）6 000

　贷：应付利息　　6 000

（3）次年 1 月份确认利息费用 2 000 元，会计分录同上，略。

（4）次年 2 月 1 日还本付息：

借：应付利息　　8 000

　　短期借款　　240 000

　贷：银行存款　　248 000

二、长期借款的核算

（一）长期借款的分类

长期借款，是指企业向银行或其他金融机构借入的、期限在一年以上的各种借款。它以企业的生产经营能力为依托，用于满足企业长期资产投资和永久性流动资产的需要。

目前，我国商品流通企业的长期借款主要是从银行等金融机构取得的。按归还方式，长期借款可分为定期偿还的长期借款和分期偿还的长期借款；按使用结果，长期借款可分为形成固定资产的长期借款和形成流动资产的长期借款；按借款条件，长期借款可分为抵押借款、担保借款和信用借款；按借入的币种，长期借款可分为人民币借款和外币借款。

商品流通企业应设置“长期借款”科目核算长期借款的借入、计息及偿还的情况。该科目的贷方登记借入贷款的本金及发生的相应利息；借方登记偿还的贷款本金及支付的借款利息；贷方余额为尚未偿还的贷款本息。其明细账应按照贷款单位和贷款种类，分别“本金”、“利息调整”等项目设置。

（二）长期借款的会计处理

1. 借入资金。商品流通企业借入长期借款时，按实际收到的金额，借记“银行存款”科目，贷记“长期借款——本金”科目，如有差额，应借记“长期借款——利息调整”科目。

2. 确认借款利息费用。长期借款的利息费用应当按照权责发生制原则的要求，按期预提，计入所购建或者生产符合资本化条件资产的成本中，即予以资本化，或直接计入当期财务费用。具体核算内容及方法参见第十章中“商品流通费用重点项目的核算”。

3. 归还借款。企业归还长期借款本金时，借记“长期借款——本金”科目，贷记“银行存款”科目。同时，按应转销的利息调整、应计利息金额，借记或贷记“在建工程”、“财务费用”、“研发支出”等科目，贷记或借记“长期借款——利息调整、应计利息”科目。

【例 2－14】某商品流通企业为建造营业用房，于 2×16 年 1 月 3 日从银行借入长期借款 3 500 000 元，已存入银行。借款期限为 3 年，年利率为 8%，单利计息，每年结息一次。借款的名义利率与实际利率一致。款项借入后，以银行存款支付工程款 2 900 000 元（不考虑增值税），该工程一年建造后达到可使用状态并完成交付使用。该企业应编制如下会计分录：

（1）取得借款：

借：银行存款　　　　3 500 000

　贷：长期借款　　　　3 500 000

(2)支付工程款：

借：在建工程　　2 900 000

　贷：银行存款　　2 900 000

(3)结算第一年的借款利息：

借：在建工程　　(3500000×8%×1)280 000

　贷：应付利息　　280 000

(4)支付借款利息：

借：应付利息　　280 000

　贷：银行存款　　280 000

(5)工程完工交付使用，结转固定资产价值：

借：固定资产　　(2 900 000 + 2 80 000)3 180 000

　贷：在建工程　　3 180 000

(6)第二、三年分别预提利息：

借：财务费用　　(3 500 000×8%×1)280 000

　贷：应付利息　　280 000

支付借款利息的会计分录，略。

(7)借款到期归还本金：

借：长期借款　　3 500 000

　贷：银行存款　　3 500 000

三、应付债券的核算

应付债券是企业为筹集长期资金而发行的、超过 1 年期以上的债券。由于债券的票面利率与同期银行存款利率可能不一致，使债券可能按面值发行、溢价发行，也可能折价发行。

假设其他条件不变，如果债券的票面利率与同期银行存款利率相同，可按票面价格发行。债券的票面利率高于同期银行存款利率时，可按超过债券面值的价格发行，称为溢价发行。如果债券的票面利率低于同期银行存款利率，可按低于债券面值的价格发行，称为折价发行。溢价或折价是发行债券企业在债券存续期内对利息费用的一种调整。

商品流通企业应设置“应付债券”科目，核算商品流通企业应付债券的发行、计息、溢折价摊销及还本付息的情况。该科目的贷方登记应付债券本金和应计利息，借方登记归还债券本金和应计利息，期末贷方余额表示企业尚未归还的债券本金和利息。该科目一般需要设置“面值”、“利息调整”和“应计利息”明细科目，并按债券的种类设置明细账。

（一）债券发行的核算

企业无论是按面值发行，还是溢价发行或折价发行，均应按实际收到的款项，借记“银行存款”、“库存现金”等科目；按债券票面价值，贷记“应付债券——面值”科目；按实际收到的款项与票面价值之间的差额，贷记或借记“应付债券——利息调整”科目。

【例 2－15】2×14 年 12 月 31 日，某商品流通企业经批准发行 5 年期一次还本、分期付息的公司债券，其面值为 20 000 000 元，债券利息在每年 12 月 31 日支付，票面利率为年利率 6%。假定债券发行时的市场利率为 5%，实际发行价格为 20 865 400元。不考虑其他相关因素，该企业应编制如下会计分录：

2×14 年 12 月 31 日发行债券时：

借：银行存款 20 865 400

贷：应付债券——面值 20 000 000

——利息调整 865 400

（二）利息调整的摊销

利息调整应在债券存续期间内采用实际利率法进行摊销。实际利率法，是指按照应付债券的实际利率计算其摊余成本及各期利息费用的方法。

资产负债表日，对于分期付息、一次还本的债券，商品流通企业应按应付债券的摊余成本和实际利率计算确定的债券利息费用，借记“在建工程”、“财务费用”等科目；按票面利率计算确定的应付未付利息，贷记“应付利息”科目；按其差额，借记或贷记“应付债券——利息调整”科目。

对于一次还本付息的债券，应于资产负债表日按摊余成本和实际利率计算确定的债券利息费用，借记“在建工程”、“财务费用”等科目；按票面利率计算确定的应付未付利息，贷记“应付债券——应计利息”科目；按其差额，借记或贷记“应付债券——利息调整”科目。

【例 2－16】承例 2－15。该商品流通企业采用实际利率法和摊余成本计算确定的利息费用，如表 2－4 所示。

表 2－4　利息费用一览表　　　　金额单位：元

付息日期	支付利息	利息费用	摊销的利息调整	应付债券摊余成本
	（1）＝面值×12%	（2）＝期初（4）×5%	（3）＝（1）－（2）	（4）＝期初（4）－（3）
2×14 年 12 月 31 日				20 865 400
2×15 年 12 月 31 日	1 200 000	1 043 270	156 730	20 708 670
2×16 年 12 月 31 日	1 200 000	1 035 434	164 566	20 544 104
2×17 年 12 月 31 日	1 200 000	1 027 205	172 795	20 371 309

续表

付息日期	支付利息	利息费用	摊销的利息调整	应付债券摊余成本
	(1) = 面值 × 12%	(2) = 期初(4) × 5%	(3) = (1) - (2)	(4) = 期初(4) - (3)
2×18 年 12 月 31 日	1 200 000	1 018 566	181 434	20 189 875
2×19 年 12 月 31 日	1 200 000	1 010 125	189 875	20 000 000

* 尾数调整。

2×15 年 12 月 31 日根据表 2-4 编制如下会计分录：

借：财务费用等　　1 043 070

　　应付债券——利息调整　　156 730

　贷：应付利息　　1 200 000

2×16 年至 2×19 年确认利息费用的会计处理同 2×15 年。

（三）债券清偿的核算

商品流通企业发行债券时，一般都规定了到期清偿债券的条款。因此，发行债券企业应根据条款偿还本金。如商品流通企业发行的债券属于定期支付利息，债券到期时只需按债券的票面金额向债券持有者支付本金；若属于一次还本付息，除支付本金外，还应偿付债券的利息。至于债券的折价或溢价，由于已在整个偿还期内摊销完毕，因此，偿还本息时不予以考虑。

【例 2-17】承例 2-15。2×19 年 12 月 31 日，该商品流通企业发行的债券到期，归还债券本金及最后一期利息费用。该企业应编制如下会计分录：

借：应付债券——面值　　20 000 000

　　应付利息　　1 200 000

　贷：银行存款　　21 200 000

思考题与练习题

一、思考题

1. 什么是货币资金？企业如何对货币资金实施管理与控制？

2. 我国有关部门对现金的使用范围是如何规定的？

3. 什么是未达账项？未达账项有几种情况？企业如何编制“银行存款余额调节表”？

4. 简述银行结算方式的种类及适用范围。

5. 短期借款、长期借款是如何核算的？

6. 什么是债券平价、溢价和折价的发行？债券溢、折价摊销的实质是什么？

7. 采用实际利率法摊销债券的溢、折价,应如何处理?

二、练习题

1. 某商品流通企业2×15年6月25日盘点库存现金时,发现盘盈现金100元,原因不清。30日,盘盈现金原因查清,该盘盈的100元现金中,有60元为客户多付款,有40元无法查明原因。要求:根据上述经济业务编制会计分录。

2. 某商品流通企业2×15年7月20日清查库存现金时,发现现金短款80元。经调查,上述80元短款中有30元是由于出纳的责任所导致,其余50元无法落实责任,经批准核销。要求:根据上述经济业务编制会计分录。

3. 资料:某商品流通企业2×15年6月30日银行存款日记账的余额为472 800元,银行转来的对账单上的余额为466 400元,经逐笔核对,发现有以下未达账项:

(1)6月28日,企业委托银行代收款项10 000元,银行已经收妥入账,企业尚未接到银行的收款通知,尚未记账;

(2)6月29日,企业开出支票2 800元,持票人尚未到银行办理转账,银行尚未登记入账;

(3)6月29日,银行代垫电话费2 400元,企业尚未接到银行付款通知,尚未记账;

(4)6月30日,企业送存支票16 800元,银行尚未记入企业存款户。

要求:根据上述资料编制该企业"银行存款余额调节表"。

4. 资料:某商品流通企业短期借款利息按季在季末结算支付,每季前两个月按每月应付数额预提。该企业第3季度前两个月短期借款每日余额的累计数分别为:7月份1 200 000元,8月份1 800 000元。月利息率为6‰。9月28日银行通知企业,该季度实际应付利息为1 661元,并已从企业的存款中转付。

要求:

(1)计算7,8两月应预提的利息费用和9月份应计提的利息费用。

(2)编制7,8,9三个月有关的会计分录。

5. 2×14年1月1日,某商品流通企业从银行借入资金3 500 000元,借款利率年率6%,借款期限为三年,每年年底归还借款利息,三年期满后一次还清本金。该企业用该借款购建厂房,2×14年12月31日前共发生料、工费2 800 000元,已划拨给施工企业。2×15年3月31日前又发生费用50 000元,已与施工企业结清。厂房于2×15年3月底完工达到可使用状态。

要求:根据上述资料,编制以下业务的会计分录:

(1)借入资金。

(2)确认2×14年建造厂房各种支出。

(3)计算确认2×14年借款利息。

(4)偿还 2×14 年借款利息。

(5)2×15 年底支付工程费用。

(6)2×15 年 3 月底确认利息费用并结转厂房施工成本。

(7)2×15 年 4 月份起,按月预提借款利息。

(8)2×16 年年底,借款到期偿还借款本金。

6.2×15 年 1 月 10 日,经批准,某商品流通企业发行 3 年期、面值为 200 000 元的债券一批,票面利率为 10%,每年 6 月 30 日和 12 月 31 日各付息一次。债券款用于经营活动。分别下列情况编制会计分录:

(1)市场利率为 12%,发行价格为 183 620 元,实际利率法摊销溢折价;

(2)市场利率为 8%,发行价格为 218 460 元,实际利率法摊销溢折价。

第三章　商品流通企业应收、应付项目的核算

学习目标

本章主要介绍应收、应付项目的核算。通过本章的学习，要求掌握影响应收账款计价的因素、应收账款发生和收回的账务处理；掌握核算坏账备抵法的内容；掌握应收票据取得、收回和转让的账务处理，带息应收票据利息的计算方法，应收票据贴现的计算和账务处理，预付账款和其他应收款的账务处理；了解应付项目的内容，掌握应付票据、应付账款、预收账款、应付股利和其他暂收应付款项的核算。

商品流通企业在组织商品购销、劳务供应、费用开支、上缴利税等交易或事项活动中，常会发生一些待结算的款项，即应收、应付项目。随着商品经济的发展，商业信用日益增多，企业应收、应付款项也在不断增加，加强应收、应付项目的核算具有重要意义。

第一节　应收项目的核算

一、应收票据的核算

（一）应收票据的确认和种类

商品流通企业间的商品交易除了用现金直接支付外，还可以用票据作为结算工具。我国票据法规定，票据是指出票人依法签发的，约定自己或委托付款人在见票时或指定的日期向收款人或持票人无条件支付一定金额并可转让的有价证券。通常，商品流通企业持有还没有到期、尚未兑现的票据包括支票、银行本票、银行汇票和商业汇票等。但在我国实务中，上述票据大部分为即期票据，可以即刻收款或存入银行成为货币资金，不需要作为应收票据核算。因此，商品流通企业会计中的应收票据，是指商品流通企业持有的还没有到期、尚未兑现的商业汇票。

商业汇票按承兑人不同，分为商业承兑汇票和银行承兑汇票；按是否计息可分为不带息商业汇票和带息商业汇票。不带息商业汇票是指商业汇票到期时，承兑人只按票面金额（即面值）向收款人或被背书人支付票款的票据。带息票据是指

商业汇票到期时，承兑人必须按票面金额加上应计利息向收款人或被背书人支付票款的票据。

（二）应收票据取得与收回的核算

商品流通企业应设置“应收票据”科目核算应收票据增减变动情况。该科目的借方登记取得的应收票据的面值和计提的票据利息；贷方登记到期收回的票款或到期前向银行贴现的应收票据的票面余额；期末余额在借方，反映企业尚未收回且未申请贴现的应收票据的面值和应计利息。其明细账应按商业汇票的种类设置。同时设置“应收票据备查簿”，逐笔登记每一应收票据从取得至退出企业的详细情况。

商品流通企业取得商业汇票一般有两种情况：一是因企业销售商品等而收到商业汇票；二是因债务人抵偿前欠货款而取得的应收票据。应收票据取得的原因不同，其会计处理方法也不同。

商品流通企业因销售商品、提供劳务等而收到开出、承兑的商业汇票，借记“应收票据”科目，贷记“主营业务收入”、“应交税费——应交增值税（销项税额）”等科目；因债务人抵偿前欠货款而取得的应收票据，应借记“应收票据”科目，贷记“应收账款”科目。

商业汇票到期，如果付款人支付票据款，应借记“银行存款”科目，贷记“应收票据”科目；如果商业承兑汇票到期时，付款人无力支付票据款，商品流通企业收到银行退回的商业承兑汇票、委托收款凭证、未付票款通知书等，按应收票据的票面金额，借记“应收账款”科目，贷记“应收票据”科目。

【例 3－1】2×16 年 10 月 1 日，某批发商业企业向南方公司销售一批产品，货已发出，发票上注明的销售收入为 200 000 元，增值税额为 34 000 元。收到南方公司商业承兑汇票一张，期限为 6 个月，票面利率为 10%。该企业应编制如下会计分录：

（1）收到票据时：

借：应收票据——南方公司	234 000	
贷：主营业务收入		200 000
应交税费——应交增值税（销项税额）		34 000

（2）商业汇票到期收回款项时：

借：银行存款	234 000	
贷：应收票据——南方公司		234 000

（三）应收票据转让的核算

应收票据转让，是指持票人因偿还前欠货款等原因，将未到期的商业汇票背书后转让给其他单位或个人的业务活动。背书是指持票人在票据背面签字，签字人称为背书人，背书人对票据的到期付款负连带责任。

商品流通企业将持有的商业汇票背书转让取得商品时，按应计入商品成本的金额，借记“在途物资”或“库存商品”等科目；按专用发票上注明的可抵扣的增值税额，借记“应交税费——应交增值税（进项税额）”科目；按商业汇票的票面金额，贷记“应收票据”科目；如有差额，借记或贷记“银行存款”等科目。

【例3－2】2×16年11月1日，某批发商业企业向甲公司销售商品一批，合同规定，采用商业汇票结算货款。该批商品货款为40 000元，增值税销项税额为6 800元。收到甲公司开具期限为3个月、不带息商业汇票一张，面值46 800元。2×17年1月5日，该批发企业将票据背书转让给乙公司以取得所需商品，该批商品货款为45 000元，增值税额为7 650元。另外，以转账支票补付商品差价款5 850元，并支付商品运杂费850元（不考虑增值税）。根据上述资料，该企业应编制如下会计分录：

（1）销售商品收到票据：

借：应收票据——甲公司　46 800

　贷：主营业务收入　40 000

　　应交税费——应交增值税（销项税额）　6 800

（2）将应收票据背书转让：

借：在途物资　45 850

　应交税费——应交增值税（进项税额）　7 650

　贷：应收票据——甲公司　46 800

　　银行存款　6 700

（3）商品收到验收入库：

借：库存商品　45 850

　贷：在途物资　45 850

（四）应收票据贴现的核算

应收票据贴现，是指企业将未到期的商业汇票经过背书交给银行，银行受理后，从票面金额中扣除按银行的贴现率计算确定的贴现息后，将余额付给贴现企业的一种融通资金行为。在贴现中，企业付给银行的利息称为贴现息，所用的利率称为贴现率，票据到期值与贴现息之差称为贴现所得。商业汇票贴现时，贴现息和贴现所得的计算公式如下：

贴现息＝票据到期价值×贴现率×贴现天数÷360

贴现所得＝票据到期价值－贴现息

贴现天数为贴现日至票据到期前1日的实际天数，或贴现日至票据到期日的实际天数减1天。

商品流通企业将不带追索权的商业汇票（如银行承兑汇票）贴现后，应按实际收到的金额（即扣除贴现息后的净额），借记“银行存款”科目；按应收票据的票面金额,贷记“应收票据”科目;按其差额,借记“财务费用”科目。

带追索权的商业汇票(如商业承兑汇票)贴现后,企业的责任并未解除,应将贴现票据的票面金额视为一项负债。商品流通企业应按贴现所得金额,借记“银行存款”科目;按贴现票据的票面金额,贷记“短期借款”科目;按其差额,借记“财务费用”科目。如果贴现的带追索权的商业汇票到期,付款人无力支付票据款,则银行从贴现企业存款账户中扣除票据到期价值。贴现企业应按支付的票据款,借记“短期借款”科目,贷记“银行存款”科目;同时,借记“应收账款”科目,贷记“应收票据”科目。如果贴现企业存款账户余额不足,银行作逾期贷款处理。

【例3-3】2×16年5月12日,某批发商业企业持所收取的出票日期为3月23日、期限为6个月、面值为55 000元的不带息商业承兑汇票一张到银行贴现,假设银行年贴现率为6%。

该应收票据到期日为9月23日,其贴现天数为144(30+30+31+31+23-1)天。

$$贴现息=55\ 000\times 6\%\times 144\div 360=1\ 320(元)$$

$$贴现所得=55\ 000-1\ 320=53\ 680(元)$$

借:银行存款　　53 680
　财务费用　　1 320
　贷:短期借款　　55 000

如果贴现的商业承兑汇票到期,票据付款人足额向贴现银行支付票据款,则应编制如下会计分录:

借:短期借款　　55 000
　贷:应收票据　　55 000

如果贴现的商业承兑汇票到期,付款人无力支付票据款,则应编制如下会计分录:

借:短期借款　　55 000
　贷:银行存款　　55 000

同时:

借:应收账款　　55 000
　贷:应收票据　　55 000

二、应收账款的核算

(一)应收账款的确认与计价

应收账款,是指企业因销售商品、产品、提供劳务等,应向购货单位或接受劳务单位收取的款项。它代表了企业未来收取现金、得到商品等经济利益的权利。

商品流通企业应收账款应根据销售商品或提供劳务的实际发生额记账。其入账价值包括销售货物或提供劳务的价款、增值税,以及代客户垫付的包装费、运杂费等。为了在商业竞争中拉拢、吸引客户,商品流通企业在买卖双方达成交易时通常还附有各种折扣优惠,如商业折扣、现金折扣等。因此,在确认应收账款入账价值时,还应考虑折扣因素,其具体内容及核算方法见第五章。

(二)应收账款的核算方法

商品流通企业应设置“应收账款”科目,核算企业因销售商品、提供劳务等应向买方收取的款项。该科目的借方登记应收账款的增加额;贷方登记应收账款的减少额。期末若为借方余额,反映尚未收回的应收账款;若为贷方余额,反映企业预收的账款。其明细账应按购货单位或接受劳务单位设置。不单独设置“预收账款”科目的商品流通企业,预收的款项也记入“应收账款”科目。

商品流通企业销售商品发生应收款项时,借记“应收账款”科目,贷记“主营业务收入”、“应交税费——应交增值税(销项税额)”等科目;收回款项时,借记“银行存款”等科目,贷记“应收账款” 科目。

商品流通企业代购货单位垫付包装费、运杂费时,借记“应收账款” 科目,贷记“银行存款”等科目;收回代垫费用时,借记“银行存款”科目,贷记“应收账款”科目。

如果商品流通企业应收账款改用应收票据结算,在收到承兑的商业汇票时,借记“应收票据”科目,贷记“应收账款”科目。

【例3-4】2×16年8月10日,甲批发商业企业采用委托收款结算方式向乙公司销售商品一批,货款60 000元,增值税税率为17%,以银行存款代垫运杂费1 500元。该企业应编制如下会计分录:

借:应收账款——乙公司　　71 700
　贷:主营业务收入　　60 000
　　应交税费——应交增值税(销项税额)　　10 200
　　银行存款　　1 500

如果甲批发商业企业接到银行收款通知,上述应收乙公司款项已收回入账,应编制如下会计分录:

借:银行存款　　71 700
　贷:应收账款——乙公司　　71 700

如果甲公司收到乙公司交来不带息商业汇票一张,用以偿还其前欠货款。甲公司应编制如下会计分录:

借:应收票据——乙公司　　71 700
　贷:应收账款——乙公司　　71 700

三、应收利息及股利的核算

(一)应收利息的核算

应收利息,是指企业因进行交易性金融资产、可供出售金融资产、持有至到期投资等投资活动而发生的应计利息。

商品流通企业应设置“应收利息”科目核算应收利息增减变动情况。该科目的借方登记企业应收利息；贷方登记企业收回利息；期末借方余额，反映企业尚未收回的利息。其明细账应按照借款人或被投资单位设置。

商品流通企业按照规定方法确认应收未收利息时，借记“应收利息”科目，贷记“投资收益”；收到利息时借记“银行存款”、“库存现金”科目，贷记“应收利息”科目。

【例3－5】2×14年1月5日，某批发商业企业购入甲公司同日发行的公司债券一批，作为持有至到期投资，其面值为30 000 000万元，票面年利率为4%，债券利息按年支付。2×15年1月15日收到债券利息。该企业应编制如下会计分录：

(1)2×14年12月31日，确认债券利息：

借：应收利息　　1 200 000

　贷：投资收益　　1 200 000

(2)2×15年1月15日收到债券利息：

借：银行存款　　1 200 000

　贷：应收利息　　1 200 000

(二)应收股利的核算

应收股利，是指企业应收取的现金股利和应收取其他单位分配的利润。

商品流通企业应设置“应收股利”科目，以核算应收股利或利润增减变动情况。该科目的借方登记企业应收股利或利润；贷方登记企业收回股利或利润；期末借方余额，反映企业尚未收回的股利或利润。其明细账应按照被投资单位设置。

商品流通企业按照规定方法确认应收未收现金股利或利润时，借记“应收股利”科目，贷记“投资收益”科目；收到利息时借记“银行存款”、“库存现金”科目，贷记“应收股利”科目。

【例3－6】某批发商业企业根据被投资企业股东大会通过的现金股利分配方案，确定本公司应分得现金股利60 000元。该企业应编制如下会计分录：

(1)确认应收股利：

借：应收股利　　60 000

　贷：投资收益　　60 000

(2)实际收到现金股利：

借：银行存款　　60 000

　贷：应收股利　　60 000

四、预付款项的核算

预付款项包括预付账款和预付工程款。其中，预付账款是企业按照购货合同规定预付给供应单位的款项；预付工程款指企业按照工程合同规定预付给施工单位的工程价款和备料款。预付款项如同应收账款一样，是结算中的资金占用，反映了企业的短期债权。但两者产生的原因不同,应收账款是应向购货方收取的款项,而预付账款则是预先付给供货方的款项。

预付款项较多的商品流通企业,应单独设置“预付账款”科目核算预付账款增减变动情况。该科目的借方登记企业向供应方预付货款;贷方登记企业收到所购商品(或劳务结算时)应结转的预付账款。期末如为借方余额,反映企业预付的款项;期末如为贷方余额,反映企业尚未补付的款项。其明细账应按供货企业的名称设置。

(一)因购货而预付款项的核算

1. 单独设置“预付账款”科目

商品流通企业根据购货合同的规定向供应单位预付款项时,借记“预付账款”科目,贷记“银行存款”科目。企业收到所购商品,按应计入购入商品成本的金额,借记“在途物资”、“库存商品”、“应交税费——应交增值税(进项税额)”等科目,贷记“预付账款”科目;当预付货款小于采购商品所需支付的款项时,应将不足部分补付,借记“预付账款”科目,贷记“银行存款”科目;当预付货款大于采购商品所需支付的款项时,对收回的多余款项应借记“银行存款”科目,贷记“预付账款”科目。

2. 不单独设置“预付账款”科目

预付款项情况不多的商品流通企业,也可以将预付的款项直接记入“应付账款”科目的借方,不设置“预付账款”科目。但在编制会计报表时,仍然要将“预付账款”和“应付账款”的金额分开报告。

【例3-7】某批发商业企业从外地安信公司订购库存商品100件,单价为500元,货款为50 000元,增值税进项税额为8 500元。按订货合同规定,应先向供货单位预付货款20 000元,交货后再补足余款。假定公司分别采用两种设置科目的方法核算预付账款,分别编制会计分录如表3-1所示。

表3-1

	设置“预付账款”科目	不设置“预付账款”科目
(1)预付货款	借:预付账款——安信公司 20 000 　贷:银行存款 20 000	借:应付账款——安信公司 20 000 　贷:银行存款 20 000
(2)收到所预订材料	借:库存商品 50 000 　应交税费——应交增值税(进项税额) 8 500 　贷:预付账款——安信公司 58 500	借:库存商品 50 000 　应交税费——应交增值税(进项税额) 8 500 　贷:应付账款——安信公司 58 500
(3)补付余款	借:预付账款——安信公司 38 500 　贷:银行存款 38 500	借:应付账款——安信公司 38 500 　贷:银行存款 38 500

(二)预付工程款的核算

商品流通企业进行在建工程预付工程价款时,借记“预付账款”科目,贷记“银行存款”科目；按工程进度结算工程价款，借记“在建工程”科目，贷记“预付账款”科目。企业的预付账款，如有确凿证据表明其不符合预付账款性质，或者因供货单位破产、撤销等原因已无望再收到所购货物的，应将原计入预付账款的金额，借记“其他应收款”科目，贷记“预付账款”科目。

五、其他应收款的核算

（一）其他应收款的内容

其他应收款，是指企业除存出保证金、应收票据、应收账款、预付账款、应收股利、应收利息、长期应收款等经营活动以外的其他各种应收、暂付的款项等。

其他应收款主要内容有：应收的各种赔款、罚款；应收出租包装物租金；应向职工收取的各种垫付款项；备用金（向企业各职能科室、车间等拨出的备用金）；存出保证金，如租入包装物支付的押金；预付账款转入；其他各种应收、暂付款项。

（二）其他应收款的核算

商品流通企业应设置“其他应收款”科目核算其他应收款的增减变动和结存情况。该科目借方登记其他各种应收、暂付款项发生额；贷方登记收回或转销各种其他应收款项；期末如为借方余额，反映企业尚未收回的其他应收款；期末如为贷方余额，反映企业尚未支付的其他应付款。其明细账应按其他应收款的项目和不同的债务人设置。

1. 应收各种赔款、罚款的核算。商品流通企业发生应收各种赔款、罚款等其他应收款时，增加其他应收账款；收回各种赔款、罚款时，减少其他应收账款。

【例3-8】某批发商业企业仓库保管员因工作疏忽，使一批价值为30 000元的商品成为废品。按企业制度规定，该职工应按损失金额的40%赔偿，其余部分由管理费用负担。该批废品出售收入为15 000元。该企业应编制如下会计分录：

借：其他应收款——××职工	12 000	
银行存款	15 000	
管理费用	3 000	
贷：库存商品		30 000

2. 应收出租包装物租金核算。商品流通企业因出租物品应收的租金收入，应借记“其他应收款”科目，贷记“其他业务收入”科目；收到出租包装物租金时，则借记“库存现金”、“银行存款”等科目，贷记“其他应收款”科目。

【例3-9】2×16年10月份，某批发商业企业出租包装物一批，本月应收租金500元（不考虑增值税）。该企业应编制如下会计分录：

借：其他应收款——应收租金	500	
贷：其他业务收入		500

3. 备用金的核算。备用金是企业财会部门为了便于日常零星开支的需要而预

付给企业某些部门或职工备用的款项。其特点是先领后用,用后报销。备用金一般要指定用途和使用范围。对备用金的管理,有定额备用金制度和非定额备用金制度两种。定额备用金制度,是根据使用部门工作的实际需要,先核定其备用金定额并依此拨付备用金,使用后再拨付现金补足其定额的制度。非定额备用金制度,是为了满足临时性需要而暂付给有关部门和个人现金,使用后实报实销的制度。

【例3-10】某批发商业企业对总务部门实行定额备用金制度。2×16年10月5日按核定额5 000元拨付现金;11月10日总务部门使用备用金后,持单据向财会部门报销零星费用3 500元;12月10日因业务需要增加定额1 000元,以现金付讫;年末结算收回总务部门的定额备用金6 000元。该企业应编制如下会计分录:

(1)按核定备用金定额拨付现金:

借:其他应收款——备用金　　5 000

　贷:库存现金　　5 000

(2)总务部门持单据向财会部门报销零星费用:

借:管理费用　　3 500

　贷:库存现金　　3 500

(3)增加定额备用金,与建立备用金的会计分录相同,略。

(4)年末核销定额备用金:

借:库存现金　　6 000

　贷:其他应收款——备用金　　6 000

4. 存出保证金的核算。存出保证金,是指企业租入有关用品或劳动资料时支付的保证金或押金等。租入有关用品、劳动资料交付保证金时,应借记“其他应收款”科目,贷记“库存现金”等科目;待企业租入的有关用品或劳动资料退还出租单位时,存出保证金如数收回,编制上述相反分录。

【例3-11】2×16年8月份,某批发商业企业随购进商品租入包装物一批,支付押金800元,以现金付讫。该企业应编制如下会计分录:

(1)租入包装物:

借:其他应收款——存出保证金　　800

　贷:库存现金　　800

(2)归还租入包装物,收回押金:

借:库存现金　　800

　贷:其他应收款——存出保证金　　800

六、应收款项减值的核算

(一)坏账的确认

应收款项减值,又称为坏账。是指无法收回的应收款项。企业各种应收款项,可能因债务人拒付、破产、死亡等原因不能如数收回或根本无法收回而使企业蒙受损失。商品流通企业因坏账而遭受的损失，称为坏账损失。

一般来讲，企业的应收账款符合下列条件之一的，应确认为坏账：

1. 债务人死亡，以其遗产清偿后仍然无法收回；
2. 债务人破产，以其破产财产清偿后仍然无法收回；
3. 债务人较长时期内未履行其偿债义务，并有足够的证据表明无法收回或收回的可能性极小。

（二）坏账损失的核算方法

目前，我国对于坏账损失采用备抵法进行核算。

备抵法，是指企业按期估计可能产生的坏账损失，并将其列入资产减值损失，并形成坏账准备，实际发生坏账时再冲销坏账准备和应收款项。采用这种方法，一方面按期估计坏账损失，计入资产减值损失；一方面设置“坏账准备”科目，待实际发生坏账时，冲销坏账准备和应收款项的金额，使资产负债表上的应收款项反映扣减预计坏账后的净值，并尽可能接近变现价值。

商品流通企业应当设置“坏账准备”科目，核算应收款项的坏账准备计提、转销等情况。商品流通企业当期计提的坏账准备应当计入资产减值损失。“坏账准备”科目的贷方登记当期计提的坏账准备金额，借方登记实际发生的坏账损失金额和冲减的坏账准备金额，期末余额一般在贷方，反映商品流通企业已计提但尚未转销的坏账准备。

能否正确估计坏账损失是恰当运用备抵法的关键。估计坏账的方法有多种，下面以应收账款余额百分比法为例，说明坏账损失的核算方法。

应收账款余额百分比法，是指按应收账款余额的一定比例计算提取坏账准备的一种方法。这种方法是建立在坏账损失与应收账款余额直接相关性的基础上，一般来说，应收账款的余额越大，产生坏账的风险也就越高。因此，当期坏账准备应根据应收账款期末余额乘以规定的坏账比例计算确定。会计期末，商品流通企业应提取的坏账准备大于已提取的坏账准备时，应按其差额提取；反之，则按其差额冲减坏账准备。

商品流通企业提取坏账准备时，借记“资产减值损失——计提的坏账准备”科目，贷记“坏账准备”科目。冲减已计提的坏账准备时，借记“坏账准备”科目，贷记“资产减值损失——计提的坏账准备”科目。发生坏账损失时，借记“坏账准备”科目，贷记“应收账款”、“其他应收款”科目。已确认并转销的坏账损失以后又收回时，借记“应收账款”、“其他应收款”科目，贷记“坏账准备” 科目，同时借记“银行存款”科目，贷记“应收账款”、“其他应收款”科目。

【例 3－12】2×12 年年末，某批发商业企业应收账款余额为 2 000 000 元，提取坏账准备的比例为 0.3%，“坏账准备”科目余额为零。2×13 年发生坏账损失

12 000元，其中甲单位 2 000 元，乙单位 10 000 元，年末应收账款为 2 400 000 元。2×14 年已冲销的上年乙单位应收账款 10 000 元又收回，年末应收账款 2 600 000 元。该企业各年提取坏账准备以及编制的会计分录如下：

（1）2×12 年应提取坏账准备 = 2 000 000 × 0.3% = 6 000（元）

借：资产减值损失　　6 000

　贷：坏账准备　　6 000

（2）2×13 年年末按应收账款的余额计算提取坏账准备：

坏账准备应保留的余额 = 2 400 000 × 0.3% = 7 200（元）

"坏账准备"科目已有余额 = 6 000（贷方） − 12 000（借方） = −6 000（元）

应提取的坏账准备 = 7 200 + 6 000 = 13 200（元）

借：资产减值损失　　13 200

　贷：坏账准备　　13 200

（3）2×14 年末按应收账款的余额计算提取坏账准备：

坏账准备应保留的余额 = 2 600 000 × 0.3% = 7 800（元）

"坏账准备"科目已有贷方余额 = 7 200 + 10 000 = 17 200（元）

应提取的坏账准备 = 7 800 − 17 200 = −9 400（元）

借：坏账准备　　9 400

　贷：资产减值损失　　9 400

第二节　应付项目的核算

商品流通企业的应付项目包括应付票据、应付账款、预收账款、应付职工薪酬、应付股利、应交税费、其他暂收应付款项等。

一、应付票据的核算

（一）应付票据概述

应付票据，是指企业购买商品和接受劳务供应等而开出、承兑的商业汇票，包括商业承兑汇票和银行承兑汇票。

当商品流通企业采用商业承兑汇票结算货款时，购货方签发承兑商业汇票后即构成一种债务，所签发承兑的汇票称为应付票据。在采用银行承兑汇票的情况下，承兑人虽为银行，但由银行承兑的票据，只是为收款方按期收回债权提供了可靠的信用保证，对付款人或承兑申请人来说，不会由于银行承兑而使这项负债消失。因此，即使是由银行承兑的汇票，付款人（或承兑申请人）的现存义务依然存在，也应将银行承兑的汇票作为应付票据。

商品流通企业应设置"应付票据"科目核算应付票据增减变动情况。该科目的贷方登记开出并承兑汇票的面值及带息票据的预提利息，借方登记支付票据的款项，期末贷方余额反映企业持有尚未到期的应付票据本息。

为了反映应付票据的具体情况，商品流通企业应设置“应付票据备查簿”，详细登记每一应付票据的种类、号数、签发日期、到期日、票面金额、票面利率、合同交易号、收款人姓名或单位名称以及付款日期和金额等资料。应付票据到期结清时，应在备查簿内逐笔注销。

（二）商业汇票签付

商品流通企业因购买材料、商品和接受劳务供应等而开出、承兑的商业汇票，应当以其票面金额作为应付票据的入账金额，借记“在途物资”、“库存商品”、“应付账款”、“应交税费——应交增值税（进项税额）”等科目，贷记“应付票据”科目。商品流通企业支付的银行承兑汇票手续费应当计入当期财务费用，借记“财务费用”科目，贷记“银行存款”科目。

（三）票据到期核销

商品流通企业出具的商业汇票到期时，应无条件支付票据款。商业汇票到期的账务处理方法，根据企业是否具有支付票据款能力而有所不同。

商业汇票到期时，如果企业有能力支付票据款，企业的开户银行在收到商业汇票付款通知时，无条件支付票据款。企业在收到开户银行的付款通知时，支付票据款并核销应付票据，编制借记“应付票据”科目、贷记“银行存款”科目的会计分录。

如果商业汇票到期时企业无力支付票据款，则应根据不同承兑人承兑的商业汇票作不同的处理：①采用商业承兑汇票进行结算，承兑人即为付款人。如果付款人无力支付票据款，银行将商业承兑汇票退还给收款人，由收付款双方协商解决。由于商业汇票已经失效，付款人应将应付票据款转为应付账款，企业应按票面价值借记“应付票据”科目，贷记“应付账款”科目。②采用银行承兑汇票进行结算，承兑人为承兑银行。如果付款人无力支付票据款，承兑银行将代为支付票据款，并将其转为付款人的逾期贷款。由于商业汇票已经失效，付款人应将应付票据款转为短期借款，企业应按票面价值借记“应付票据”科目，贷记“短期借款”科目。企业支付的罚息，应计入财务费用。

【例 3－13】2×16 年 6 月 1 日，某商品流通企业购入库存商品一批，买价为 20 000元，增值税为 3 400 元，共计 23 400 元，商品已验收入库，采用商业汇票结算方式进行结算。该企业签付一张商业汇票，付款期限为 3 个月。9 月 1 日用银行存款支付票据款 23 400 元。根据以上资料，编制会计分录如下：

(1)6 月 1 日签付商业汇票 23 400 元。

借：库存商品	20 000
应交税费——应交增值税（进项税额）	3 400
贷：应付票据	23 400

(2)9 月 1 日支付票据款 23 400 元。

借:应付票据　　23 400

　贷:银行存款　　23 400

(3)假定 9 月 1 日商业汇票到期时该企业无力支付票据款。

假定该汇票为银行承兑汇票		假定该汇票为商业承兑汇票	
借:应付票据	23 400	借:应付票据	23 400
贷:短期借款	23 400	贷:应付账款	23 400

二、应付账款的核算

应付账款,是指企业因购买材料、商品和接受劳务供应等而应付给供应单位的款项。非上述业务发生的如应付赔款、应付租金、存入保证金等其他应付款项,不属于应付账款的范畴。

商品流通企业应设置"应付账款"科目核算应付账款的形成及其偿还情况。该科目的贷方登记应付未付款项的增加额;借方登记应付未付款项的减少额;余额一般在贷方,表示尚未偿还的应付账款。其明细账应按供应单位设置。

商品流通企业购入商品等或接受劳务所产生的应付账款,应按应付金额入账。购入商品已验收入库,但货款尚未支付,根据有关凭证(发票账单、随货同行发票上记载的实际价款或暂估价值),借记"在途物资"等科目;按可抵扣的增值税额,借记"应交税费——应交增值税(进项税额)"科目;按应付的价款,贷记"应付账款"科目。

【例 3－14】某商品流通企业为增值税一般纳税人,2×16 年 4 月 1 日从甲公司购入一批商品,货款为 200 000 元,增值税额为 34 000 元,对方代垫运杂费 2 000 元(不考虑增值税)。商品已运到并验收入库,款项尚未支付。该企业应编制如下会计分录:

借:库存商品　　202 000

　　应交税费——应交增值税(进项税额)　　34 000

　贷:应付账款——甲公司　　236 000

如果运费金额较少,可将其计入销售费用。上述会计分录可改为:

借:库存商品　　200 000

　　应交税费——应交增值税(进项税额)　　34 000

　　销售费用　　2 000

　贷:应付账款——甲公司　　236 000

商品流通企业接受供应单位提供劳务而发生的应付未付款项,根据供应单位的发票账单,借记"管理费用"、"销售费用"等科目,贷记"应付账款"科目。

【例 3－15】根据供电部门通知,某商品流通企业本月应支付电费 48 000 元,其中营业大厅电费 32 000 元,行政管理部门电费 16 000 元,款项尚未支付。该企业应编制如下会计分录:

借：销售费用　　32 000

　管理费用　　16 000

　贷：应付账款——某电力公司　　48 000

该企业偿还应付账款或开出商业汇票抵付应付账款时，借记“应付账款”科目，贷记“银行存款”、“应付票据”等科目。

商品流通企业转销确实无法支付的应付账款，应按其账面余额计入营业外收入，借记“应付账款”科目，贷记“营业外收入”科目。

【例3－16】2×15年12月31日，某商品流通企业确定一笔应付账款4 000元为无法支付的款项，应予转销。该企业编制如下会计分录：

借：应付账款　　4 000

　贷：营业外收入　　4 000

三、预收账款的核算

预收账款，是指企业按照合同规定向购货单位预收的款项。有时，企业根据合同预收客户部分货款，并承诺在收款后一定日期向客户交付商品或提供劳务。企业收到预收的款项时，便构成了企业的一项流动负债。究其原因是企业收款后，需要在未来根据合同或承诺于某一日期发送商品或提供劳务。如果无法履行合同，不能如期交货或提供劳务时，就必须如数退还预收的货款。与应付账款不同，预收账款负债不是以货币清偿，而是以货物偿付。对于预收账款，在核算上有以下两种方法供选择：

（一）单独设置“预收账款”科目

采用这种方法，企业单独设置“预收账款”科目并将预收账款的发生与转销都通过该科目核算。这种核算方法能完整地反映预收款项负债的发生及偿付情况，并且便于填列财务报表。预收货款业务较多的企业，可以采用这种方法。

“预收账款”科目的贷方登记预收货款的数额和购货单位补付货款的数额；借方登记企业向购货方发货后冲销的预收货款数额和退回购货方多付货款的数额；余额一般在贷方，表示已预收货款但尚未向购货方发货的数额。

企业预收销售商品款项时，借记“库存现金”、“银行存款”等科目，贷记“预收账款”科目；待企业收到最后一笔款项交货时确认收入，借记“预收账款”科目，贷记“主营业务收入”、“应交税费——应交增值税（销项税额）”等科目。

【例3－17】某批发商业企业为增值税一般纳税人。2×16年8月1日，该企业与甲企业签订供货合同，向其出售一批办公设备，货款金额共计200 000元，应交纳增值税34 000元。根据购货合同规定，甲企业在购货合同签订一周内，应当向该批发商业企业预付货款80 000元，剩余货款在交货后付清。该企业应编制如下会计分录：

(1)8 月 6 日,收到甲企业预付款 80 000 元并存入银行:

借:银行存款　　80 000

　贷:预收账款——甲企业　　80 000

(2)8 月 20 日将货物发到甲企业并开出增值税发票,甲企业验收合格后付清了剩余货款:

借:预收账款——甲企业　　234 000

　贷:主营业务收入　　200 000

　　应交税费——应交增值税(销项税额)　　34 000

借:银行存款　　154 000

　贷:预收账款——甲企业　　154 000

(二)不单独设置"预收账款"科目

采用这种方法,企业不单独设置"预收账款"科目,而将预收货款记入"应收账款"科目。

企业预收销售商品款项时,借记"库存现金"、"银行存款"等科目,贷记"应收账款"科目;待企业收到最后一笔款项交货时确认收入,借记"应收账款"科目,贷记"主营业务收入"、"应交税费——应交增值税(销项税额)"等科目。

这种方法在"应收账款"科目中能够完整反映与购货方结算的情况,但在填列财务报表时需要根据"应收账款"科目的明细科目进行分析填列。这种方法一般在企业发生预收账款不多的情况下采用。

【例 3 - 18】资料承例 3 - 17。假设该批发商业企业不设置"预收账款"科目,通过"应收账款"科目核算有关业务。该批发商业企业的会计处理如下:

(1)8 月 6 日,收到甲企业预付款 80 000 元并存入银行:

借:银行存款　　80 000

　贷:应收账款——甲企业　　80 000

(2)8 月 20 日将货物发到甲企业并开出增值税发票,甲企业验收合格后付清了剩余货款:

借:应收账款——甲企业　　234 000

　贷:主营业务收入　　200 000

　　应交税费——应交增值税(销项税额)　　34 000

借:银行存款　　154 000

　贷:应收账款——甲企业　　154 000

四、应付利息与股利的核算

(一)应付利息的核算

应付利息,是指企业按照合同约定应支付的利息,包括分期付息到期还本的长期借款、企业债券等应支付的利息。应付利息的主要账务处理如下。

1. 商品流通企业采用合同约定的名义利率计算确定利息费用时，应按合同约定的名义利率计算确定的应付利息，借记“在建工程”、“财务费用”等科目，贷记“应付利息”科目；实际支付利息时，借记“应付利息”科目，贷记“银行存款”科目。

【例3－19】某商品流通企业借入3年期到期还本每年付息的长期借款2 000 000元，合同约定年利率为3.5%，假定不符合资本化条件。该企业应编制如下会计分录：

(1)每年确认利息费用：

借：财务费用 (2 000 000×3.5%)70 000

贷：应付利息 70 000

(2)每年实际支付利息时：

借：应付利息 70 000

贷：银行存款 70 000

2. 采用实际利率计算确定利息费用时，应按摊余成本和实际利率计算确定的利息费用，借记“在建工程”、“财务费用”等科目；按合同约定的名义利率计算确定的应付利息的金额，贷记“应付利息”科目；按其差额，借记或贷记“长期借款——利息调整”科目。实际支付利息时，借记“应付利息”科目，贷记“银行存款”科目。

(二)应付股利的核算

应付股利，是指企业根据股东大会或类似机构决议确定分配的现金股利或利润。企业作为独立核算的经济实体，对其实现的经营成果除了依法交纳税费外，还必须给予投资者一定的投资回报，使其能够分享投资收益。因此，企业分配给投资者的现金股利或利润，在实际未支付给投资者之前，形成了一项负债。

商品流通企业通过“应付股利”科目，核算企业确定或宣告支付但尚未实际支付的现金股利或利润。商品流通企业根据股东大会或类似机构审议批准的利润分配方案，确认应付给投资者的现金股利或利润时，借记“利润分配——应付现金股利或利润”科目，贷记“应付股利”科目；向投资者实际支付现金股利或利润时，借记“应付股利”科目，贷记“银行存款”等科目。

【例3－20】某商品流通企业2×16年度实现净利润4 000 000元，经过董事会批准，决定分配2×16年现金股利3 000 000元，并已经用银行存款支付。该企业应编制如下会计分录：

(1)确认应付现金股利：

借：利润分配——应付现金股利 3 000 000

贷：应付股利 3 000 000

(2)支付现金股利：

借:应付股利　　3 000 000

　贷:银行存款　　3 000 000

需要说明两点:

其一,商品流通企业董事会或类似机构通过的利润分配方案中拟分配的现金股利或利润不确认为负债,但应在附注中披露。

其二,商品流通企业分配的股票股利不通过"应付股利"科目核算。其原因是股票股利的分派并没有造成净资产从企业流出,分派前后股东权益总额也并无变化。通常认为股票股利的分派实质上是将原本就属于股东所有的未分配利润或盈余公积,以向股东发放股票作为证明的形式,使其不能再次用于股利的分派。

股东大会批准股票股利分配方案并且办妥增资手续发放股票股利时,商品流通企业应当以实际发放的股票股利的数额作为利润分配的金额,借记"利润分配"科目,按照实际发放股票的票面金额计入股本,贷记"股本"科目,两者之间的差额计入资本公积,贷记"资本公积"科目。

五、其他应付款的核算

其他应付款是指企业除应付票据、应付账款、预收账款、应付职工薪酬、应付利息、应付股利、应交税费等以外的其他各项应付、暂收其他单位或个人的款项,如应付租入固定资产和包装物的租金、存入保证金等。

商品流通企业应设置"其他应付款"科目,核算其他应付款的增减变动情况。该科目的贷方登记发生的其他应付款;借方登记偿付其他应付款。期末余额如为贷方余额,反映企业尚未支付的其他应付款项;期末余额如为借方余额,反映企业尚未收加的其他应收款项。其明细账按款项的类别和单位或个人设置。

商品流通企业发生其他各种应付、暂收款项时,借记"管理费用"等科目,贷记"其他应付款"科目;支付或退回其他各种应付、暂收款项时,借记"其他应付款"科目,贷记"银行存款"等科目。

【例3-21】某商品流通企业2×16年10月租入一幢办公用房,合同规定租赁期为两年,每月租金10 500元(不考虑增值税),每季度末支付。该企业应编制如下会计分录:

(1)每月预提租金费用:

借:管理费用　　10 500

　贷:其他应付款　　10 500

(2)季度末支付租金:

借:其他应付　　31 500

　贷:银行存款　　31 500

六、非流动负债中的流动部分

商品流通企业发行的公司债券、长期借款等长期债务，如果其中存在将在下一会计年度（或下一营业周期）内到期或部分到期，则其性质与其他流动负债并无不同，都需用流动资产或流动负债加以清偿，因此，应将其视为流动负债，并以“一年内到期的非流动债务”项目列示在资产负债表的流动负债项下，但不必作任何账务处理，仅仅在编表时将这部分债务从长期负债金额中剔除出来。

思考题与练习题

一、思考题

1. 什么是应收票据？应收票据取得及到期时如何进行账务处理？应收票据贴现时，如何计算贴现息及如何进行账务处理？

2. 什么是坏账损失？对坏账损失的处理有哪几种方法？如何进行会计处理？

3. 对预付账款和其他应收款应如何进行账务处理？

4. 应付票据是如何核算的？

二、练习题

1. 资料：某商品流通企业采用“应收账款余额百分比法”核算坏账损失，坏账准备提取比例为5‰，有关资料如下：

(1) 该企业从2×12年开始计提坏账准备，该年年末应收账款余额为300 000元。

(2)2×13年和2×14年年末应收账款余额分别为750 000元和660 000元，这两年均未发生坏账损失。

(3)2×15年7月，确认一笔坏账，金额为5 400元。

(4)2×15年12月，上述已核销的坏账又收回1 500元。

(5)2×15年年末应收账款余额为600 000元。

要求：根据上述资料，编制有关的会计分录。

2. 2×12年1月5日，某商品流通企业从本地购入一批商品，根据发票账单，该商品的买价总额为500 000元，增值税85 000元，对方代垫的运输费15 000元。商品已经验收入库，并开出3个月不带息商业承兑汇票抵付商品款。

要求：根据上述经济业务，编制有关会计分录。

3. 某商品流通企业于2×15年4月1日将2月1日开出并承兑的面值为100 000元、年利率8%、5月1日到期的商业承兑汇票向银行贴现，贴现率为10%。要求：计算商业承兑汇票贴现息和贴现所得，并编制会计分录。

4. 资料承练习3。假定该票据为不带息票据，其他资料不变。要求：计算商业承兑汇票贴现息和贴现所得，并编制会计分录。

5. 甲、乙企业均为商品流通企业且为增值税一般纳税人，适用的增值税税率为17%。2×16年7月5日，甲企业从乙企业购入商品一批，乙企业开具增值税专用发票列明：商品价款为16 000元、增值税销项税额为2 720元。乙企业购进该批商品的进价成本为13 500元。甲企业已验收商品并入库，但款项尚未付讫。

要求：

(1)编制甲企业购进商品的会计分录。

(2)编制乙企业销售商品并结转已销商品进价成本的会计分录。

6. 2×16年2月15日，M、N企业均为双方签订购销商品合同，该合同总金额为200 000元。按合同规定：2×16年2月20日，M企业预付N企业货款40%，另外的60%款项于2×16年3月20日付清，全部款项收妥后交付商品。M、N企业均为商品流通企业且为增值税一般纳税人，适用的增值税税率为17%。款项通过银行收付。

要求：

(1)分别M、N企业编制2×16年2月20日的会计分录。

(2)分别M、N企业编制2×16年3月20日的会计分录。

第四章 商品流转核算概述

学习目标

本章主要介绍商品流转的基本理论与方法。通过本章的学习，应了解商品流转的概念、科学组织商品流转核算的意义，掌握库存商品核算方法的种类及基本内容。

第一节 科学组织商品流转核算的意义

一、商品流转的概念和特点

商品流转又称“商品流通”，是指社会产品通过货币结算，由生产领域转移到消费领域的过程。

完整的商品流转过程一般要经过批发商品流转和零售商品流转两个环节。批发商品流转是商品流通企业从生产部购进商品出售给零售企业以便继续转卖，或出售给生产企业继续加工的商品交易活动。它是商品流转的起点。零售商品流转是商品流通企业从批发企业或生产单位购进商品，售予城乡居民和工厂、机关、团体、学校等集体消费单位，以进行直接消费的商品交易活动，它是商品流通的最后环节。从事批发商品流转的企业称为批发企业；从事零售商品流转的企业称为零售企业；同时从事批发、零售商品流转的企业称为批零兼营企业。

二、科学组织商品流转核算的意义

库存商品是商品流通企业的经营对象，组织商品流转活动也是商品流通企业的主要经营活动。因此，商品核算是商品流通企业会计核算的中心环节，科学组织商品流转的核算对于恰当地反映商品流通企业的财务状况、经营成果和现金流量具有重要的影响。

第一，库存商品计价会直接或间接关系到能否正确反映企业的财务状况与经营成果。

一方面，库存商品是商品流通企业存货中最为重要的内容，商品的核算是商品流通企业会计核算的中心内容。商品数量及价值的计算，直接影响到资产负债表中存货价值的真实性，进而对资产负债表中流动资产总额、所有者权益等项目数额的计算也产生直接的影响。

另一方面，库存商品既是资产负债表的一个重要组成部分，也是利润表中销售成本的来源。库存商品与销售成本之间有机联系，库存商品的计价还会直接影响到当期和以后各期的财务成果。其具体表现在：①期末库存商品计价（估价）如果过低，当期的收益可能因此而相应减少；②期末库存商品计价（估价）如果过高，当期的收益可能因此而相应增加；③期初库存商品计价如果过低，当期的收益可能因此而相应增加；④期初库存商品计价如果过高，当期的收益可能因此而相应减少。可见，库存商品计价的正确与否，对企业利润的准确性产生着直接的影响。

库存商品计价错误对利润的影响如表 4－1 所示。

表 4－1　库存商品计价错误对利润的影响

项目	第一期期末存货高估 2 500 元	第二期期初存货高估 2 500 元	第三期正确
主营业务收入	50 000	50 000	50 000
主营业务成本			
期初存货	5 000	7 500	5 000
本期进货	25 000	25 000	25 000
期末存货	7 500	5 000	5 000
销售成本	22 500	27 500	25 000
毛利	27 500	22 500	25 000
错误估价的结果	低估销售成本， 高估毛利和利润	高估销售成本， 低估毛利和利润	—

如表 4－1 所示，期末存货金额的错误引起销售成本和毛利的错误。与正确的第三期相比，第一期的期末存货高估了 2 500，而销售成本低估了 2 500。第一期应与第三期完全相同。本期的期末存货是下期的期初存货。因此期末存货的错误会带到下期。由于在计算当期销货成本时要减掉同样的期末库存商品额，同时在计算下期销售成本时要将其作为期初库存商品加上。第二期高估的销售成本冲销了第一期低估的销售成本数。因此不管计算有无错误，两期的主营业务收入总数均为正确的 50 000 元。

第二,库存商品是商品流通企业最为重要的资产项目,在企业全部资产中占有很大比重。保持适量的商品储备,加快商品流通的速度,减少商品资金的积压,既是商品流通企业管理的重要内容,也是商品流通企业会计的重要任务。积极组织商品流转核算,将有效地为商品控制提供信息,使会计履行部分控制职能,参与商品进、销、存量的预测、决策、计划等。

第三,库存商品具有较强的流动性。在企业中,库存商品经常处于不断销售、耗用、购买或重置中,具有较快的变现能力和明显的流动性。库存商品的这一性质决定了这样一个事实,若不借助于会计等管理工作加强对商品的管理,企业很可能遭受偷窃、浪费等人为的损失,或霉烂、变质等自然损失。

第二节　库存商品的确认与计价

一、库存商品的确认

商品流通企业库存商品的确认就是将符合资产要素确认标准的商品纳入资产负债表存货项目的过程。根据确认的这一内涵,某一项目能否作为库存商品在资产负债表的存货项目中确认,首先要视该项目是否具备库存商品的基本特征,同时,还必须满足一定的确认条件。库存商品的确认条件包括:

第一,取得商品的目的是为了出售或加工后再出售,凡不是为了出售而取得的资产项目,均不能确认为商品流通企业的库存商品,而只能作为其他资产处理,如商品流通企业取得的固定资产、包装物、低值易耗品等资产项目,都是为企业自用,而不是以出售为目的,因此不能将其列入库存商品的范畴。

第二,商品包含的经济利益很可能流入企业。库存商品最重要的特征是预期会给企业带来经济利益。如果某一项目预期不能给企业带来经济利益,就不能确认为企业的库存商品。库存商品是商品流通企业一项重要的流动资产,因此,对库存商品的确认,关键是判断其是否很可能给企业带来经济利益或所包含的经济利益是否很可能流入企业。通常,库存商品的所有权是其所包含的经济利益很可能流入企业的重要标志。一般情况下,根据销售合同已经售出(取得现金或收取现金的权利)、所有权已经转移的库存商品,因其所含经济利益已不能流入本企业,因而不能再作为企业的库存商品进行核算,即使该存货尚未运离企业。再比如委托代销商品,由于其所有权并未转移至受托方,因而委托代销的商品是委托企业库存商品的一部分。总之,商品流通企业在判断存货所含经济利益能否流入企业时,通常应结合考虑该项存货所有权的归属。

第三,商品的成本能够可靠地计量。成本能够可靠地计量是资产确认的一项基本条件。库存商品是商品流通企业资产的组成部分,要予以确认也必须能够对其成本进行可靠的计量。如果库存商品成本不能可靠地计量,则不能确认为一项存货。如商品流通企业承诺的订货合同,由于并未实际发生,不能可靠确定其成本,因此就不能确认为企业的存货。

二、外购库存商品的计价

商品流通企业取得库存商品应当以其成本入账。一般而言,库存商品的成本包括采购成本、加工成本和其他成本。其中,采购成本是指库存商品从采购到入库前所发生的全部支出,包括购买价款、相关税费、运输费、装卸费、保险费以及其他可归属于库存商品采购成本的费用。

库存商品购买价款,是指商品流通企业购入商品的发票账单上列明的价款,但不包括按规定可以抵扣的增值税额。

与库存商品相关的税费,是指商品流通企业购买库存商品发生的进口关税、消费税、资源税和不能抵扣的增值税进项税额等应计入存货采购成本的税费。

商品流通企业在采购商品过程中发生的运输费、装卸费、保险费以及其他可归属于存货采购成本的费用等进货费用,应计入所购商品成本。在实务中,企业也可以将发生的运输费、装卸费、保险费以及其他可归属于存货采购成本的费用等进货费用先进行归集,期末,按照所购商品的存销情况进行分摊。对于已销售商品的进货费用,计入主营业务成本;对于未销售商品的进货费用,计入期末存货成本。商品流通企业采购商品的进货费用金额较小的,可以在发生时直接计入当期销售费用。

对于采购过程中发生的物资毁损、短缺等,除合理的途耗应当作为存货的其他可归属于存货采购成本的费用计入采购成本外,应区别不同情况进行会计处理:①从供货单位、外部运输机构等收回的物资短缺或其他赔款,应冲减所购物资的采购成本;②因遭受意外灾害发生的损失和尚待查明原因的途中损耗,暂作为待处理财产损溢进行核算,查明原因后再作处理。

库存商品的加工成本和其他成本的计价方法,将在相关章节中加以说明。

第三节 库存商品的核算方法

商品是使用价值与价值的统一,因此,商品核算既要利用使用价值的尺度进行实物数量的分类核算,又要利用价值形态的尺度(货币)进行价值量的核算。商品流通企业库存商品的核算方法有:数量进价金额核算法、数量售价金额核算法、售价金额核算法和进价金额核算法。

一、数量进价金额核算法

数量进价金额核算法,是指按商品的进价和数量核算库存商品进、销、存情况的一种方法。这种核算方法的主要特点是:会计部门对库存商品总账和明细账按商品进价记账;库存商品明细账按商品的品名、规格、等级和编号分户进行明细核算;对经营品种繁多的企业,要设置库存商品类目账,以核算大类商品的进、销、存情况,并控制所属明细账;采用适当方法随时或定期结转销售商品成本。这种方法一般适用于批发商业企业。

二、数量售价金额核算法

数量售价金额核算法,是指按商品的售价和数量核算库存商品进、销、存情况的一种方法。这种核算方法的主要特点是:库存商品总分类科目和明细分类科目按商品售价记账,库存商品进价金额与售价金额的差额设置"进销差价"科目核算,库存商品明细分类科目的设置与数量进价金额核算法基本相同。这种方法一般适用于某些基层批发企业或某些零售商品。

三、售价金额核算法

售价金额核算法,是指按售价核算商品进、销、存情况的一种方法。这种核算方法的主要特点是:库存商品明细账的金额应按售价登记,而且只记金额,不记数量;商品进价金额与售价金额的差额,设置"进销差价"科目核算;按经营商品的种类和管理的要求,确定若干实物负责人(或小组),实物负责人对其经营的商品数量和质量负责;库存商品明细账不按商品的品种、规格分户,而按实物负责人(或商品类别)分户,按批登记商品收入、发出和结存的售价金额,以商品的售价金额控制实物负责人经营的商品;实物负责人经营的各种商品数量分别乘以每种商品的售价算出的各种商品售价金额之和,应该与库存商品明细账中该负责人账面金额相符。这种方法亦称"售价核算,实物负责"的方法,一般适用于零售企业。

四、进价金额核算法

进价金额核算法,是指对库存商品的总分类核算和明细分类核算都按进价金额记账而不实行数量核算的一种方法。这种核算方法的主要特点是:库存商品按进价记账,库存商品明细账按实物负责人分户,只记进价总金额,不记商品数量;商品售出后,只记主营业务收入,不结转主营业务成本,定期或月末通过实地盘点,确定每种商品的实存数量,按商品最后进价计算结存商品进价总额,倒求主营业务成本;然后结转主营业务成本。这种核算方法又称"进价核算,盘存计销",一般适用于零售企业的一些鲜活商品。

思考题与练习题

1. 什么是商品流转？批发商品流转与零售商品流转有何不同？

2. 如何对库存商品进行确认和计价？

3. 简述企业对库存商品计价正确与否，对企业财务状况和经营成果会产生何种影响？

4. 库存商品有哪些核算方法？试说明其适用的范围。

第五章　批发商品流转的核算

学习目标

> 本章主要介绍了批发商品流转的核算方法。通过本章的学习，应了解批发商品流转的特点，掌握数量进价金额核算法的基本内容，了解批发商品流转的程序，掌握商品取得时的成本构成内容、核算方法，掌握商品各类销售方式的会计处理方法，理解商品销售成本计算的意义，掌握商品销售成本计算和结转方法。

根据批发商品流转的特点，批发企业库存商品的核算采用数量进价金额核算法。数量进价金额核算法，是指同时以实物数量和进价金额两种计量单位核算库存商品的增减变动情况。其基本内容包括：

其一，库存商品总账和明细账均按进价记账。

其二，库存商品明细账按照商品的编号、品名、等级、规格分户，设置一套完整的商品数量、金额明细账，核算每种库存商品的数量和进价金额的增减变化情况。

其三，为了考核大类商品的进销存情况和便于控制商品明细账，对经营品种繁多的企业，可以在库商品存总账与其明细账之间设置一套类目账，即二级账，记载大类商品进销存的金额。

其四，采用适当方法随时或定期结转销售商品成本。

第一节　商品购进的核算

一、库存商品账簿的设置与登记

在数量进价金额核算法下，批发商品流转核算必须先进行库存商品账簿的设置和登记。

（一）库存商品总账

"库存商品"科目属资产类科目，核算批发企业全部自有的库存商品，包括存放在仓库及门市部和寄存在外库的商品、委托其他单位代管代销的商品、陈列展览的商品等。其借方登记库存商品成本的增加,贷方登记库存商品成本的减少;其余额为库存商品的实存数额。该科目应按商品种类、名称、规格和存放地点分户设置明细账。

(二)库存商品明细账

1. 库存商品明细账的分户。库存商品明细账分户,要遵循能够满足业务经营需要,及时、准确地计算商品销售成本,简化核算工作等原则。库存商品明细账的分户方法一般有以下三种:

(1)按商品的品名、编号、规格和等级分户。采用这种分户方法,只要是同一品名、编号、规格和等级的商品,不论其进价批次是否相同,都在同一分户账页上连续登记。

(2)按商品的品名、编号、规格和等级,结合同一进货单价分户。采用这种分户方法,是将品名、编号、规格和等级,进货单价相同的商品,在同一账页上连续登记。

(3)按商品的品名、编号、规格和等级,结合进货批次分户。采用这种分户方法,是将品名、编号、规格和等级相同的商品,按每一进货批次开设明细科目。这种方法适用于整批购进、整批销售,整批购进、分批销售以及分批保管的商品。

2. 库存商品明细账的设置方法。在批发商业企业中,业务、保管和财会部门都需要掌握库存商品的明细资料。在实际工作中,库存商品明细账的设置,一般有以下几种方法:

(1)业务、保管、财会部门各设一套库存商品明细账,即业务部门设调拨账,仓库设保管账,财会部门设库存商品明细账。

(2)业务和财会部门合并设置一套库存商品明细账,既记录数量又记录金额,同时提供业务和财会部门所需要的库存商品明细资料;仓库设保管账,只记录数量。

(3)业务、仓库和财会部门合设一套库存商品明细账,既记录数量又记录金额,同时提供业务、保管和财会部门所需的库存商品明细资料。

3. 库存商品明细账的格式及登记方法。库存商品明细账一般采用"数量金额"式账页,其格式如表5-1所示。

在采用数量进价金额核算法的批发企业中,库存商品明细账中的收入商品的数量、单价和金额,应该根据仓库收货单和发货票等凭证,按收入商品的批别分行登记。发出商品的数量,应根据业务部门的发货单登记;发出商品的单价(即发出商品的单位成本),由于各批商品的进价往往不同,需要采用适当的方法(后面述及)计算、登记;发出商品的金额,应该根据发出商品的单价乘以发出商品的数量计算登记。结存商品的数量和金额,在采用永续盘存制的情况下,应该根据期初结存、本期收入和本期发出的数量和金额计算、登记；在采用实地盘存制的情况下，则应根据实际盘存的结果计算、登记。

表 5－1 库存商品明细账

名称： 单位： 编号： 规格： 等级：

×年		凭证字号	摘要	收入				发出				结存			存放地点及数量	
月	日			数量		单价	金额	数量		单价	金额	数量	单价	金额	甲库	乙库
				购进	其他			购进	其他							

表 5－1 中收入数量中的“其他”，是指商品加工完成收回和商品溢余等数量；发出数量中的“其他”，是指商品加工发出、商品损耗和短缺等数量。

（三）库存商品类目账的设置

一般企业可用库存商品总账直接控制各库存商品明细账，但批发商业企业经营商品的品种较多，为适应管理的要求，还需设置类目账。类目账一般按商品大类设置，这种做法是在库存商品总账和按商品品名、规格、编号和等级等设置的库存商品明细账之间，再按商品大类设置一层库存商品的类目账，各类目账受库存商品总账控制，某一类目账又控制这类商品所属的各明细账。

二、商品购进一般业务的核算

批发企业购进商品，特别是异地购进商品，由于支付货款和商品到达时间的不同，往往会出现三种不同的情况：①支付货款和收到商品并点验入库同时完成；②已支付货款或开出、承兑商业汇票，商品后到，或商品虽到尚未点验入库；③商品先到并点验入库，而未支付货款或开出、承兑商业汇票。下面分别说明。

（一）支付进货款和收到商品同时完成的核算

库存商品采用数量进价金额核算的批发企业，其购进商品支付进货款和商品验收入库同时完成时，应根据验收入库的商品进价成本，借记“库存商品”科目，按专用发票上注明的增值税额，借记“应交税费——应交增值税（进项税额）”科目，按实际支付的上述款项，贷记“库存现金”、“银行存款”、“其他货币资金”等科目。

【例 5－1】2×16 年 3 月 5 日，某批发商业企业购进食用油 10 箱，每箱进价 1 200元，取得增值税专用发票上注明的食用油价款为 12 000 元，增值税额为 2 040

元。未发生其他相关费用。商品验收入库,款项当日均以转账支票付讫。该企业应编制如下会计分录:

借:库存商品　　12 000

　应交税费——应交增值税(进项税额)　　2 040

　贷:银行存款　　14 040

(二)先支付货款或开出、承兑商业汇票,后收到商品的核算

批发企业对已付货款或已开出、承兑商业汇票的事项以及商品在途情况,都必须如实反映,进行监督管理。

为了反映企业采用实际成本(或进价)进行材料、商品等物资的日常核算,以及反映货款已付尚未验收入库的在途物资的采购成本,企业应设置"在途物资"科目。该科目借方登记企业购入材料、商品,按应计入材料、商品采购成本的金额;贷方登记企业所购材料、商品到达验收入库的金额;期末借方余额,反映企业在途材料、商品等物资的采购成本。其明细账可按供应单位和物资品种设置并进行明细核算。

批发企业财会部门收到供货方发货凭证、结算单据等,经审核无误后,按商品采购成本,借记"在途物资"科目;根据专用发票上注明的增值税额,借记"应交税费——应交增值税(进项税额)"科目;按应付的有关费用,借记"销售费用"科目;按实际支付的上述款项,贷记"银行存款"科目。如果以开出、承兑商业汇票结算上述款项,按开出、承兑商业汇票的面值,贷记"应付票据"科目。商品到达验收入库后,按商品进价,借记"库存商品"科目,贷记"在途物资"科目。

【例5-2】20×16年6月20日,某批发企业从上海电视机厂购进彩电100台,每台彩电进价1 500元,电视机厂代垫运杂费8 000元(不考虑增值税)。托收凭证已到,取得增值税专用发票上注明的彩电进价总额为150 000元,增值税额为25 500元。该企业开出面值为183 500元、期限为3个月的商业承兑汇票结算上述款项。彩电尚未运达。该企业应编制如下会计分录:

借:在途物资——上海电视机厂　　158 000

　应交税费——应交增值税(进项税额)　　25 500

　贷:应付票据　　183 500

当彩电到达并点验入库后,该企业应编制如下会计分录:

借:库存商品——彩电　　158 000

　贷:在途物资——上海电视机厂　　158 000

(三)先收到商品,后支付货款或开出、承兑商业汇票的核算

批发企业在验收商品时,如果尚未收到结算凭证,不知商品款项具体数额,无法付款,由于结算凭证一般在收到商品几天以后就可以收到,因此,在验收商品时,可以暂不编制分录,待收到结算凭证,付款时才编分录。

但到月终，为了真实反映企业实际拥有的资产和负债，同时也为了保持总账与明细账的一致，正确编制资产负债表，需要对尚未付款的已入库商品按暂估价入账，借记“库存商品”科目，贷记“应付账款”科目。下月初再用红字冲回，以便下个月付款或开出承兑商业汇票后，按支付进货款和收到商品同时完成的情况处理。

【例5－3】2×16年10月8日，某商业批发公司从广东购进一批计算器并验收入库，发票等结算单据未到，货款尚未支付。截至10月31日，尚未收到付款通知，月末按65 000元的暂估价值入账。该公司应编制如下会计分录：

(1)月末将购入的计算器按暂估价入账：

借：库存商品——计算器　　65 000

　贷：应付账款——广东××公司　　65 000

(2)下月初用红字冲回时，编制如下会计分录：

借：库存商品——计算器　　65 000(红字)

　贷：应付账款——广东××公司　　65 000（红字)

下月10日，该公司收到计算器的增值税专用发票，计算器进价70 000元，增值税额为11 900元，运杂费为3 000元(不考虑增值税)，上述款项均以银行存款支付。该公司应编制如下会计分录：

借：库存商品——计算器　　73 000

　应交税费——应交增值税(进项税额)　　11 900

　贷：银行存款　　84 900

三、预付货款的核算

预付货款是企业按照购货合同规定预付给供应单位的款项。

批发企业按购货合同的规定预付货款时，按预付金额借记“预付账款”科目，贷记“银行存款”科目。批发企业收到预定的商品时，应根据发票账单等列明的应计入购入货物成本的金额，借记“库存商品”等科目；按专用发票上注明的增值税，借记“应交税费——应交增值税(进项税额)”科目；按应付的金额，贷记“预付账款”科目。补付货款时，借记“预付账款”科目，贷记“银行存款”科目。退回多付的款项时，借记“银行存款”科目，贷记“预付账款”科目。

预付款项情况不多的批发企业，可以不设置“预付账款”科目，将预付的款项直接记入“应付账款”科目的借方。但在编制会计报表时，仍然要将“预付账款”和“应付账款”的金额分开报告。

【例5－4】2×16年11月份，某批发商业企业为增值税一般纳税企业，从外地安信公司预订电饭锅100个，单价为500元，货款为50 000元，增值税进项税额为8 500元。按订货合同规定，应先向供货单位预付货款20 000元，交货后再补足余款。该企业应编制如下会计分录：

(1)预付货款：

借：预付账款——安信公司　　20 000

　贷：银行存款　　20 000

(2)收到所预订商品：

借：库存商品——电饭锅　　50 000

　　应交税费——应交增值税(进项税额)　　8 500

　贷：预付账款——安信公司　　58 500

(3)补付余款：

借：预付账款——安信公司　　38 500

　贷：银行存款　　38 500

四、拒付货款和拒收商品的核算

(一)拒付货款的核算

拒付货款基本上有两种情况：一种情况是由于拒收商品而拒付全部货款；另一种情况是不拒收商品而只拒付部分货款。不管是哪种情况，当批发企业按规定拒付全部货款时，应在承付期内向银行提出"拒付理由书"。由于拒付全部货款，批发企业的资金未发生变化，所以在会计上不作账务处理。但商品到达后，必须作代管商品入账，记入表外科目"代管商品物资"辅助账簿中。

批发企业拒付部分货款时，也要向银行提出"拒付理由书"，对承付的那部分货款，应按正常承付货款进行核算。

(二)拒收商品的核算

拒收商品一般有两种情况；一是在承付货款以前，发现不符合合同规定，因而提出拒收商品，并拒付全部货款；二是在承付货款以后，商品验收时发现不符合合同规定，因此拒收商品。

对于第一种情况，拒收商品时不作账务处理，仅对商品进行代管并记入表外科目"代管商品物资"；对于第二种情况，需要将拒收商品作代管商品处理，并记入表外科目"代管商品物资"，已经支付货款的拒收商品未解决前应从"在途物资"科目转入"应收账款"科目，对支付的该批商品的进项税额，也要转入"应收账款"科目。拒收商品问题得到解决后，再冲减"应收账款"科目。

【例5－5】2×16年10月份，某批发商业企业从上海电脑公司购进扫描仪200台，计价款200 000元，应支付的增值税额为34 000元，接到银行转来的委托收款结算凭证和专用发票，审核无误承付货款。该企业应编制如下会计分录：

(1)支付货款：

借：在途物资——上海电脑公司　　200 000

　　应交税费——应交增值税(进项税额)　　34 000

贷:银行存款　　234 000

(2)商品运到,发现扫描仪质量与合同不符,决定拒收,根据有关凭证编制会计分录如下:

借:应收账款——上海电脑公司　　234 000

贷:在途物资——上海电脑公司　　200 000

应交税费——应交增值税(进项税额)　　34 000

同时:

借:代管商品物资——扫描仪　　200 000

(3)经协商,对方同意退货,已办妥退货手续,收到对方归还的款项,根据有关凭证编制会计分录如下:

借:银行存款　　234 000

贷:应收账款——上海电脑公司　　234 000

同时:

贷:代管商品物资——扫描仪　　200 000

五、商品购进发生溢余和短缺的核算

批发企业购进商品运到后,要认真验收,查明实收商品与应收商品是否相符,如果发现不符,除按实收数入库外,还要反映溢缺商品数额并查明原因处理。批发企业购进商品发生溢余或短缺,未查明原因前或未经批准予以转账前,溢余或短缺商品的价值先通过"待处理财产损溢"科目核算,待查明原因或经批准予以转账时,再转入相关科目。

(一)购进商品溢余的核算

企业购进商品溢余,未查明原因或经批准才能转账的,先记入"待处理财产损溢"科目的贷方,然后查找原因并进行处理。如查明溢余商品属于自然升溢,则借记"待处理财产损溢"科目,贷记"销售费用"科目。如果查明溢余商品原因是供货方多发,且进货企业同意购进,则当收到供货方补来的专用发票并补付货款和进项税额时,按补付的货款,借记"在途物资"科目,按进项税额,借记"应交税费——应交增值税(进项税额)"科目,按支付的款项,贷记"银行存款"科目,同时,借记"待处理财产损溢"科目,贷记"在途物资" 科目;若进货企业不同意购进多发商品,则借记"待处理财产损溢"科目,贷记"库存商品"科目,并将溢余商品转作代管商品,记入表外科目"代管商品物资"。

【例5－6】2×16年6月1日,某批发商业企业从海南M公司购进商品40 000千克,单价为3.50元,价款5 600元,增值税进项税952元,共计6 552元,款项已承付,商品尚未收到。6月10日,商品运到,实收商品40 100千克,溢余100千克,其价值为350元,原因待查。财会部门根据"发货票"(随货联)、"收货单"和"商品溢余报告单”编制如下会计分录：

（1）支付价款、税款，会计分录略。

（2）商品运到验收入库：

借：库存商品——某商品　　140 350

　贷：在途物资——海南 M 公司　　140 000

　　待处理财产损溢——待处理流动资产损溢　　350

经查，上项溢余商品中 40 千克计 140 元属自然升溢，其余部分为供方多发，批发企业同意购进，收到海南 M 公司补来的专用发票，其中商品款为 210 元，增值税进项税额为 35.2 元，补付货款从银行存款户汇出。

（3）商品溢余的处理：

借：待处理财产损溢——待处理流动资产损溢　　350

　应交税费——应交增值税（进项税额）　　35.70

　贷：销售费用　　140

　　银行存款　　245.70

（二）购进商品短缺的核算

批发企业购进商品发生的短缺，能确定由保险公司或过失负责的部分，应自“在途物资”科目转入“应付账款”、“其他应收款”等科目；尚待查明原因和需要报批才能转销的损失，应通过“待处理财产损溢”科目核算，查明原因后，分别以下情况处理：

属于应由供应单位、运输机构、保险公司或其他过失人负责赔偿的损失，借记“应付账款”、“其他应收款”等科目，贷记“待处理财产损溢”科目；属于自然灾害等非正常原因造成的损失，应将扣除残料价值和过失人、保险公司赔偿后的净损失，借记“营业外支出——非常损失”科目，贷记“待处理财产损溢”科目；属于无法收回的其他损失，报经批准后，借记“销售费用”科目，贷记“待处理财产损溢”科目。

批发企业购进的商品发生的非正常损失，其增值税（进项税额）应转入有关科目，借记“待处理财产损溢”等科目，贷记“应交税费——应交增值税（进项税额转出）”科目。这里所说的“非正常损失”，是指因管理不善造成被盗、丢失、霉烂变质的损失，以及被执法部门依法没收或者强令自行销毁的货物损失。属于转作待处理财产损失的部分，应与遭受非正常损失的购进商品一并处理。

【例 5-7】承例 5-6，假定该批发企业验收商品时发现商品短少 80 千克，原因待查。根据有关凭证，该企业应编制如下会计分录：

借：库存商品——某商品　　139 720

　待处理财产损溢——待处理流动资产损溢　　280

　贷：在途物资——海南 M 公司　　140 000

经查，上项短缺商品属于运输途中自然损耗，根据有关凭证编制会计分录如下：

借：销售费用　　280

　贷：在途物资——海南 M 公司　　280

六、进货退出的核算

有时，批发企业购进商品可能因其质量、规格等与合同不符等原因，发生进货退出业务。

批发企业发生进货退出业务时，必须取得当地主管税务机关开具的进货退出证明单送交供货方，作为供货方开具红字专用发票的合法依据。批发企业在收到供货方开具的红字专用发票及其他有关凭证后，进行进货退出的账务处理。在未收到退回的货款时，按退出商品的采购成本和支付的增值税额，借记"应收账款"科目；按商品的采购成本，贷记"在途物资"科目；按支付的增值税额，贷记"应交税费——应交增值税（进项税额）"科目；同时，按商品的采购成本，借记"在途物资"科目，贷记"库存商品"科目。收到退回的款项时，借记"银行存款"科目，贷记"应收账款"科目。

【例 5－8】某批发商业企业从温州电器公司购进电水壶一批，价款 15 000 元，应支付的增值税额为 2 550 元，商品验收入库，同时收到对方开来的专用发票等有关凭证，审核无误后以银行存款支付款项。该批发商业企业应编制如下会计分录：

（1）购进商品：

借：库存商品——温州电器公司　　15 000

　　应交税费——应交增值税（进项税额）　　2 550

　贷：银行存款　　17 550

（2）半个月后，发现该电水壶质量不符合合同要求，经协商对方同意退货，退货手续已办妥，但尚未收到款项。根据收到的红字专用发票等凭证编制会计分录如下：

借：应收账款——温州电器公司　　17 550

　贷：库存商品——温州电器公司　　15 000

　　　应交税费——应交增值税（进项税额）　　2 550

（3）收到温州电器公司退回的款项时：

借：银行存款　　17 550

　贷：应收账款——温州电器公司　　17 550

七、进货退补价的核算

批发企业购进商品验收入库后，有时由于供货单位的价格计算错误，或发货时按暂定价结算,可能发生退价或补价业务。进货退补价业务只涉及商品的价格,不涉及数量。

（一）进货退价的核算

进货退价是指商品的实际进价低于原结算的进价,由供货单位退还一部分价款给进货单位。关于进货退价,财会部门要根据价款是否收回作不同处理。

如果收到供货单位退价通知的同时收回价款,借记"银行存款"贷记"库存商品"科目;如果只收到供货单位的退价通知,价款尚未收到,则借记"应收货款"科目,贷记"库存商品"科目;后一种情况也可以暂不记账,待收到退还价款时,再作处理,其分录与前者相同。如果退价时,购进的商品已全部或部分售出,并已结转销售成本,则应相应冲减"主营业务成本"科目。

进货退货涉及增值税进项税额的,还应进行相应的处理。

【例 5-9】2×16 年 5 月 10 日,甲批发企业从乙公司购入彩色电视 150 台,单价 4 650 元/台,共计价款 697 500 元,增值税进项税为 118 575 元,价税款合计为 816 075 元。相关会计处理如下:

(1)5 月 12 日,收到银行转来的托收凭证及增值税专用发票联、抵扣联等有关单据,经与合同核对无误后,承付全部款项。编制会计分录如下:

借:在途物资	697 500	
应交税费——应交增值税(进项税额	118 575	
贷:银行存款		816 075

(2)5 月 15 日,商品运达,验收入库。编制会计分录如下:

借:库存商品——彩色电视	697 500	
贷:在途物资		697 500

(3) 5 月 20 日,收到乙公司通知,5 月 10 日销售的 150 台彩色电视单价每台进价多计 150 元,增值税每台多计 25.5 元。当日,收到乙公司开具的红字专用发票及附件"销货更正单",款项也同时退回并收存银行。经查,甲批发企业购入的 75 台彩色电视已售并结转了销售成本;另外 75 台尚未售出。编制会计分录如下:

借:银行存款	48 825	
贷:库存商品——彩色电视		22 500
主营业务成本		22 500
应交税费——应交增值税(进项税额)		3 825

（二）进货补价的核算

进货补价是指购进商品的实际进价大于原结算的进价,应由购货单位补付给供货单位少付的价款。当购货单位接到供货单位发来的补价通知时,如立即补付货款,借记"库存商品"科目,贷记"银行存款"科目;如果接到供货单位的补价通知,未立即付款,则应借记"库存商品"科目,贷记"应付货款"科目。如果补价的商品已出售，并已结转销售成本，则需相应借记“主营业务成本”科目。

进货补价涉及增值税进项税额的，还应进行相应的处理。

【例 5－10】承例 5－9，假定 5 月 20 日甲批发企业收到乙公司通知，150 台彩色电视每台进价少计 150 元，增值税每台少计 25.5 元。经查，75 台已销售并结转了销售成本；另外 75 台彩色电视尚未出售。甲批发企业收到乙公司开具的增值税专用发票及附件“销货更正单”，并通过银行将款项补付。编制会计分录如下：

借：库存商品——空调	22 500	
主营业务成本	22 500	
应交税费——应交增值税（进项税额）	3 825	
贷：银行存款		48 825

第二节　商品销售的核算

批发企业的销售过程，是实现商品的价值并取得货币收入的过程。批发企业只有把购进的商品销售出去并取得了相应的货币收入，才算结束了整个的商品流转过程，同时，也才为新的商品流转过程创造了条件，如果没有商品销售活动，商品流转过程就会中断。

一、销售商品收入确认的条件

批发企业销售商品时，如同时符合以下五个条件，即确认收入：

（一）企业已将商品所有权上的主要风险和报酬转移给购货方

企业已将商品所有权上的主要风险和报酬转移给购货方，是指与商品所有权有关的主要风险和报酬同时转移。与商品所有权有关的风险，是指商品可能发生减值或损毁等形成的损失；与商品所有权有关的报酬，是指商品增值或通过使用商品等形成的经济利益。企业已将商品所有权上的主要风险和报酬转移给购货方，构成确认销售商品收入的重要条件。

（二）企业既没有保留通常与所有权相联系的继续管理权，也没有对已售出的商品实施有效控制

在通常情况下，商品所有权上的主要风险和报酬已经转移给购货方，应在发出商品时确认收入。如果企业在商品销售后保留了与商品所有权相联系的继续管理权，或能够继续对其实施有效控制，说明商品所有权上的主要风险和报酬没有转移，销售交易不能成立，不能确认收入，如售后租回。

（三）相关的经济利益很可能流入企业

相关的经济利益很可能流入企业，是指销售商品价款收回的可能性大于不能

收回的可能性，即销售商品价款收回的可能性超过50%。企业在销售商品时，如估计销售价款不太可能收回，即使收入确认的其他条件均已满足，也不应当确认收入。

（四）收入的金额能够可靠地计量

收入的金额能够可靠地计量，是指收入的金额能够合理地估计。如果收入的金额不能够合理估计，就无法确认收入。

（五）相关的已发生或将发生的成本能够可靠地计量

相关的已发生或将发生的成本能够可靠地计量，是指与销售商品有关的已发生或将发生的成本（如库存商品的成本、商品运输费用等）能够合理地估计。否则，仅能合理估计收入金额而不能合理估计其相关成本，那就违背了收入和费用配比的原则。

批发企业销售商品情况比较复杂，应通过会计职业判断认真分析每项交易实质，只有同时满足上述五个条件，才能确认收入。任何一个条件没有满足，即使收到货款，也不能确认收入。

为了反映企业销售商品、提供劳务取得的收入以及确认与其相关的成本，企业应分别设置“主营业务收入”科目和“主营业务成本”科目。

“主营业务收入”科目是核算企业确认的销售商品、提供劳务等主营业务的收入。该科目贷方登记企业销售商品或提供劳务实现的收入；借方登记期末应将主营业务收入转入本年利润的金额；期末该科目应无余额。其明细账可按主营业务的种类设置并进行明细核算。

“主营业务成本”科目核算企业确认销售商品、提供劳务等主营业务收入时应结转的成本。该科目借方登记期（月）末企业本期（月）应结转的销售商品、提供各种劳务等实际成本；贷方登记期末应将主营业务成本转入本年利润的金额；期末该科目应无余额。其明细账可按主营业务的种类设置并进行明细核算。

二、提货制商品销售的核算

批发商品的销售按其销售地点和销售对象所在地的不同，又可分为同城商品销售和异地商品销售等。同城商品销售在商品交接方式上一般采用“提货制”交接方式，也有的采用“送货制”；异地商品销售一般采用发货制交接方式。

批发企业采用提货制销售方式，一般是购货方向供货方提出所选购商品的品种、数量，供货方业务部门根据购货方选购的商品，填制“发货票”（见表5－2）一式数联，交购货方办理货款结算，然后将“发货票”及“提货单”交购货方到指定仓库自行办理提货。

表 5－2　发货票

<table>
<tr><td colspan="8">商品类别：　　　　　　　　开单日期　　年　月　日　　字第　　号
发货仓库：　　　　　　　　发货日期　　年　月　日</td></tr>
<tr><td colspan="8">购入单位：　　　　　　　　合同　　字第　　号</td></tr>
<tr><td>货号</td><td>品名</td><td>规格</td><td>件数</td><td>单位</td><td>数量</td><td>单价</td><td>金额</td></tr>
<tr><td></td><td></td><td></td><td></td><td></td><td></td><td></td><td></td></tr>
<tr><td colspan="8">附注：
附单据</td></tr>
</table>

（有关人员签章）

每日业务终了，销售部门根据有关销售凭证填制“销货收款日报表”（见表 5－3），并将填制的银行“进账单”连同收到的支票及现金送交银行，然后将“销货收款日报表”及所附的销货凭证、银行“进账单”回单一并交会计部门。财会部门根据收到的“销货收款日报表”和送存银行的“进账单”回单，借记“银行存款”科目，贷记“主营业务收入”、“应交税费——应交增值税（销项税额）”科目。

表 5－3　销货收款日报表

年　　月　　日

货号	类别	品名	规格	单位	数量	单价	金额	发货单张数

（有关人员签章）

【例 5－11】2×16 年 10 月 10 日，甲批发企业向乙企业销售商品一批，增值税发票上注明商品不含税价为 10 000 元，增值税额为 1 700 元，该批商品成本为 8 500元。货款收到已存入银行，发票账单及提货单已交乙企业，但乙企业尚未提货。甲批发企业应编制如下会计分录：

借：银行存款　　　　11 700

　贷：主营业务收入　　　　10 000

　　　应交税费——应交增值税（销项税额）　　　　1 700

批发企业销售商品，除核算销售收入外，还要核算商品销售成本，也就是要结转商品销售成本。结转商品销售成本时，甲批发企业应编制会计分录如下：

借：主营业务成本　　　　8 500

　贷：库存商品　　　　8 500

商品销售成本可以逐日计算和结转，也可以定期计算和结转。在实际工作中，为简化核算手续，商品销售成本一般在月末一次汇总计算结转。

三、发货制商品销售的核算

批发企业在采用发货制销售商品的情况下，货款的结算一般采用“托收承付”或“委托银行收款”结算方式。采用发货制销售，先由业务部门根据购销合同有关规定，填制发货单一式数联分送各有关部门。储运部门根据“发货单”向仓库提货和向运输单位办理托运手续。办妥商品发运手续后，再将运单及发货单（结算联）送财会部门，据以办理托收货款手续。代购货单位垫付的运杂费，也随同货款一并托收。由于批发企业采用委托收款方式销售商品一般订有销售合同，在合同中规定了买方付清货款的责任，所以，根据合同收取货款，具有法律保证的权利。因此，在无其他事项发生的情况下，符合销售收入确认的五个条件，就可以确认收入。通常是在商品已经发出，并已将发票账单提交银行办妥托收手续确认销售收入的实现。

销售企业应根据销售相关凭证，借记“应收账款”科目，贷记“主营业务收入”、“应交税费——应交增值税（销项税额）”科目。

【例5－12】2×16年5月10日，甲批发企业采用托收承付方式向乙公司销售运动服装一批，增值税发票上注明该批服装的不含税价为40 000元，增值税额为6 800元，商品已经发出，并向银行办理了托收手续。商品的进价成本为25 000元。该企业应编制如下会计分录：

（1）确认商品销售收入：

借：应收账款——乙公司	46 800	
贷：主营业务收入		40 000
应交税费——应交增值税（销项税额）		6 800

（2）结转商品销售成本：

借：主营业务成本	25 000	
贷：库存商品		25 000

如果批发企业售出商品不符合销售商品收入确认的五个条件中的任何一个，均不应确认收入。为了单独反映已经发出但尚未确认销售收入的商品成本，批发企业应将已经发出但尚未确认销售收入的商品成本由“库存商品”利目转入“发出商品”科目。

“发出商品”科目是核算企业未满足收入确认条件但已发出商品的实际成本（或进价）或计划成本（或售价）。其借方登记未满足收入确认条件的发出商品的实际成本（或进价）或计划成本（或售价）；贷方登记发出商品满足收入确认条件时，应结转的销售成本；期末借方余额，反映企业发出商品的实际成本（或进价）或计划成本(或售价)。其明细账可按购货单位、商品类别和品种设置并进行明细核算。

需要说明的是,尽管发出的商品不符合收入确认条件,但如果销售该商品的纳税义务已经发生,比如已经开出增值税专用发票,则应确认应交的增值税销项税额。如果纳税义务没有发生,则不需确认应交的增值税。

【例5-13】资料承例5-12。甲批发商业企业在销售时已知乙公司资金周转发生暂时困难,难以及时支付货款,但为了减少存货积压,同时也为了维持与乙公司长期以来建立的商业关系,甲批发商业企业仍将商品销售给了乙公司。该批商品已经发出,并已向银行办妥托收手续。假定甲批发商业企业销售该批商品的纳税义务已经发生。该企业应编制如下会计分录:

(1)发出商品:

借:发出商品　25 000

　贷:库存商品　25 000

(2)将增值税发票上注明的增值税额转入应收账款:

借:应收账款——应收销项税额　6 800

　贷:应交税费——应交增值税(销项税额)　6 800

(注:如果销售该商品的纳税义务尚未发生,则不作这笔分录,待纳税义务发生时再作应交增值税的分录。)

假定2×16年11月25日甲批发企业得知乙公司经营情况逐渐好转,乙公司承诺近期付款,甲批发企业可以确认收入;12月26日收妥货款存入银行。

(1)确认收入:

借:应收账款——乙公司　40 000

　贷:主营业务收入　40 000

同时结转成本:

借:主营业务成本　25 000

　贷:发出商品　25 000

(2)2×16年12月26日收到货款:

借:银行存款　46 800

　贷:应收账款——乙公司　40 000

　　　　　——应收销项税额　6 800

四、送货制商品销售的核算

采用先收款的送货制方式,其商品销售账务处理与提货制相同。采用验货付款送货制的商品销售,一般要有一个送货验收的过程,商品发出时不一定全部满足销售商品收入确认条件。为了反映和监督运送商品的增减情况,对于已送出的商品，要在“发出商品”科目核算，待商品由购货方验收并符合企业确认商品销售条件后，再从“发出商品”账户转入“主营业务成本”账户。

【例5-14】2×16年8月8日W批发商业企业采用验货付款送货制方式售给某商场皮包一批，计价款30 000元，应收取增值税额为5 100元，该批皮包的进价为26 000元，该企业已开具“发货票”、“出库凭证”。该企业的会计处理方法如下：

(1)商品运出时，编制会计分录如下：

借：发出商品——某商场——皮包　　26 000

　贷：库存商品——皮包　　26 000

(2)收到商场的验货凭证及货款，编制会计分录如下：

借：银行存款　　35 100

　贷：主营业务收入　　30 000

　　应交税费——应交增值税(销项税额)　　5 100

(3)结转该批销售商品的成本，编制会计分录如下：

借：主营业务成本　　26 000

　贷：发出商品——某商场——皮包　　26 000

五、预收款销售商品的核算

预收款销售商品，是指购货方按合同或协议约定分期付款，销售方在收到最后一笔款项才确认收入并交货的销售方式。

在这种销售方式下，通常是销售方收到最后一笔款项才将商品交付购货方，表明商品所有权上的主要风险和报酬只有在收到最后一笔款项时才转移给购货方，企业通常应在发出商品时确认收入，在此之前预收的货款应确认为预收账款。

批发企业向购货单位预收款项时，借记“银行存款”科目，贷记“预收账款”科目；收到最后剩余款项确认收入时，按实现的收入和应交的增值税销项税额，借记“预收账款”科目，按实现的营业收入，贷记“主营业务收入”科目，按专用发票上注明的增值税额，贷记“应交税费——应交增值税(销项税额)”等科目。

【例5-15】2×16年8月1日，M商业批发公司与N公司签订协议，采用预收款方式向N公司销售商品。该批商品实际成本为500 000元。协议约定，该批商品销售价格为650 000元，增值税额为110 500元；N公司应在协议签订时预付价税款的60%，剩余货款于10月31日前付清。M企业应编制如下会计分录：

(1)收到60%货款：

借：银行存款　　456 300

　贷：预收账款——N公司　　456 300

(2)收到剩余款项：

借:预收账款——N 公司　　456 300
　银行存款　　304 200
　贷:主营业务收入　　650 000
　　应交税费——应交增值税(销项税额)　　110 500
借:主营业务成本　　500 000
　贷:库存商品——某商品　　500 000

六、委托代销商品的核算

委托代销商品有以下两种核算方式。

(一)将代销商品视同自销的核算

采用将代销商品视同自销商品的方式下,由委托方和受托方签订协议,委托方按协议价收取所代销的货款,实际售价可由受托方自定,实际售价与协议价之间的差额归受托方所有。当委托代销商品符合收入确认条件时,委托方应确认相关销售商品收入。如果委托方和受托方之间的协议明确标明,将来受托方没有将商品售出时可以将商品退回给委托方,或受托方因代销商品出现亏损时可以要求委托方补偿,那么委托方在交付商品时不确认收入,受托方也不作购进商品处理;受托方将商品销售后,按实际售价确认销售收入,并向委托方开具代销清单;委托方收到代销清单时,再确认本企业的销售收入。

【例 5－16】2×16 年 6 月 1 日,甲批发企业委托乙公司销售商品一批,该批商品协议售价总额为 20 000 元,成本总额为 16 000 元,增值税税率为 17%。2×16 年 8 月 1 日甲批发企业收到乙公司开来的代销清单时开具增值税专用发票,发票上注明售价 20 000 元,增值税 3 400 元。乙公司实际销售时开具的增值税专用发票上注明售价 36 000 元,增值税为 6 120 元。假定按代销协议,乙公司可以将没有代销出去的商品退回给甲批发企业。该企业应编制如下会计分录:

(1)将商品交付乙公司:

借:发出商品　　16 000
　贷:库存商品　　16 000

(2)收到代销清单:

借:应收账款——乙公司　　23 400
　贷:主营业务收入　　20 000
　　应交税费——应交增值税(销项税额)　　3 400
借:主营业务成本　　16 000
　贷:发出商品　　16 000

(3)收到乙公司货款:

借:银行存款　　23 400

　贷:应收账款——乙公司　　23 400

(二)以收取手续费方式委托代销商品的核算

这种方式是委托方和受托方签订合同或协议,委托方根据代销商品金额或数量向受托方支付手续费的销售方式。

对于委托方来说,委托代销商品收取的手续费实际上是一种劳务收入。与视同买断方式相比,这种代销方式的主要特点是:受托方通常应按照委托方规定的价格销售,不得自行改变售价。委托方发出商品时,商品所有权上的主要风险和报酬并未转移给受托方。因此,委托方在发出商品时通常不应确认销售商品收入,而应在收到受托方开出的代销清单时确认销售商品收入;受托方应在商品销售后,按合同或协议约定的方法计算确定的手续费并确认收入。

【例5-17】资料承例5-16,并假定:(1)甲批发企业与乙公司签订的代销协议规定:乙公司应按售价20 000元的价格对外销售,甲批发企业按售价的10%支付手续费;(2)2×16年7月20日,乙公司对外售出商品,向买方开具的增值税专用发票上注明甲商品售价20 000元,增值税额3 400元。8月1日,甲批发企业收到乙公司交来的代销清单,并向乙公司开具了一张相同金额的增值税发票。8月10日,甲批发企业收到乙公司支付的商品代销款(已扣手续费)。该企业应编制会计分录如下:

(1)发出商品:

借:委托代销商品　　16 000

　贷:库存商品　　16 000

(2)收到代销清单:

借:应收账款——乙公司　　23 400

　贷:主营业务收入　　20 000

　　应交税费——应交增值税(销项税额)　　3 400

借:主营业务成本　　16 000

　贷:委托代销商品　　16 000

借:销售费用——代销手续费　　2 000

　贷:应收账款——乙公司　　2 000

(3)结算货款及手续费:

借:银行存款　　21 400

　贷:应收账款——乙公司　　21 400

七、受托代销商品的核算

受托代销商品是指企业接受其他单位委托,代理其他单位销售的商品。批发企业受托代销商品的业务,按其代销收入的表现方式划分,一般有两种情况:一是作为本企业商品销售收入形式的代销；二是作为本企业代销手续费收入方式的代销。

企业受托代销的商品，所有权不属于本企业，应当作为表外科目核算，但由于批发企业受托代销商品业务规模较大，而且往往与本企业自有的商品在实物形态上难以划分。为了加强受托代销商品的管理，按照会计准则的规定，批发企业应设置"受托代销商品"和"代销商品款"科目进行核算。批发企业以收手续费方式接受代购代销业务所发生的代购、代销手续费收入，计入"主营业务收入"或"其他业务收入"科目。

【例5－18】资料承例5－16，乙公司接受甲批发企业的委托代销部分商品。假定乙公司同为批发商业企业，该企业受托代销商品的核算也有以下两种方法：

方法一：将代销商品作为自营商品处理，其会计处理为：

(1)收到代销商品：

借：受托代销商品	20 000	
贷：代销商品款		20 000

(2)销售代销商品：

借：银行存款	42 120	
贷：主营业务收入		36 000
应交税费——应交增值税(销项税额)		6 120
借：主营业务成本	20 000	
贷：受托代销商品		20 000
借：代销商品款	20 000	
贷：应付账款——甲批发企业		20 000

(3)结算货款及税款：

借：应付账款——甲批发企业	20 000	
应交税费——应交增值税(进项税额)	3 400	
贷：银行存款		23 400

方法二：仅收取手续费方式。其会计处理为：

(1)收到商品：

借：受托代销商品	20 000	
贷：代销商品款		20 000

(2)实际销售商品，交付代销清单：

借：银行存款	23 400	
贷：应付账款——甲批发企业		20 000
应交税费——应交增值税(销项税额)		3 400

(3)收到增值税专用发票：

借：应交税费——应交增值税(进项税额)	3 400	

贷:应付账款——甲批发企业　　3 400

借:代销商品款　　20 000

贷:受托代销商品　　20 000

(4)结算货款及手续费:

借:应付账款——甲批发企业　　23 400

贷:银行存款　　21 400

主营业务收入　　2 000

八、商品销售退回的核算

有时,批发企业销售出去的商品,由于质量、品种不符合要求等原因而发生购货方退货,即销售退回。批发企业销售退回应分别不同情况进行处理:

第一,未确认收入的已发出商品的退回。其会计处理只需将已记入"发出商品"科目的商品成本转回"库存商品"科目即可,编制借记"库存商品"、贷记"发出商品"的会计分录。

第二,已确认收入的销售商品退回。对于此情况,企业一般直接冲减退回当月的销售收入,同时冲减退回当月的销售成本;如该项销售已经发生现金折扣,应在退回当月一并调整。批发企业发生的销售退回,按应冲减的营业收入,借记"主营业务收入"科目,按允许扣减当期销售税额的增值税额,借记"应交税费——应交增值税(销项税额)"科目,按已付或应付的余额,贷记"银行存款"、"应付账款"等科目;按退回的商品的成本,借记"库存商品"科目,贷记"主营业务成本"科目。

【例5-19】2×15年12月20日,甲批发商业公司向乙公司销售一批商品,开出的增值税专用发票上注明的销售价格为100 000元,增值税额为17 000元,该批商品成本为62 000元。为及早收回货款,甲批发商业公司和乙公司约定的现金折扣条件为:2/10,1/20,n/30,乙公司在2×15年12月30日支付货款。2×16年4月20日,该批商品因质量问题被乙公司退回,甲批发商业公司尚未支付有关款项。假定计算现金折扣时不考虑增值税,销售退回不属于资产负债表日后事项。该企业应编制如下会计分录:

(1)2×15年12月20销售实现并确认收入:

借:应收账款　　117 000

贷:主营业务收入　　100 000

应交税费——应交增值税(销项税额)　　17 000

借:主营业务成本　　62 000

贷:库存商品　　62 000

(2)2×15年12月30日收到货款:

甲批发商业公司提供的现金折扣 = 100 000 × 2% = 2 000(元)

甲批发商业公司实际收款 = 117 000 - 2 000 = 115 000(元)

借:银行存款	115 000	
财务费用	2 000	
贷:应收账款		117 000

2×16 年 4 月 20 日发生销售退回:

借:主营业务收入	100 000	
应交税费——应交增值税(销项税额)	17 000	
贷:应付账款		115 000
财务费用		2 000
借:库存商品	52 000	
贷:主营业务成本		52 000

九、商品销售折扣的核算

(一)商业折扣

商业折扣,是指企业为促进商品销售而在商品标价上给予的价格扣除。具体来说,它是企业根据市场供需情况,或针对不同的顾客,在商品标价上给予顾客的价格优惠。商业折扣通常用百分数表示,如 5%,10%,15% 等。给予客户商业折扣主要是为了避免经常变更价目表价格,同时也可以为不同购货数量的客户提供不同的价格。应当指出:商业折扣一般在交易发生时即已确定,它仅仅是确定发票价格(即实际销售价格)的一种手段,不需在买卖双方任何一方的账上反映,所以在存在商业折扣的情况下,批发企业应收账款入账金额应按扣除商业折扣以后的发票价格确认。

商业折扣可以是单一的,也可以是一系列的。例如,某种商品在价目单上的价格为 4 000 元,规定按 30% 的商业折扣计价,则其售价为 2 800[4 000 ×(1 - 30%)]元。或者,假定价目单上的价格为 4 000 元,规定按 30% 和 10% 的商业折扣计价,则其售价为 2 520 元,其计算方法如下:

价目单上的价格	4 000
减:第一次折扣数——4000 的 30%	1 200
第一次折扣后余额	2 800
减:第二次折扣数——2800 的 10%	280
售价	2 520

(二)现金折扣

现金折扣,是指债权人为鼓励债务人在规定的期限内付款而向债务人提供的债务扣除。批发企业赊销商品时,通常给予顾客一定的还款期限,同时为了鼓励客户提前付款,还与顾客达成协议,约定顾客在不同期限内付款可以享受不同比例的折扣,即现金折扣。现金折扣一般用符号“折扣/付款期限”表示。例如,买方在 10

天内付款可按售价给予3%的折扣,用符号"3/10"表示;在20天内付款按售价给予1%的折扣,用符号"1/20"表示;在30天内付款,则不给折扣,用符号"n/30"表示。现金折扣使得企业的应收账款的实收数额,随着客户付款是否及时而发生变化。

现金折扣的会计处理方法通常有总价法和净价法。目前,在我国会计实务中,现金折扣采用总价法。

总价法,是指应收账款和销售收入按未扣减现金折扣前的金额入账,当顾客在折扣期内支付货款时,销售方将客户享有的现金折扣作为财务费用处理。可见,现金折扣只是顾客在折扣期内支付货款时才予以确认。

【例5-20】2×16年12月1日,某批发商业企业销售一批商品,按价目表标明的价格计算,其金额为75 000元,由于是成批销售,销货方给购货方20%的商业折扣。增值税税率为17%。合同中规定的现金折扣条件为:2/10,1/20,n/30,假定计算现金折扣时不考虑增值税。发出商品时,为买方垫付运杂费500元,以转账支票付讫。该企业按总价法编制2×16年12月份会计分录如下:

(1)销售实现:

销售商品的实际售价=75 000×(1-20%)=60 000(元)

销售商品的销项税额=60 000×17%=10 200(元)

借:应收账款	70 700	
贷:主营业务收入		60 000
应交税费——应交增值税(销项税额)		10 200
银行存款		500

(2)如果客户于12月8日付清货款:

借:银行存款	69 500	
财务费用	(60 000×2%)1 200	
贷:应收账款		70 700

(3)如果客户于12月18日付清货款:

借:银行存款	70 100	
财务费用	600	
贷:应收账款		70 700

(4)如果客户于12月31日付清货款:

借:银行存款	70 700	
贷:应收账款		70 700

十、商品销售折让的核算

销售折让,是指企业因售出的商品质量不合格等原因而在售价上给予的减让。销售折让可能发生在企业确认收入之前,也可能发生在企业确认收入之后。如为前者,说明其相当于商业折扣,因而可以采用与处理商业折扣相同的方法进行处理。关于销售折让发生在企业确认收入后时的处理,存在不同做法。如果已确认销售收入的售出商品发生销售折让,且不属于资产负债表日后事项的,应在发生时冲减当期销售商品收入,如按规定允许扣减增值税额的,还应冲减已确认的应交增值税销项税额。销售折让如发生在确认销售收入后,并且属于资产负债表日后事项的,其会计处理按资产负债表日后事项处理。

【例5-21】2×16年9月10日,甲批发商业企业销售一批皮包给乙企业,增值税发票上注明售价64 000元,增值税额为10 880元。款项尚未收回。2×16年9月15日乙企业收到商品,发现商品质量不合格,要求在原价格上给予5%的折让。经查明,乙企业提出的销售折让要求符合原合同的约定,甲企业同意并办妥了有关手续。假定此前甲批发商业企业已确认该批商品的销售收入。该企业应编制会计分录如下:

(1)确认销售收入:

借:应收账款——乙企业　　74 880

　贷:主营业务收入　　64 000

　　　应交税费——应交增值税(销项税额)　　10 880

(2)发生销售折让时:

借:主营业务收入　　3 200

　　应交税费——应交增值税(销项税额)　　160

　贷:应收账款——乙企业　　3 360

(3)实际收到款项时:

借:银行存款　　71 520

　贷:应收账款——乙企业　　71 520

十一、商品和劳务同时销售的核算

企业与其他企业签订的合同或协议,有时既包括销售商品又包括提供劳务,比如销售商品同时提供运输劳务。此时,如果销售商品部分和提供劳务部分能够区分且能够单独计量的,企业应当分别核算销售商品部分和提供劳务部分,将销售商品的部分作为销售商品处理,将提供劳务的部分作为提供劳务处理;如果销售商品部分和提供劳务部分不能够区分,或虽能区分但不能够单独计量的,企业应当将销售商品部分和提供劳务部分全部作为销售商品部分进行会计处理。

【例5-22】甲批发公司在2×16年6月8日向乙商场销售一批彩色电视机,为保证及时供货,双方约定由甲批发公司动用自己的汽车进行运输,甲批发公司向乙商场确定的货款价格包括彩色电视售价和运输费价格。甲批发公司开出的增值税专用发票上注明的价款合计为2 000 000元,增值税额为340 000元,款项于当天收到，该批商品成本为72 000元。假定货款中彩色电视销售价格和运输费价格无法区分，甲批发公司为运输该批彩色电视机发生的运输成本为340元，包括运输工人薪酬等。甲批发公司编制会计分录如下：

（1）销售彩色电视机确认销售收入：

借：银行存款　　2 340 000

　贷：主营业务收入　　2 000 000

　　　应交税费——应交增值税（销项税额）　　340 000

（2）发生运输劳务成本：

借：劳务成本　　340

　贷：应付职工薪酬等　　340

（3）结转彩色电视机成本和运输成本：

借：主营业务成本　　72 340

　贷：库存商品　　72 000

　　　劳务成本　　340

第三节　商品销售成本的计算和结转

一、商品销售成本的计算方法

批发企业的商品销售成本，是指已销售商品的原进价（或实际采购成本）。商品销售成本计算和结转的正确与否，直接影响到企业期末库存商品价值的真实性以及当期财务成果的准确性。

前已述及，批发商业企业一般按商品进价进行库存商品的核算，因此，其商品销售成本就是按已销商品进价计算成本。但由于同种商品的各批进价往往不同，因而要先采用一定的方法确定已销售商品的进价，然后根据确定的进价和销售数量，计算商品的销售成本。在库存商品采用数量进价金额核算的批发企业，商品销售成本的计算方法主要有个别计价法、加权平均法、移动加权平均法、先进先出法和毛利率计算法。

（一）个别计价法

个别计价法也称分批实际进价法，就是以该批销售商品的实际进货单位乘以销售数量求得商品销售成本的方法。采用这种方法，要求对每批购进的商品分别存放，并为各批商品分别标明批次及其进价；在发出、销售商品时，应在发货单中填明其进货批次和进价，据以计算发出、销售商品的进价成本，登记库存商品明细账。商品销售成本的计算公式如下：

商品销售成本＝某批销售商品数量×该批商品原进货单价

【例 5－23】2×16 年 6 月份，某批发商业企业采用个别计价法确定库存商品成本，经过辨认，库存商品减少的数量及进货批次如下：

6 月 8 日销售商品 1 000 件，其中，属于期初结存商品 400 件，6 月 5 日购进的商品 600 件；

6 月 12 日发出加工商品 80 件，属于期初结存的商品；

6 月 18 日销售 15 日购进的商品 520 件；

6 月 22 日销售 15 日购进的商品 800 件；

6 月 27 日销售商品 940 件，其中，属于期初结存商品 720 件，6 月 25 日购进的商品 220 件。

本月发出商品成本总额计算过程为：

$$\text{销售商品成本} = (400\times40+600\times36)+520\times42+800\times42+(720\times40+220\times38)$$
$$=37\ 600+21\ 840+33\ 600+37\ 160=130\ 200(\text{元})$$

$$\text{发出加工商品成本}=80\times40=3\ 200(\text{元})$$

$$\text{发出加工商品成本}=80\times40=3\ 200(\text{元})$$

该企业采用个别计价法确定库存商品的发出成本和期末结存成本的过程如表 5－4 所示。

表 5－4　库存商品明细账

商品类别:3　　编号:3218　　品名 M　　规格:N　　计量单位:件

2×16年		凭证		摘要	收入				发出				结存		
月	日	字	号		购进数量	其他数量	单价	金额	销售数量	其他数量	单价	金额	数量	单价	金额
6	1			月初结存									1 200	40	48 000
6	5			购进	600		36	21 600					1 200 600	40 36	69 600
6	8			销售					400 600		40 36	37 600	800	40	32 000
6	12			发出加工						80	40	3 200	720	40	28 800
6	15			购进	1 400		42	58 800					720 1 400	40 42	87 600
6	18			销售					520		42	21 840	720 880	40 42	65 760
6	22			销售					800		42	33 600	720 80	40 42	32 160
6	25			购进	1 000		38	38 000					720 80 1 000	40 42 38	70 160

续表

2×16年		凭证		摘要	收入				发出				结存		
月	日	字	号		购进数量	其他数量	单价	金额	销售数量	其他数量	单价	金额	数量	单价	金额
6	27			销售					720 220		40 38	37 160	520 80 780	36 42 38	33 000
6	30			购进	200		34	6 800					520 80 780 200	36 42 38 34	39 800
6	30			本月销售合计								130 200			
6	30			本月其他发出合计								3 200			
6	30			月结	3 200			125 200				133 400	520 80 780 200	36 42 38 34	39 800

根据表5－4计算结果,该企业结转发出商品成本时,编制会计分录如下:

借:主营业务成本　　130 200

　委托加工物资　　3 200

　贷:库存商品——M商品　　133 400

个别计价法是一种合理而准确的存货计价方法。但这种方法的前提是需要对发出存货和结存存货的批次进行具体认定,以辨别其所属的收入批次,所以计算工作量较大。

个别计价法适用于一般不能替代使用的存货,以及为特定项目专门购入或制造的存货,如珠宝、名画等贵重物品。

(二)加权平均法

加权平均法是按每一库存商品明细账一定时期的期初结存金额加上本期收入金额(如有本期其他付出应予减除),除以期初结存数量加上本期收入数量(如有本期其他付出应予减除),计算出每种商品的加权平均单价,再乘以该种商品的销售数量,计算商品销售成本的方法。这种加权平均的单价每月末计算一次,因而亦称全月一次加权平均进价法。加权平均单价的计算公式为:

$$\text{加权平均单价}=\frac{\text{期初结存金额}+\text{本期收入金额}-\text{本期其他付出金额}}{\text{期初结存数量}+\text{本期收入数量}-\text{本期其他付出数量}}$$

采用加权平均法,商品销售成本的计算也有顺算法和倒算法两种。

1. 商品销售成本顺算法。采用这种方法,先计算销售(发出)商品全月一次加权平均单价,然后计算本月销售(发出)商品成本,最后计算月末结存商品的金额。商品销售成本的计算公式如下:

商品销售成本 = 本期销售(发出)商品数量 × 加权平均单价

【例 5-24】资料承例 5-23。采用加权平均法计算销售(发出)商品成本、登记其库存商品明细账如表 5-5 所示。

表 5-5　库存商品明细账

(加权平均法)

商品类别:3　　编号:3218　　品名:M　　规格:N　　计量单位:件

2×16年		凭证		摘要	收入				发出				结存		
月	日	字	号		购进数量	其他数量	单价	金额	销售数量	其他数量	单价	金额	数量	单价	金额
6	1			月初结存									1 200	40	48 000
6	5			购进	600		36						1 800		
6	8			销售					1 000		40		800		
6	12			发出加工						80	36		720		
6	15			购进	1 400		42						2 120		
6	18			销售					520		42		1 600		
6	22			销售					800		42		800		
6	25			购进	1 000		38						1 800		
6	27			销售					940				860		
6	30			购进	200		34						1 060		
6	30			本月销售数量及成本合计								128 313.6			
6	30			本月其他发出数量及成本合计								3 148.8			
6	30			月结	3 200			125 200	3 260	80		131 462.4	1 060	39.38	41 737.6

在表 5-5 所示 M 库存商品明细账中,由于每月发出、销售商品的加权平均单价在月末计算一次,因而月内发出、销售和结存的商品只记数量,不记金额。在月末算出加权平均单价以后,才计算、登记一次全月发出、销售商品的金额的合计,以

及月末结存商品的金额。计算如下：

$$\text{销售(发出)商品全月一次加权平均单价} = [48\ 000 + (600 \times 36) + (1\ 400 \times 42) + (1\ 000 \times 38) + (200 \times 34)] \div (1\ 200 + 600 + 1\ 400 + 1\ 000 + 200)$$

$$= (48\ 000 + 125\ 200) \div 4\ 400 = 39.36(\text{元})$$

$$\text{本月销售商品成本} = (1\ 000 + 520 + 800 + 940) \times 39.36 = 3\ 260 \times 39.36 = 128\ 313.6(\text{元})$$

$$\text{本月其他发出商品成本} = 80 \times 39.36 = 3\ 148.8(\text{元})$$

$$\text{本月发出商品成本合计} = 128\ 313.6 + 3\ 148.8 = 131\ 462.4(\text{元})$$

$$\text{月末结存商品成本} = 48\ 000 + 125\ 200 - 131\ 462.4 = 41\ 737.6(\text{元})$$

$$\text{月末结存商品加权平均单价} = 41\ 737.6 \div 1\ 060 = 39.38(\text{元})$$

需要说明的是，为了及时计算并登记为数不多的其他发出的商品金额，对于发出加工等商品的进价成本，也可以按月初结存商品的单价计算。

2. 商品销售成本倒算法。商品销售成本倒算法的程序是：先计算销售（发出）商品全月一次加权平均单价，然后计算月末结存商品金额，最后，根据下列公式倒算本月已销（发出）商品的成本：

$$\text{本月已销(发出)商品成本} = \text{月初结存商品成本} + \text{本月收入商品成本} - \text{本月其他发出商品成本} - \text{月末结存商品成本}$$

仍按例 5－24 资料计算如下：

$$\text{月末结存商品成本} = 1\ 060 \times 39.38 = 41\ 742.8(\text{元})$$

$$\text{本月全部发出商品成本} = 48\ 000 + 125\ 200 - 41\ 737.6 = 131\ 462.4(\text{元})$$

其中：本月其他发出商品成本 $= 80 \times 39.36 = 3\ 148.8$（元）

也可以按月初结存商品的单价计算，即为 3 200（80×40）元。

$$\text{本月销售商品成本} = 131\ 462.4 - 3\ 148.8 = 128\ 313.6(\text{元})$$

需要说明的是，采用倒算法可以将计算过程中发生的小数尾差挤入本月已销商品的进价成本。

采用加权平均法，只在月末计算月份内发出存货和结存存货的成本，这样可以大大简化存货核算工作，但因平时不能确定发出存货成本和结存存货金额，会影响耗用存货成本的计算，也不便于随时取得存货储备占用情况的信息，并使该存货核算工作过于集中。另外，当市场存货价格上涨时，加权平均成本会小于现行成本，反之，当价格下降时，则会超过现行成本。

（三）移动加权平均法

移动加权平均法，是在每次购入商品时，将原库存金额与本次购进的金额相加，除以原结存数量与本次购进数量之和，计算出移动加权单价，在下次进货以前出售商品，均按此单价计算销售成本。这种方法的特点是如果月份内收入材料的单价变动一次，就得重新计算一次加权平均成本，发出材料时，按照变动后的单价确定材料发出成本。计算材料平均单位成本的公式如下：

$$材料单位成本=\frac{原有库存材料的实际成本+本次进货的实际成本}{原有库存材料的数量+本次进货数量}$$

本次发出材料的成本 = 本次发出材料的数量 × 本次发出材料前材料的单位成本

本月月末库存材料成本 = 月末库存材料的数量 × 本月月末材料单位成本

其计算公式为：

$$移动加权平均单价=\frac{原库存金额+本次购入金额}{原库存数量+本次购入数量}$$

商品销售成本 = 商品销售数量 × 移动加权平均单价

【例 5-25】资料承例 5-23。按移动加权平均法计算和登记其库存商品明细账如表 5-6 所示。

表 5-6　库存商品明细账

（移动加权平均法）

商品类别：3　　编号：3218　　品名：M　　规格：N　　计量单位：件

2×16年		凭证字号	摘要	收入				发出				结存		
月	日			购进数量	其他数量	单价	金额	销售数量	其他数量	单价	金额	数量	单价	金额
6	1	略	月初结存									1 200	40	48 000
6	5		购进	600		36	21 600					1 800	38.66	69 600
6	8		销售					1 000		38.67	38 670	800	38.66	30 930
6	12		发出加工						80	38.67	3 093.6	720	38.66	27 836.4
6	15		购进	1 400		42	58 800					2 120	40.87	86 636.4
6	18		销售					520		40.87	21 252.4	1 600	40.87	65 384
6	22		销售					800		40.87	32 696	800	40.87	32 688
6	25		购进	1 000		38	38 000					1 800	39.27	70 688
6	27		销售					940		39.27	36 913.8	860	39.27	33 774.2
6	30		购进	200		34	6 800					1 060	38.28	40 574.2
6	30		销售合计								124 532.2			
6	30		其他发出合计								3 093.6			
6	30		月结	3 200			125 200	3 260	80		127 625.8	1 060		40 574.2

5 日商品移动加权平均单价 =（48 000 + 21 600）÷（1 200 + 600）= 38.67（元）

8 日销售商品成本 = 1 000 × 38.67 = 38 670（元）

运用移动加权平均法，在每次发出材料前即可求出移动加权平均单价，弥补月末一次加权平均法的缺点，可以随时确定发出材料的实际成本和库存材料的价格。但如果月份内购进次数多、每次购进单价变化小，则采用这种计算方法的工作量较大。

（四）先进先出法

先进先出法，是以销售（发出）商品按库存中最早进货商品的成本进行计价的一种计算方法。在销售（发出）商品的数量超过库存中最早进货的数量时，超过部分要依次按后一批收进的商品单价计算。这种方法假定先收到的商品先发出，使用这样的实物流动假设为前提，并根据这种假设的成本流转顺序对发出商品和期末库存商品进行计价。

1. 先进先出进价顺算法。采用这种方法，首先从数量金额式库存商品明细账中，循序查阅先购进的商品的数量和单价，然后根据这一批发出、销售商品的数量确定其单价，再确定其发出商品的成本。

【例 5－26】资料承例 5－23。按先进先出进价顺算法计算本月销售（发出）商品成本和月末结存商品成本情况如表 5－7 所示。

表 5－7　库存商品明细账

（先进先出进价顺算法）

商品类别:3　　编号:3218　　品名 M　　规格:N　　计量单位:件

2×16 年		凭证字号	摘要	收入				发出				结存		
月	日			购进数量	其他数量	单价	金额	销售数量	其他数量	单价	金额	数量	单价	金额
6	1	略	月初结存									1 200	40	48 000
6	5		购进	600		36	21 600					1 800		69 600
6	8		销售					1 000		40	40 000	800		29 600
6	12		发出加工						80	40	3 200	720		26 400
6	15		购进	1 400		42	58 800					2 120		85 200
6	18		销售					120 400		40 36	19 200	1 600		66 000
6	22		销售					200 600		36 42	32 400	800		33 600
6	25		购进	1 000		38	38 000					1 800		71 600
6	27		销售					800 140		42 38	38 920	860		32 680
6	30		购进	200		34	6 800					1 060		39 480
6	30		销售合计								130 520			
6	30		其他发出合计								3 200			
6	30		月结	3 200			125 200	3 260	80	×	133 720	860 200	38 34	39 480

说明:6 月 8 日销售 1 000 件和 12 日发出加工的 80 件,都没有超过月初结存商品的数量,均应按月初结存商品的单价 40 元计价。由于 5 日购进商品 600 件的单价与月初结存商品的单价不同,18 日销售商品 520 件的数量又大于月初结存商品(400 件)的数量 120(即 1 200 - 1 000 - 80)件。因此,在 18 日销售商品的 520 件中,120 件应按月初结存商品的单价 40 元计价;400 件则应按 5 日购进商品的单价 36 元计价。则

$$18\text{ 日销售商品的进价成本} = 120 \times 40 + 400 \times 36 = 19\ 200(\text{元})$$

22 日和 27 日销售商品的进价成本计算原理同上,略。

2. 先进先出进价倒算法。采用这种方法,先计算月末结存商品的成本,再根据月初结存、本月收入和月末结存的商品成本,倒算本月已销商品成本。其具体是:

(1)期末结存商品数量小于或等于最后一次购进数量时,以最后一次购进商品的单价乘以期末结存数量,求得期末结存商品的金额。

(2)期末结存商品数量大于最后一次购进数量而小于全月购进数量时,从最后一次购进数量开始,依次往前推算,直到相等于期末结存数量为止,各次购进金额相加之和,即为期末结存商品金额。

(3)期末结存商品数量大于全月收入数量时,本期收入总金额加上超过数量与期初结存商品单价之乘积,即为期末结存商品金额。

在上列甲种库存商品明细账中,月末结存商品 1 060 件,大于最后一批购进商品的数量(200 件),但小于全月收入商品的数量(3 200 件)。因此,其月末结存商品的进价成本应计算如下:

$$\text{月末结存商品的进价成本} = 200 \times 34 + 860 \times 38 = 39\ 480(\text{元})$$

$$\begin{aligned}\text{本月已销商品进价成本} &= \text{月初结存商品进价成本} + \text{本月收入商品进价成本} - \\ &\quad \text{月末结存商品进价成本} \\ &= 48\ 000 + 125\ 200 - 39\ 480 = 133\ 720(\text{元})\end{aligned}$$

在有商品其他发出(非销售发出)的情况下,还应减去商品其他发出的进价成本。为了简化核算工作,商品其他发出的进价成本可以按月初结存商品的进价计算。

先进先出法的优点是使企业不能随意挑选存货计价以调整当期利润,缺点是工作量比较烦琐,特别对于存货进出比较频繁的企业更是如此。而且当物价上涨时,会高估企业当期利润和库存存货价值;反之,会低估企业存货价值和当期利润。

(五)毛利率计算法

毛利率计算法是根据本月实际商品销售收入净额和本季计划或上季实际毛利率,先匡算本月商品销售毛利,再据以计算本月商品销售成本的方法。其计算公

式为：

本月商品销售收入净额 = 本月商品销售收入 − 销售折扣与折让

本月商品销售毛利 = 本月商品销售收入净额 × 上季实际毛利率或本季计划毛利率

本月商品销售成本 = 本月商品销售收入净额 − 本月商品销售毛利

或按以下公式计算：

本月商品销售成本 = 本月商品销售收入净额 ×（1 − 上季实际毛利率或本季计划毛利率）

【例 5－27】某批发商业企业每季度前二个月份用上季实际毛利率计算商品销售成本，第三个月份用加权平均法计算调整。2×16 年 10 月份，该企业服装类目账和明细账的有关资料如表 5－8、表 5－9、表 5－10 所示。

表 5－8　库存商品类目账

类别：服装类

2×16年		凭证号数		借　方	贷　方	借或贷	结　存
月	日						
10	1	（略）	上期结转			借	43 750
10	8	（略）	购进	53 250		借	97 000
10	31	（略）	结转销售成本		44 000	借	53 000
11	10	（略）	购进	98 250		借	151 250
11	30	（略）	结转销售成本		54 000	借	97 250
12	15	（略）	购进	103 850		借	201 100
12	30	（略）	盘亏		257	借	200 843
12	31	（略）	结转销售成本		102 292.15	借	98 550.85

表 5－9　库存商品明细账

名称：男上衣　　　　单位：件　　　　规格：41

2×16年		凭证号数	摘要	收　入			发　出			结　存		
月	日			数量	单价	金额	数量	单价	金额	数量	单价	金额
10	1	（略）	上期结转							250	85	21 250
10	8	（略）	购进	500	84	42 000				750		
10	31	（略）	销售				250			500		
11	10	（略）	购进	750	85	63 750				1 250		
11	30	（略）	销售				500			750		
12	15	（略）	购进	1 000	91	91 000				1 750		
12	30	（略）	销售				750			1 000	87.20	87 200

表 5－10　库存商品明细账

名称:女上衣　　　　　　　　　　单位:件　　　　　　　　　　规格:36

2×16 年		凭证号数	摘　要	收　入			发　出			结　存		
月	日			数量	单价	金额	数量	单价	金额	数量	单价	金额
10	1	(略)	上期结转							500	45	22 500
10	8	(略)	购进	250	45	11 250				750		
10	31	(略)	销售				500			250		
11	10	(略)	购进	750	46	34 500				1 000		
11	30	(略)	销售				250			750		
12	15	(略)	购进	250	51.4	12 850				1 000		
12	30	(略)	销售				750			250		
12	31	(略)	盘亏				5	51.4	257	245	46.33	11 350.85

经查,上季度实际毛利率为 20%;本季度 10 月份商品销售额为 55 000 元,11 月份商品销售额为 67 500 元,12 月份商品销售额为 122 500 元。现将本年第四季度各月商品销售成本计算与结转的过程列示如下:

10 月份服装类商品销售成本 = 55 000 ×(1 − 20%)= 44 000(元)

在类目账上结转 1 月份商品销售成本,编制如下会计分录:

借:主营业务成本　　　　　　　　　　44 000

　贷:库存商品——男上衣　　　　　　　　　　44 000

11 月份服装类商品销售成本 = 67 500 ×(1 − 20%)= 54 000(元)

在类目账上结转 2 月份商品销售成本,编制如下会计分录:

借:主营业务成本　　　　　　　　　　54 000

　贷:库存商品——男上衣类　　　　　　　　　　54 000

12 月份用加权平均法计算第一季度服装类商品销售成本,其计算过程如下:

(1)计算每种商品的加权平均单价:

男上衣加权平均单价 =(21 250 + 42 000 + 63 750 + 91 000)÷(250 + 500 + 750 + 1000)
= 87.20(元)

女上衣加权平均单价 =(22 500 + 11 250 + 34 500 + 12 850 − 257)÷(500 + 250 + 750 + 250 − 5)
= 46.33(元)

(2)计算每种和大类库存商品的期末结存金额:

男上衣季末结存金额 = 1 000 × 87.20 = 87 200(元)

女上衣季末结存金额 = 245 × 46.33 = 11 350.85(元)

服装类季末结存金额 = 87 200 + 11 350.85 = 98 550.85(元)

(3)根据类目账资料倒计该类商品本季销售成本:

本季度服装类商品销售成本 = 43 750 + 53 250 + 98 250 + 103 850 − 257 − 98 550.85
= 200 292.15(元)

(4)计算12月份服装类应结转的商品销售成本:

12月份服装类商品销售成本=200 292.15-44 000-54 000=102 292.15(元)

在类目账上结转12月份皮鞋类商品销售成本,编制如下会计分录:

借:主营业务成本　　102 292.15

　贷:库存商品——服装类　　102 292.15

采用这种方法计算已销商品的进价成本,不按商品的品种、规格分别计算,而按商品的类别综合计算,因而可以简化核算工作。由于同类商品中的各种商品的毛利率不完全相同,而且上季度实际毛利率(或本季度计划毛利率)与本月实际毛利率不相同,因而计算结果不够准确。因此,这种方法只能用来计算每一季度前两个月已销商品的进价成本。在每一季度末了,必须采用前述比较准确的方法计算,以便调整季度的商品销售成本,提高每一季度商品销售成本计算的正确性。

二、商品销售成本的结转

(一)商品销售成本的结转时间

商品销售成本的结转时间,有按日和定期两种。除经营品种简单、商品整批进出并能分清批次的企业和制度明确规定的业务采用按日结转外,一般企业都采用定期结转。定期结转有按月进行和按季进行两种,一般为按月结转。

(二)商品销售成本的结转方法

商品销售成本的结转方法,有分散结转和集中结转两种。

分散结转是按每一库存商品明细科目计算出已销售商品的成本,并编制记账凭证逐户结转,然后逐户汇总,求得全部商品销售成本总金额,并编制记账凭证汇总表,据以在库存商品总分类账(或类目账)上结转。

集中结转是平日在库存商品明细账上只登记销售商品的数量,期末(一般为月末)结转已销售商品成本时,根据确定的库存商品单价,在明细账中计算出每种商品的结存金额,然后按类或全部商品汇总计算出大类或全部商品的期末结存金额,根据类目账和总账资料倒计大类或全部销售商品的成本,并在总账或类目账上结转。

第四节　期末库存商品的清查与计价

一、期末库存商品清查

(一)库存商品清查的目的

商品流通企业库存商品的不仅品种繁多而且收发频繁。有时,由于库存商品收发、计量和计算上的误差,自然损耗和丢失、毁损等原因,会造成库存商品账实不符,或者由于盲目采购,而使某些库存商品超储积压。为了查清上述原因,应定期或不定期地对库存商品进行盘点清查，以保证库存商品的完整，做到账实相符。库存商品清查一般采用实地盘点的方法，对于实际盘存数与账面结存数不相符的库存商品应查明原因，并编制“库存商品盘点报告”，报请有关部门审批。

（二）库存商品盘盈或盘亏、毁损的核算

库存商品盘盈或盘亏、毁损的账务处理应分两步进行：一是在有关部门审批前，将盘盈或盘亏、毁损的库存商品作为待处理财产损溢处理；二是根据库存商品盘盈或盘亏、毁损的不同情况分别处理：

1. 对于盘盈的库存商品，按同类商品、物资的市场价格，借记“库存商品”等科目，贷记“待处理财产损溢——待处理流动资产损溢”科目。

2. 对于盘亏或毁损的库存商品，有关税法规定，属于经营过程中正常损耗以外的损失，其进项税额不得抵扣销项税额，因此账务处理时，按库存商品的实际成本和增值税额，借记“待处理财产损溢——待处理流动资产损溢”科目；按库存商品的实际成本，贷记“库存商品”等科目；按库存商品的进项税额，贷记“应交税费——应交增值税（进项税额转出）”科目；经有关部门审批后，将“待处理财产损溢——待处理流动资产损溢”科目转入其他有关科目。

3. 对由于计量或核算上的误差造成盘盈的库存商品，借记“待处理财产损溢——待处理流动资产损溢”科目，贷记“管理费用”科目。对于盘亏、毁损的库存商品，按残料价值和应收赔偿款，借记“周转材料”、“其他应收款”科目；属于非常损失，借记“营业外支出——非常损失”科目；属于一般经营损失，借记“管理费用”科目；贷记“待处理财产损溢——待处理流动资产损溢”科目。

【例 5－28】2×16 年 12 月 31 日，M 商贸公司在财产清查中盘盈库存商品 100 件，实际单位成本 120 元，经查属于商品收发计量方面的错误。编制会计分录如下：

（1）盘盈商品批准处理前：

借：库存商品　　12 000

　　贷：待处理财产损溢——待处理流动资产损溢　　12 000

（2）盘盈商品批准处理：

借：待处理财产损溢——待处理流动资产损溢　　12 000

　　贷：管理费用　　12 000

【例 5－29】2×16 年 8 月份，N 商贸公司因洪水灾害造成一批库存商品毁损，实际成本为 35 000 元，增值税进项税为 5 950 元。根据保险责任范围及保险合同规定，应由保险公司赔偿 25 000 元，其余部分确认为营业外支出。编制会计处理如下：

（1）毁损商品批准处理前：

借：待处理财产损溢——待处理流动资产损溢　　35 000

贷:库存商品 35 000

(2)毁损商品批准处理:

借:其他应收款 25 000

营业外支出——盘亏毁损损失 10 000

贷:待处理财产损溢——待处理流动资产损溢 35 000

二、期末库存商品的计价

企业取得库存商品的初始计量虽然以成本入账,但库存商品计入企业可能发生毁损、陈旧或价格降低等情况,为此,会计期末的库存商品的价值不一定按成本计价,根据我国企业会计准则规定,库存商品应当按照成本与可变现净值孰低计价。

(一)成本与可变现净值孰低法的概念

成本与可变现净值孰低法,指对期末库存商品按照成本与可变现净值两者之中较低者计价的一种方法。当库存商品成本低于可变现净值,期末库存商品按成本计价;当可变现净值低于库存商品成本,期末库存商品按可变现净值计价。其中,“成本”是指期末库存商品的实际成本;而“可变现净值”是指企业在正常生产经营过程中,以库存商品的估计售价减去至完工估计将要发生的成本、估计的销售费用以及相关税金后的金额。

(二)可变现净值的确定方法

如何确定可变现净值是正确运用成本与可变现净值孰低法的关键。对于企业持有以备出售的库存商品,且没有销售合同约定,应当以该库存商品的市场销售价格减去估计的销售费用和相关税费等后的金额确定其可变现净值;对于需要经过加工的库存商品,应当以所加工商品的估计售价减去至完工时估计将要发生的成本、估计的销售费用以及相关税费后的金额确定其可变现净值。

在确定其可变现净值时,最关键的问题是确定估计售价。企业应当区别如下情况确定库存商品的估计售价:

1. 如果企业与购买方签订了销售合同,并且销售合同订购的数量等于企业持有商品的数量,该批商品的可变现净值应当以合同价格作为计算基础。

2. 如果企业持有库存商品的数量多于销售合同订购数量,超出部分的库存商品可变现净值应当以商品的市场销售价格作为计算基础。

3. 没有销售合同约定的库存商品,其可变现净值应当以商品市场销售价格作为计算基础。

(三)成本与可变现净值孰低计价的核算

采用成本与可变现净值孰低对库存商品计价,一般采用“备抵法”。备抵法,即对于库存商品可变现净值低于成本的损失不直接冲减有关库存商品科目,而是另设“存货跌价准备”科目反映。期末库存商品采用成本与可变现净值孰低计价时,如果成本低于可变现净值时,则不计提跌价准备;如果可变现净值低于成本时,应将成本降低至可变现净值,同时对可变现净值低于成本的损失,采用备抵法予以确认。

“存货跌价准备”科目核算企业提取的库存商品跌价准备。其贷方登记计提的库存商品跌价准备金额;借方登记实际发生的库存商品跌价损失金额和冲减的库存商品跌价准备余额;期末余额一般在贷方,反映企业已计提但尚未转销的库存商品跌价准备。

企业在计提存货跌价准备时通常应当以单个存货项目为基础,即企业将每个库存商品项目的成本与其可变现净值逐一进行比较,按较低者计量库存商品,并且按成本高于可变现净值的差额,计提存货跌价准备;对于数量繁多、单价较低的库存商品,可以按照库存商品类别计提存货跌价准备,即按库存商品类别的成本的总额与可变现净值的总额进行比较,每个库存商品类别均取较低者确定库存商品期末价值。

企业于每一个会计期末计提库存商品跌价准备时,首先比较成本与可变现净值并计算应计提的库存商品跌价准备,然后与“存货跌价准备”科目的余额进行比较:若应提数大于已提数,应予补提;反之,则应冲销部分已提数。提取和补提库存商品跌价损失准备时,借记“库存商品跌价损失”科目,贷记“存货跌价准备”科目;冲回或转销库存商品跌价损失,作相反会计分录。企业结转库存商品销售成本时,对于已计提库存商品跌价准备的,借记“存货跌价准备”科目,贷记“主营业务成本”、“其他业务成本”等科目。期末在“资产负债表”中,“存货跌价准备”列为库存商品项目的减项。

【例 5-30】甲商品流通企业库存商品按数量进价金额核算。2×15 年 12 月 31 日,库存商品账面金额为 100 000 元,由于市场价格下跌,预计可变现净值为 80 000元;2×16 年 3 月 31 日,由于市场价格有所上升,经计算,库存商品的预计可变现净值为 95 000 元;2×16 年 6 月 30 日,由于市场价格进一步上升,库存商品的预计可变现净值为 103 000 元。甲商品流通企业每期期末对库存商品计提跌价准备编制会计分录如下:

(1)2×15 年 12 月 31 日计提库存商品跌价准备:

借:资产减值损失——计提的库存商品减值损失	20 000	
贷:库存商品跌价准备		20 000

(2)2×16 年 3 月 31 日冲回存货跌价准备:

借:存货跌价准备	15 000	
贷:资产减值损失——计提的存货减值损失		15 000

(3)2×16 年 6 月 30 日冲回存货跌价准备:

借:存货跌价准备　　5 000
　贷:资产减值损失——计提的存货减值损失　　5 000

需要说明的是,对已售库存商品计提了存货跌价准备,还应结转已计提的存货跌价准备,冲减当期主营业务成本或其他业务成本,实际上是按已售商品的账面价值结转主营业务成本或其他业务成本。应结转的存货跌价准备金额,可按照以下公式进行计算:

因销售等原因应结转的存货跌价准备 =(上期末该类存货所计提的存货跌价准备账面余额/上期末该类存货的账面余额) × 因销售等而转出的存货的账面余额

【例 5 - 31】2 ×15 年末,甲商贸公司库存 M 商品 5 台,每台成本 6 000 元。该库存商品已经计提存货跌价准备 7 000 元。2 ×16 年甲商贸公司将库存的 5 台商品全部以每台 7 500 元的价格售出,假定不考虑可能发生的销售费用及税金的影响,该公司应将 5 台甲机器已经计提的跌价准备在结转其销售成本时全部予以结转。编制会计分录如下:

借:主营业务成本　　16 000
　存货跌价准备　　7 000
　贷:库存商品——M 商品　　23 000

思考题与练习题

一、思考题

1. 批发企业库存商品为什么一般实行数量进价金额核算法?

2. 批发企业采用数量进价金额核算法,为什么要正确计算商品销售成本?批发企业计算商品销售成本有哪些方法?各种方法的适用范围及优缺点是什么?

3. 什么叫结转商品销售成本?集中结转法与分散结转法有什么不同?

二、练习题

1. 某批发商业企业为增值税一般纳税企业,适用的增值税税率为 17%。商品销售价格均不含增值税额。销售实现时结转销售成本。2 ×15 年 6 月,该企业商品购销资料如下:

(1)3 日由外埠光明玩具厂购进电动玩具一批,进价 46 000 元,进项增值税额 7 820 元,供货方代垫运杂费 520 元,银行转来供货方托收凭证及所附发票和运杂费单据,经审核无误,通知银行承付,商品尚未运到。编制商品购进的会计分录。

(2)5 日,对 A 公司销售商品一批,增值税专用发票上注明销售价格为1 000 000 元,增值税额为 170 000 元。提货单和增值税专用发票已交 A 公司,A 公司已承诺付款。为及时收回货款，给予A公司的现金折扣条件如下：2/10，1/20，n/30（假定计算现金折扣时不考虑增值税因素）。该批商品的实际成本为850 000元。5月19日，收到A公司支付的、扣除所享受现金折扣金额后的款项，并存入银行。编制有关的会计分录。

（3）25日，与F公司签订协议，委托其代销商品一批。根据代销协议，该批发商业企业按代销协议价收取所代销商品的货款，商品实际售价由受托方自定。该批商品的协议价为2 000 000元（不含增值税额），实际成本为1 800 000元。商品已运往F公司。12月31日，批发商业企业收到F公司开来的代销清单，列明已售出该批商品的20%，款项尚未收到。

（4）30日，该企业经营甲类商品并采用毛利率法对发出商品计价，季度内各月份的毛利率根据上季度实际毛利率确定。本年第一季度、第二季度甲类商品有关的资料如下：

第一季度累计销售收入为6 000 000元、销售成本为5 100 000元，3月末库存商品实际成本为4 000 000元；第二季度购进甲类商品成本8 800 000元；4月份实现商品销售收入3 000 000元；5月份实现商品销售收入5 000 000元。假定6月末按一定方法计算的库存商品实际成本4 200 000元。

要求：根据上述资料计算下列指标：

（1）计算乙公司甲类商品第一季度的实际毛利率。

（2）分别计算甲类商品2×15年4月份、5月份、6月份的商品销售成本。

2. 某批发商品流通企业按先进先出法计算库存商品的发出成本。2×16年3月1日结存M商品100公斤，每公斤实际成本100元。

本月发生如下有关业务：（1）3日，购入M商品50千克，每千克实际成本105元，商品已验收入库。（2）5日，发出M商品80千克。（3）7日，购入M商品70千克，每千克实际成本98元，商品已验收入库。（4）12日，发出M商品130千克。（5）20日，购入M商品80千克，每千克实际成本110元，商品已验收入库。（6）25日，发出M商品30千克。

要求：根据上述资料，计算M商品2×15年3月以下项目的金额：

（1）5日发出商品的成本。

（2）12日发出商品的成本。

（3）25日发出商品的成本。

（4）期末结存商品的成本。

3. 根据练习题中第2题的资料，采用月末一次加权平均法计算该企业3月加权平均单价，发出商品和结存商品的总成本。

第六章　零售商品流转的核算

学习目标

本章主要介绍了零售商品流转的核算方法。通过本章的学习，应了解零售商品售价金额核算法的基本内容，理解商品进销差价科目的特点，掌握商品购进、销售、存储以及分摊商品进销差价的计算方法；了解零售商品进价金额核算的基本内容，掌握商品购进、销售、存储的核算方法。

根据零售商品流转活动的特点，对零售商品的核算可采用售价金额算法或进价金额核算方法。

第一节　零售商品的售价金额核算

一、售价金额核算法的基本内容

售价金额核算法也称“售价记账、实物负责制”，它不仅是库存商品的一种核算方法，也是零售企业的一项重要的经营管理制度。其基本内容包括以下几方面。

（一）建立实物负责制

根据岗位责任制的要求，零售企业按照经营商品品种和存放地点的不同，划分若干营业柜、组，确定实物负责人，要求各实物负责人对其所经营商品的数量、质量承担全部经济责任，使商品的进、销、存各环节都有专人负责。

（二）库存商品按售价记账

财会部门对商品的进销存都按照零售价记账。在总账中只记库存商品的售价总金额，库存商品明细账按实物负责人设置，按商品售价金额分别记载各实物负责人经管的商品。为了加强商品管理，在仓库的全部商品，门市部、营业柜组存放的贵重商品、大件商品，以及业务上经常需要掌握数量的商品，实物负责人必须设置商品数量账，每天登记收付存数量。

（三）设置“商品进销差价”科目

采用售价金额核算的零售企业，库存商品的增加、减少和结存都是按售价在库存商品账上反映的,它与实际购进商品时所支付的金额并不一致,通常是售价高于进价。会计核算不仅要以售价控制商品,还要以进价反映库存商品的实际进价成本。因此,有必要设置"商品进销差价"科目,以核算库存商品售价与进价的差额。在购进商品时,按售价记入"库存商品"科目;同时,还将进价与售价之间的差额,记入"商品进销差价"科目。平时,商品销售以售价结转营业成本减少实物负责人(小组)的商品金额;每月末根据"商品进销差价"数字,按照商品总额或大类商品购销比例,计算已销商品应摊的差价并进行结转。最后"库存商品"科目结存的售价金额减(或加)"商品进销差价"科目的金额,就是库存商品的进价金额。在"售价金额核算"下,这两个科目是相互依存的:"库存商品"如不减去或加上"商品进销差价"就不能反映其实际进价,"商品进销差价"如离开"库存商品"就失去其存在的意义。

(四)加强商品实地盘点制度

采用售价金额核算的企业每月对库存商品必须进行一次全面盘点。实物负责人发生调动或者商品调价,也应及时进行盘点。盘点结果发生差异时,应及时查明原因,进行处理,保证账实相符。这是实行"售价金额核算"的一项重要措施。通过盘点和账实核对,以考核实物负责人对财产保管的情况。

(五)按时编制"商品进销存日报表",加强报账对账工作

实物负责人必须每天编制"商品进销存日报表",详细填列商品购进、销售及库存情况,并连同应附的有关原始凭证,报送财会部门。财会部门应加强审核,无误后,编制记账凭证入账,以反映实物负责人所经管商品的金额。"商品进销存日报表"也可分别装订,作为库存商品明细账。

(六)健全各业务环节的手续制度,加强价格管理

企业对购进、调入的商品要认真验收,不仅要验收数量、质量,而且要核实价格、金额是否相符。销售时要正确执行规定的价格。为了便于群众购买和监督,每种商品应当有价格标签。实物负责人对商品购进、调拨、销售、调价、升溢、损耗、损失、盘点交接等必须建立必要的手续,填制完备的凭证,按照合理的程序传递凭证,及时调整账面金额。

二、商品购进的核算

(一)商品购进的一般业务程序

零售企业购进商品,大多是从本地批发企业、生产加工企业或企业的配送中心进货。但为了适应市场的需求,更好地满足消费者需要,本着减少流转环节、勤进快进快销的原则,也可以从外地或国外购进商品。从本地进货一般采用提货制或进货制,从外地进货一般采用发货制。零售企业在国内本地购进商品多采用"支

票”结算方式结算货款,国内异地进货大多采用“委托收款”、“托收承付”或“汇兑”等结算方式结算货款。

零售企业不论从什么地点、什么单位进货,也不论采取哪种货款结算和接收商品方式,当收到商品时,必须认真验收商品的数量和质量,防止发生差错,明确经济责任。实物负责人应当根据供货单位的发货单,逐一检查商品的品名、数量、单价、金额以及质量,验收商品后,应当填制收货凭证。收货凭证一般称为商品验收单,商品验收单除填列商品的品名、规格和购进价外,还要填列商品的零售价和进销差价,以便据以记账。商品验收单的一般格式如表6－1所示。

表6－1　商品验收单

收货单位　　　　　　　　　　年　月　日　　　　　　　　　　字　第　号

货　号	品　名	实收(原价)				零售计价			商品进销差价
		单位	数量	单价	金额	数量	单价	金额	

会计主管______　　　　复核______　　　　验收人______　　　　制单______

(二)科目的设置

为了核算零售企业商品增减变动情况,应设置“在途物资”、“库存商品”、“商品进销差价”、“应交税费”等科目。其中:

“库存商品”科目的核算内容和登记方法与实行数量进价金额核算的企业设置的“库存商品”科目基本相同。其不同点为:①实行售价金额核算的企业设置的库存商品科目,对库存商品的增减变动、结存情况按售价记载,这里的售价,是指包含按规定应向购买者收取的增值税税额的含税零售价;②库存商品的明细账按实物负责人分户,只记金额,不记实物数量。

“商品进销差价”科目,是“库存商品”科目的调整科目,核算零售企业采用售价核算的商品售价与进价之间的差额。该科目的贷方登记购进商品的售价大于进价的差额和其他原因增加的进销差价;借方登记购进商品的售价小于进价的差额、核销已销商品应分摊的进销差价和其他原因使库存商品售价大于进价的差额减少的数额;其余额一般在贷方,反映期末库存商品应保留的进销差价。该科目应按商品类别或实物负责人设置明细账。由于所采用的售价是含税的零售价格,因此,该科目所记录的商品售价与进价之间的差额就包括两部分:一是不含税的售价与不含税的进价之间的差额,二是应向购买者收取的增值税额(销项税额)。

(三)商品一般购进业务的核算

1.验收商品和支付进货款在同一天完成的核算。零售企业购进商品,会计部门根据进货发票支付的货款、费用、税金等账单，按商品进货原价（有进货折扣的，应扣除进货折扣）分别借记“在途物资”、“销售费用”、“应交税费”等科目，贷记“银行存款”等科目。商品到达验收后，按售价借记“库存商品”科目；按进价贷记“在途物资”科目；按售价与进价的差额，贷记“商品进销差价”科目（售价低于进价时，应借记“商品进销差价”科目），以便反映库存商品实际进价成本。

【例6－1】2×16年8月1日某商业贸易大楼向本地皮革制品厂购进女皮包一批，进价为7 000元，应支付的进项税额为1 190元，该批商品的含税售价为8 400元，商品由皮货组验收入库，款项以银行存款支付。该企业应编制如下会计分录：

借：在途物资——某皮革制品厂——皮包类　　7 000
　　应交税费——应交增值税（进项税额）　　1 190
　贷：银行存款　　8 190

同时：

借：库存商品——皮货组　　8 400
　贷：商品进销差价——皮货组　　1 400
　　　在途物资——某皮革制品厂　　7 000

2. 先支付进货款后收到商品的核算。零售企业先收到有关凭证支付进货款时，按商品的进价（有进货折扣与折让的应予扣除），借记“在途物资”科目；按应支付的增值税额，借记“应交税费——应交增值税（进项税额）”科目；按所付款项，贷记“银行存款”科目。商品到达验收时，按含税的售价，借记“库存商品”科目；按含税的售价与进价之间的差额，贷记“商品进销差价”科目；按商品进价，贷记“在途物资”科目。

【例6－2】2×16年8月20日，昆仑商场交电组从镇江自行车厂购入自行车零件一批，进价为200 000元，应支付的增值税额为34000元，供方代垫的运杂费为2790元，增值税进项税额为307元，其余部分计入当期损益。接到银行转来的有关凭证，审核无误支付款项。该企业应编制如下会计分录：

（1）付款时：

借：在途物资——镇江自行车厂　　202 790
　　应交税费——应交增值税（进项税额）　　34 307
　　销售费用　　2 790
　贷：银行存款　　239 887

（2）商品到达，经交电组验收入库。该批商品的含税售价为310 000元。编制如下会计分录：

借：库存商品——交电组　　310 000
　贷：商品进销差价——交电组　　70 113
　　　在途物资——镇江自行车厂　　239 887

3. 先收到商品后支付进货款的核算。零售企业购进商品，有时会发生商品先验收入库，而后支付进货款的情况。当发生商品验收入库而货款尚未支付时，按含税的售价，借记“库存商品”科目；按进价，贷记“应付账款”科目；按售价与进价的差额，贷记“商品进销差价”科目。

【例 6－3】2×16 年 9 月 5 日，昆仑商场从镇江自行车厂采购自行车零件一批，收到发票，零件已由交电组验收入库，货款计 176 000 元，增值税进项税额为 29 920 元，结算凭证尚未转来，该批零件售价为 204 000 元。该企业应编制如下会计分录：

借：库存商品——交电组　　204 000
　应交税费——应交增值税（销项税额）　　29 920
　贷：商品进销差价——交电组　　28 000
　　应付账款——镇江自行车厂　　205 920

当收到结算凭证，承付款项时，编制如下会计分录：

借：应付账款——镇江自行车厂　　205 920
　贷：银行存款　　205 920

实际工作中，为简化核算手续，在收到商品付款之前，平时可不进行账务处理，待付款后再按照收到商品与付款在同一时间的方式进行核算。

有时商品已验收入库，但因发票账单未收到，应付账款数额不明，对此，平时可不进行账务处理，待托收凭证和发票随货同行联到达并付款后再作处理。但如逢月末发票账单等仍未收到，为在资产负债表全面反映企业已经拥有的该批商品及其负债，就应先按合同或其他规定价格估价入账，按售价借记“库存商品”科目，按暂估的进货原价贷记“应付账款”科目，按售价与暂估进价的差额贷记“商品进销差价”科目。下月初再用红字冲回，以便下月付款时，通过“商品采购”科目核算。

【例 6－4】2×16 年 10 月 25 日某百货商店从锦阳服装厂购进服装一批，商品已验收入库，到月末发票账单仍未收到。该批商品估计进价为 6 270 元，零售价为 7 140 元。该企业应编制如下会计分录：

借：库存商品——服装组　　7 140
　贷：商品进销差价——服装组　　870
　　应付账款——锦阳服装厂　　6 270

下月初，编制如下会计分录：

借：库存商品——服装组　　7 140
　贷：商品进销差价——服装组　　870
　　应付账款——锦阳服装厂　　6 270

次月接到结算凭证付款时，按实付金额借记“在途物资”、“应交税费——应交增值税（进项税额）”科目，贷记“银行存款”科目；同时，按售价借记“库存商品”科目，按商品进价和进销差价总额，分别贷记“在途物资”、“商品进销差价”科目。

（四）商品购进发生溢余和短缺的核算

在商品购进过程中，由于自然因素或差错事故，会使购进商品发生溢余或短缺。对于本市进货发生的溢缺，应由业务部门及时向供货单位查询处理，暂不通过财会部门。如果商品的溢缺情况是发生在外地进货，或本市进货发生溢缺一时不能查明原因，应根据溢缺情况，分别填制“商品溢余（短缺）报告单”一式数联（见表6－2），随同“发货票”或“商品验收单”一并送财会部门进行账务处理。

表6－2 商品溢余（短缺）报告单

供货单位　　　　　　　　　　　　年　月　日　　　　　　　　　　　字　号

商品类别	商品编号	品名	单位	原发数量	实收数量	溢缺数量	进价		售价		商品进销差价	备注
							单价	金额	单价	金额		
合计												

会计主管______　　　　　　实物负责人______　　　　　　验收人______

1. 商品购进溢余的核算。零售企业购进商品发生溢余，应按溢余商品售价借记“库存商品”科目，按其进价贷记“待处理财产损溢”科目，溢余商品进、售价间的差额应贷记“商品进销差价”科目。

【例6－5】2×16年6月8日，昆仑商场从某食品厂购入散装饼干300千克，每千克10.40元，共计3 120元，应支付的增值税额为530.40元，企业以转账支票付讫。该企业应编制如下会计分录：

借：在途物资——某食品厂　　3 120
　　应交税费——应交增值税（进项税额）　　530.40
　贷：银行存款　　3 650.40

商品次日运到，经食品组验收，发现长余56千克，原因待查，该批商品的含税售价为每千克13元。编制如下会计分录：

借：库存商品——食品组　　4 628
　贷：商品进销差价——食品组　　925.60
　　　待处理财产损溢——待处理流动资产损溢　　582.40
　　　在途物资——某食品厂　　3 120

经查，溢余商品中52千克是食品厂多发，昆仑商场同意作购进处理，食品厂补来专用发票，内列商品进价为540.80元，应支付的进项税额为91.92元，财会部门开出支票将之付清；其余 4 千克是衡器公差，属自然升溢。该企业应编制如下会计分录：

(1)供方多发作购进部分：

借：在途物资——某食品厂　540.80

　应交税费——应交增值税（进项税额）　91.92

　贷：银行存款　632.72

同时：

借：待处理财产损溢——待处理流动资产损溢　540.80

　贷：在途物资——某食品厂　540.80

(2)自然升溢部分：

借：待处理财产损溢——待处理流动资产损溢　41.60

　贷：销售费用——商品损耗　41.60

2. 商品购进短缺的核算。零售企业购进商品发生短缺，未查明原因前，应按实收商品的售价金额借记"库存商品"科目；按实收商品售价与进价的差价，贷记"商品进销差价"科目；按原进价，贷记"在途物资"科目；短缺部分按进价借记"待处理财产损溢"科目。对于短缺商品应认真查明原因，按规定进行处理。

【例 6-6】承例 6-5。商品到货验收时发现短少 20 千克，原因待查。该企业应编制如下会计分录：

(1)商品短缺：

借：库存商品——食品组　3 640

　待处理财产损溢——待处理流动资产损溢　208

　贷：商品进销差价——食品组　728

　　在途物资——某食品厂　3 120

(2)经查，短缺商品属于管理不善造成，该部分商品应负担的增值税额为 35.36元。根据有关凭证编制如下会计分录：

借：待处理财产损溢——待处理流动资产损溢　35.36

　贷：应交税费——应交增值税（进项税额转出）　35.36

借：营业外支出——非常损失　243.36

　贷：待处理财产损溢——待处理流动资产损溢　243.36

（五）进货退出和进货退补价的核算

1. 零售企业购进商品如存在质量问题，经供货单位同意，可将商品退出企业，收回原进货款。当企业发生进货退出业务，收到供方开来的红字专用发票及本单位的红字收货单凭证时，按商品进价及进项税额，借记"应收账款"科目；按商品进价，贷记"在途物资"科目；按进项税额，贷记"应交税费——应交增值税（进项税额）"科目。同时，按商品进价，借记"在途物资"科目；按含税售价，贷记"库存商品"科目。

收到供货方退回的款项时，借记“银行存款”科目，贷记“应收账款”科目。

2. 进货退补价的核算。实行售价金额核算的零售企业购进商品发生退补价时，应根据供货单位填制的退补价凭证和业务部门填制红字或蓝字“收货单”进行账务处理。为简化核算手续，也可根据供货单位退补价“发货票”直接进行退补价核算。

由于售价金额核算的库存商品是按售价记账，因此当发生进货退补价时，只需要调整退补价库存商品所包含的商品进销差价。企业接到补价通知，尚未补付货款时，借记“商品进销差价”科目，贷记“应付账款”科目；企业接到退价通知，并收到退款时，借记“银行存款”科目，贷记“商品进销差价”科目；如接到退价通知，尚未收到退款，则借记“应收账款”，贷记“商品进销差价”科目。

三、商品销售的核算

（一）商品销售的一般业务程序

由于实行售价金额核算企业的商品大都采取现金交易，因此必须加强销货款的管理，建立科学合理的收款、付货方式。根据零售企业经营规模、经营商品和业务性质的不同，商品销售一般采取以下两种收款方式：一种是营业员直接收款，在商品交易时，由营业员一手收款一手交货，营业员既管钱又管货。这种收款方式，手续简便，方便顾客，但发生差错不易查找。另一种是集中收款，设置收款台，配备专职收款员，实行钱货分管。营业员只负责付货，货款由营业员经手传递到收款台或由顾客到收款台直接交款。采用这种收款方式，可以做到钱货责任分明，加强货款复核，减少差错，并有利于销货款管理，但不方便顾客购买商品。

零售企业无论采用哪种收款方式，每日营业终了都必须将销货款清点后送存银行。向银行交款，一般有两种做法：一是由各营业小组直接向银行交款；另一种是由财会部门将各实物负责人（小组）的销货款集中交存银行。

向银行交款要填制银行“进账单”，并取得银行“进账单”回单。如将销货款送交财会部门，统一送交银行，则各实物负责人（或组）要填制“内部交款单”（见表6－3）。销货如果发生长短款，还要填制“长短款报告单”。

表6－3　内部交款单

组别______　　　　　　　　　　年　月　日

项　目	摘　要	应交金额	实交金额
人民币（大写）		长款	短款

实物负责人______　　　　复核______　　　　制单______

营业柜、组于每日营业终了，应根据当日进销货情况，编制“商品进销存日报表”(见表6－4)。商品进销存日报表一式两份,一份留存,一份连同内部交款单(或银行“进账单”回单)、商品验收单、商品调价单、商品内部调拨单、长短款报告单和其他有关凭证一并送交财会部门,经审核无误后,作为编制记账凭证登记账簿的依据。

表6－4　商品进销存日报表

组别:百货组　　　　2×16年5月28日

<table>
<tr><td colspan="2">项　目</td><td>金　额</td><td colspan="2">项　目</td><td>金　额</td><td>备注</td></tr>
<tr><td colspan="2">昨日库存</td><td>35 000</td><td rowspan="4">减少</td><td>本日销售</td><td>8 000</td><td rowspan="6"></td></tr>
<tr><td rowspan="4">增加</td><td>本日购进</td><td>5 000</td><td>本日调出</td><td></td></tr>
<tr><td>本日调入</td><td></td><td>变价减值</td><td></td></tr>
<tr><td>变价增值</td><td></td><td>商品损耗</td><td></td></tr>
<tr><td>商品溢余</td><td></td><td colspan="2">本日库存</td><td>32 000</td></tr>
<tr><td>合计</td><td></td><td>40 000</td><td>合计</td><td></td><td></td></tr>
<tr><td colspan="4">本日进销差价3 500元</td><td colspan="3">进销差价累计12 000元</td></tr>
<tr><td colspan="4">商品销售累计</td><td colspan="3"></td></tr>
</table>

实物负责人×××　　　　复核×××　　　　制表×××

(二)商品一般销售业务的核算

实行售价金额核算的零售企业,一般在每日营业终了,各实物负责人(柜组)要清点当日销货款并送存银行。财会部门应根据销货报表及款项送存银行退回的“进账单”回单,反映主营业务收入和银行存款的增加。财会部门应根据有关凭证,按含税销售额反映商品销售收入和银行存款的增加,借记“银行存款”科目,贷记“主营业务收入”科目;同时,按含税的售价,借记“主营业务成本”科目,贷记“库存商品”科目,以注销库存商品,反映实物负责人所经管商品的实存额和经济责任。由于企业的“库存商品”按售价金额入账,商品的售价与进价之间的差额记入“商品进销差价”科目,所以,从理论上讲,商品销售后,在按售价冲减库存商品科目的同时,还应冲减已销商品实现的进销差价,并按其进货原价转入“主营业务成本”科目,以便正确计算销售成果。而且,企业已销商品实现的进销差价,需要经过一定的方法计算才能确定,如果每天计算已销商品应分摊的进销差价,会使日常核算工作过于繁重,而且企业是按月计算利润,因此也没有必要每日结转销售商品实现的进销差价。所以,实行售价金额核算的企业,平时商品销售在反映主营业务收入增加的同时,暂按售价借记“主营业务成本”科目,贷记“库存商品”科目,月末再按一定方法计算已销商品和库存商品应分摊的进销差价。待计算出已销商品应分摊的进销差价后,再贷记“主营业务成本”科目,将含税的售价调整为销售商品的进价成本,同时,将已实现的商品进销差价予以核销,借记“商品进销差价”科目。

【例 6-7】昆仑商场 2×16 年 5 月 28 日各组销售额为:百货组 8 000 元,针织组 4 000 元,鞋帽组 5 000 元,五金交电组 3 800 元,销货款送存银行。财会部门根据各组当日报来的“商品进销存日报表”、银行“进账单”回单等凭证,应编制如下会计分录:

借:银行存款	20 800	
贷:主营业务收入——百货组		8 000
——针织组		4 000
——鞋帽组		5 000
——五金交电组		3 800

同时,结转主营业务成本:

借:主营业务成本——百货组	8 000	
——针织组	4 000	
——鞋帽组	5 000	
——五金交电组	3 800	
贷:库存商品——百货组		8 000
——针织组		4 000
——鞋帽组		5 000
——五金交电组		3 800

由于零售企业在商品销售中采用“一手钱,一手货”的销售方式,对顾客不开增值税专用发票,无法根据发票确认销售收入和销项税额,只能定期或月份终了,根据当期收取的含税销售额和规定的计算公式计算不含税的销售收入和销项税额。因此,零售企业平时按含税的销售额进行账务处理,定期或月末计算出销项税额以后,再将含税的销售额调整成为不含税的销售收入。不含税销售额及销项税额的计算公式为:

$$\text{不含税销售额}=\frac{\text{含税销售额}}{1+\text{税率}}$$

$$\text{销项税额}=\text{不含税销售额}\times\text{税率}$$

将含税销售额调整成为不含税销售额后,编制借记“主营业务收入”、贷记“应交税费——应交增值税(销项税额)”的会计分录。

【例 6-8】某零售商业企业 5 月份实现的含税销售额为 702 000 元,增值税税率为 17%,月末计算不含税销售额和销项税额。

$$\text{不含税销售额}=702\,000\div(1+17\%)=600\,000(\text{元})$$

$$\text{销项税额}=600\,000\times17\%=102\,000(\text{元})$$

根据以上计算结果编制如下会计分录:

借:主营业务收入 102 000

贷:应交税费——应交增值税(销项税额)　　102 000

(三)商品销售长短款的核算

零售企业销售商品如设有专人收款或由营业员直接收款并作柜台记录,应于每日营业终了,将付货凭证或柜台记录加总,与所收销货款核对,检查收进的货款是否正确。如果实收销货款大于付货凭证(或柜台记录),称为“长款”;反之,则为“短款”。发生长短款差错,应填写“长(短)款报告单”(表6-5),送交财会部门据以入账。

表6-5　长(短)款报告单

2×16年3月20日

组　别	服装组	收款人	王非	长(+)或短(-)	+10
金　额	人民币(大写)壹拾元				
原　因	计算错误	初步意见	作销售处理	组长签字	刘是
审批意见					

企业主管______　　财会______　　申请人______

对于零星的销售长、短款,经有关负责人核算后,可直接作收益或损失处理,或留待月终集中处理;如销货长、短款数额较大,在未查明原因或等待处理核销前,应记入“待处理财产损溢”科目,待查明原因或批准核销时,再予以转账。

【例6-9】昆仑商场2×16年3月20日服装组销货记录为4 920元,实收销货款4 930元,长款10元;电器组销货记录6 290元,实收销货款6 275元,短款15元,原因待查。财会部门根据“商品进销存日报表”、“长、短款报告单”、“银行进账单”回单等凭证,应编制如下会计分录:

(1)销售长款:

借:银行存款　　4 930

　贷:待处理财产损溢——待处理流动资产损溢　　10

　　主营业务收入——服装组　　4 920

(2)销售短款:

借:银行存款　　6 275

　待处理财产损溢——待处理流动资产损溢　　15

　贷:主营业务收入——电器组　　6 290

同时,结转主营业务成本,编制如下会计分录:

借:主营业务成本——服装组　　4 920

　贷:库存商品——服装组　　4 920

借:商品销售成本——电器组　　6 290

贷:库存商品—电器组　　6 290

(3)上述差错查明原因,服装组长款 10 元系销货凭证计算错误,作销售处理,短款 15 元是收款时错收,经批准转为企业销售费用。编制如下会计分录:

借:待处理财产损溢——待处理流动资产损溢　　10

　贷:主营业务收入——服装组　　10

借:销售费用——短缺损失　　15

　贷:待处理财产损溢——待处理流动资产损溢　　15

同时:

借:主营业务成本——服装组　　10

　贷:库存商品——服装组　　10

如果企业销售商品由营业员直接收款,不作销货记录,则发生错收错付,平时不易察觉,只有到月末盘点商品后才能发现,这是造成月末库存商品盘点溢缺的一个原因,对此,应结合月末盘点一同处理。

(四)受托代销商品销售的核算

零售企业接受委托方的委托代销商品有两种方式:一是收取手续费代销;二是视同买断。代销方式不同,实行售价金额核算的企业对代销商品的核算方法也不完全相同。

1. 收取手续费代销。以收取手续费方式代销商品,即受托方根据所代销的商品数量向委托方收取手续费,这对受托方来说实际上是一种劳务收入。这种代销方式与视同买断方式相比,主要特点是:受托方通常应按照委托方规定的价格销售,不得自行改变售价。在这种代销方式下,委托方应在受托方将商品销售后,并向委托方开具代销清单时,确认收入;受托方在商品销售后,按应收取的手续费确认收入。

零售企业应设置“受托代销商品”、“代销商品款”科目核算代销商品增减情况。

“受托代销商品”科目核算企业接受其他单位委托代销的商品。该科目的借方登记收到的受托代销商品;贷方登记售出的受托代销商品;期末借方余额,反映企业受托代销商品的接收价或售价。其明细账应按委托单位设置。

“代销商品款”科目核算企业接受代销商品的价款。该科目的贷方登记收到受托代销商品的接收价;借方登记售出受托代销商品的接收价;期末贷方余额,反映企业尚未销售的接受代销商品的价款。其明细账应按委托单位设置。

收到代销商品的会计处理与采用视同买断方式代销商品的处理相同。售出受托代销商品后,按售价,借记“银行存款”科目;按增值税销项税额,贷记“应交税费——应交增值税(销项税额)”科目;按应付委托单位的款项,贷记“应付账款——某委托代销单位”科目;按收到的专用发票上注明的增值税额,借记“应交税费——应交增值税（进项税额）”科目，贷记“应付账款——某委托代销单位”科目。同时，按接收价，借记“代销商品款”科目；按售价，贷记“受托代销商品”科目；按接收价与售价的差额，借记“商品进销差价”科目；计算代销手续费等收入，借记“应付账款——某委托代销单位”科目，贷记“其他业务收入”科目；按支付给委托单位的代销款项，借记“应付账款——某委托代销单位”科目，贷记“银行存款”科目。

【例6－10】昆仑商场电器组接受温州电器厂委托代销家用电器一批，该批电器的接收价为16 000元，含税售价为20 000元，该企业按代销主营业务收入的6%收取手续费。该商场受托代销业务有关会计分录如下：

(1)收到代销商品：

借:受托代销商品——温州电器厂	20 000	
贷:商品进销差价——电器组		4 000
代销商品款——温州电器厂		16 000

(2)代销商品售出，含税售价为20 000元，收取的增值税额为2 906元：

借:银行存款	20 000	
贷:应付账款——温州电器厂		17 094
应交税费——应交增值税（销项税额）		2 906

同时：

借:代销商品款——温州电器厂	16 000	
商品进销差价——针织组	4 000	
贷:受托代销商品——温州电器厂		20 000

(3)向委托单位开出代销清单后，收到委托单位来的增值税专用发票：

借:应交税费——应交增值税（进项税额）	2 906	
贷:应付账款——温州电器厂		2 906

(4)计算代销手续费收入，同时与委托单位结算货款：

借:应付账款——温州电器厂	20 000	
贷:其他业务收入		1 026
银行存款		18 974

2. 视同买断方式代销商品的核算。视同买断方式代销商品，即由委托方和受托方签订协议，委托方按协议价收取所代销的货款，实际售价可由受托方自定，实际售价与协议价之间的差额归受托方所有。由于这种销售本质上仍是代销，委托方将商品交付给受托方时，商品所有权上的风险和报酬并未转移给受托方，因此，委托方在交付商品时不确认收入，受托方也不作购进商品处理。受托方将商品销售后，应按实际售价确认为销售收入，并向委托方开具代销清单。委托方收到代销清单时，再确认本企业的销售收入。

采用视同买断方式收到代销商品时，按售价，借记“委托代销商品”科目；按接收价，贷记“代销商品款”科目；按售价与接收价之间的差额，贷记“商品进销差价”科目。

售出受托代销商品后，按售价，借记“银行存款”、“应收账款”等科目；按实现的营业收入，贷记“主营业务收入”科目；按增值税销项税额，贷记“应交税费——应交增值税(销项税额)”科目。

结转营业成本时，按售价，借记“主营业务成本”科目，贷记“受托代销商品”科目。同时，按接收价，借记“代销商品款”科目；按收到的专用发票上注明的增值税额，借记“应交税费——应交增值税(进项税额)”科目；按应付委托单位的款项，贷记“应付账款——某委托代销单位”科目；按支付给委托单位的代销款项，借记“应付账款——某委托代销单位”科目，贷记“银行存款”科目。月度终了应分摊已销代销商品的进销差价，借记“商品进销差价”科目，贷记“主营业务成本”科目。

【例6－11】承例6－10。昆仑商场电器组接受温州某电器厂委托，代销其家用电器，采用视同买断方式核算。该企业应编制如下会计分录：

(1)收到代销商品，会计分录同例6－10。

(2)代销品售出：

借：银行存款　　20 000

　贷：主营业务收入——针织组　　20 000

同时：

借：主营业务成本——针织组　　20 000

　贷：受托代销商品——温州某电器厂　　20 000

借：代销商品款——温州某电器厂　　16 000

　贷：应付账款——温州某电器厂　　16 000

(3)向委托单位开发代销清单后，收到委托方开来的增值税专用发票，发票中注明的增值税税额为2 325元：

借：应交税费——应交增值税(进项税额)　　2 325

　贷：商品进销差价——针织组　　2 325

(4)与对方单位结算款项：

借：应付账款——温州某电器厂　　16 000

　贷：银行存款　　16 000

(5)月末计算结转代销商品的销项税额，增值税税率为17%。

$$销项税额=20\ 000\div(1+17\%)\times17\%=2\ 906(元)$$

借：主营业务收入——针织组　　2 906

　贷：应交税费——应交增值税(销项税额)　　2 906

四、商品储存的核算

商品储存是商品流通的必要条件。零售企业为了保持商品流转的正常进行，必须要有一定数量的商品储备。在实行售价金额核算法下的零售商品储存，是以售价在“库存商品”科目中反映，商品进价与售价之间的差额在“商品进销差价”科目中反映进行核算的。现将有关影响储存商品变动的盘点、溢缺、调价及内部调拨等方面的核算加以说明。

（一）库存商品盘点溢余、短缺的核算

实行“售价金额核算”的零售商业，各营业柜组除了对经营的一些贵重商品和大件商品以及业务上需要掌握数量的商品各自设立商品数量收付备查簿外，一般商品是没有数量账的。财会部门有的虽设有“库存商品”明细账，并根据各实物负责小组报来的“商品进销存日报表”和有关凭证进行记载核对，但这只是账、单之间的核对。账实是否相符，必须通过实地盘点，进行核对后才能证实。因此，商品盘点，既是对商品物资管理的一项重要措施，又是会计核算工作的一项重要内容。通过商品盘点，核对账实是否相符、商品保管是否完善，商品结构和商品摆布是否合理，防止和揭发贪污盗窃等不法行为，都有其重要意义。所以说，商品盘点实际上是对商品物资管理的一项重要措施。

1. 商品盘点发生溢余的核算。造成零售商品发生溢余的原因很多，为及时反映库存商品增减变动情况，库存商品盘点发生溢余，在未查明原因前，应按溢余商品的含税售价，借记“库存商品”科目，按进货原价，贷记“待处理财产损溢”科目，同时调整“商品进销差价”科目，待查明原因并经有关部门批准后，再从“待处理财产损溢”科目转入有关科目。

【例6－12】2×16 年 10 月 31 日，某零售企业百货组库存商品账面余额为 49 670 元，盘点的库存商品金额为 49 720 元，商品溢余 50 元原因待查。上月百货组差价率为 14%。根据有关凭证，该企业应编制如下会计分录：

（1）商品溢余：

借：库存商品——百货组	50	
贷：商品进销差价——百货组		7
待处理财产损溢——待处理流动资产损溢		43

（2）处理溢余商品：

借：待处理财产损溢——待处理流动资产损溢	43	
贷：销售费用——商品损耗		43

2. 商品盘点发生短缺的核算。零售商品盘点发生短缺，造成的原因有商品自然损耗，人为的少收多付、计算差错以及保管不善等。商品盘点发生短缺，在未查明原因前，应按短缺商品的进货原价，借记“待处理财产损溢”科目；按短缺

商品的差价，借记“商品进销差价”科目；按短缺商品的含税售价，贷记“库存商品”科目。待查明原因决定处理办法后，再从“待处理财产损溢”科目转入有关科目。

【例6－13】2×16年11月30日，昆仑商场食品组库存商品账面余额为8 570元，盘点的库存商品金额为8 390元，短少180元原因待查。上月食品组商品差价率为17%。根据有关凭证，该商场应编制如下会计分录：

借：待处理财产损溢——待处理流动资产损溢　　149.40
　　商品进销差价——食品组　　30.60
　贷：库存商品——食品组　　180

上项短缺商品中有29.40元为定额内损耗，其余为营业员工作失职造成，故商场决定向其索赔，这部分商品应负担的进项税额为20.40元。根据有关凭证编制如下会计分录：

借：销售费用——商品损耗　　29.40
　　其他应收款——某营业员　　140.40
　贷：待处理财产损溢——待处理流动资产损溢　　149.40
　　　应交税费——应交增值税（进项税额转出）　　20.40

（二）库存商品调价的核算

有时，零售企业需要根据市场供求关系的变化、商品质量状况等情况，对某些商品的含税售价进行调整。某种商品的含税售价变动时，需通过盘点，查明商品的数量，计算商品调价金额，填制“变价商品差额调整单”，及时对“库存商品”和“商品进销差价”科目作相应的调整，以明确实物负责人的责任变动。

在调高商品含税售价时，按商品新含税售价与原含税售价的差额，借记“库存商品”科目，贷记“商品进销差价”科目；调低商品含税售价时，编制相反会计分录。

【例6－14】某企业家电组经营的彩电调价，每台原含税售价1 420元，新含税售价1 380元，经盘点共有40台。财会部门根据“变价商品差额调整单”编制如下会计分录：

借：商品进销差价——家电组　　1 600
　贷：库存商品——家电组　　1 600

如上项商品调高含税售价，新含税售价为1 440元，则编制如下会计分录：

借：库存商品——家电组　　800
　贷：商品进销差价——家电组　　800

（三）库存商品内部调拨的核算

库存商品内部调拨是指在一个独立核算企业内，各实物负责人间商品的转移。这种企业内部的商品转移并不引起企业商品资金总额的变化，但为明确各实物负责人经济责任的变动,对库存商品内部调拨应进行相应的账务处理。发生商品内部调拨时,由调出或调入单位填制“商品内部调拨单”一式数联(表6－6)。调入单位验收商品并签章后,“商品内部调拨单”分别留归调入和调出单位各两联,然后各将其中一联编制商品进销存日报表,附在该表后一并送交财会部门;财会部门将双方调拨凭证核对相符后,编制借记调入商品实物负责人、贷记调出商品实物负责人库存商品的会计分录,如果“商品进销差价”科目也按实物负责人分户,则应将调拨商品的进销差价同时转账。

【例6－15】昆仑商场百货组2×16年3月15日将洗衣粉一批调给朝阳路分销店,该批洗衣粉含税售价为180元,进价为130元,双方已办妥调拨手续。财会部门根据转来的“商品内部调拨单”(见表6－6),编制如下会计分录:

表6－6　商品内部调拨单

2×16年3月15日

付货方	百　货　组					收货方	朝阳路分销店	
编号	品名	单位	数量	进价	金额	零售单价	金额	差额
略	洗衣粉	袋	20	6.50	130	9	180	50
合计	—	—	20	6.50	130	9	180	50

(1)付货方付出商品:

借:库存商品——朝阳路分销店　　180

　贷:库存商品——百货组　　180

如果“商品进销差价”科目也按实物负责人分户,财会部门还应编制如下会计分录:

借:商品进销差价——百货组　　50

　贷:商品进销差价——朝阳路分销店　　50

(2)收货方收到商品,编制相反会计分录。

(四)库存商品的明细分类核算

为加强库存商品的管理,及时掌握各实物负责人所经管商品的进销存的情况,需要对库存商品进行明细分类核算。实行售价金额核算的企业,对库存商品进行明细分类核算,一般有以下两种做法:

1.“库存商品”明细账是按实物负责人分别设户的,只登记按售价计算的商品进销存金额,不登记商品品名和数量。库存商品的明细账一般为“三栏式”,但有的也采用把库存商品和商品进销差价结合起来的明细账。关于商品进销差价,如果采用综合差价率计算进销差价的单位,“商品进销差价”、“主营业务收入”可不进行明细核算,如按大类(或柜组)差价率计算进销差价的单位,也要按照实物负责人开设以上明细分类账,单独进行核算。

2. 以"商品进销存日报表"代替"库存商品明细账"。这种做法是财会部门不单设"库存商品明细账",而是将各实物负责人送来的一式两联"商品进销存日报表"中的一联,按实物负责人和日期先后顺序分别装订成册,或汇总成"商品进销存汇总表"代替"库存商品明细账",将另一联签章后退还各实物负责人装订成册,作为该实物负责人的库存商品明细账。

五、主营业务成本的计算与结转

采用售价金额核算的零售企业已销商品成本的计算与结转是通过计算销售商品应分摊的进销差价(包括不含税的售价与进价之间的差额和应向购买者收取的增值税额),调整"主营业务成本"和"商品进销差价"科目余额进行的。已销商品应分摊的进销差价计算正确与否,直接关系到企业期末库存商品价值是否真实,企业经营成果是否正确,因此,这是一项细致而重要的工作,企业应根据经营管理的特点和核算的具体要求,选择适当的计算方法。目前,计算已销商品分摊进销差价采用的方法主要有"综合差价率计算法"、"分类(或柜组)差价率计算法",年终决算前,还要采用"盘点商品实际进销差价计算法"。

(一)综合差价率计算法

综合差价率计算法是根据月末调整前"商品进销差价"科目余额和"库存商品"、"受托代销商品"科目余额及本月商品销售额(含税)计算综合差价率,并按商品的存销比例,分摊商品进销差价的方法。其计算程序为:

1. 计算本月存销商品的综合差价率:

综合差价率 =[月末分摊前"商品进销差价"科目余额 ÷(月末"库存商品"科目余额 +
月末"受托代销商品"科目余额 + 本月商品销售额(含税)]×100%

2. 计算本月销售商品应分摊的进销差价:

本月销售商品应分摊的进销差价 = 本月商品销售额(含税)× 综合差价率

3. 计算月末库存商品应保留的进销差价:

月末库存商品应保留的进销差价 = 月末分摊前"商品进销差价"科目余额 −
本月销售商品应分摊的进销差价

【例 6 − 16】昆仑商场 2 × 16 年 3 月末"商品进销差价"科目余额为 248 788 元,"库存商品"科目余额为 566 500 元,本月商品销售额(含税)为 588 000 元。根据上述资料计算已销商品应分摊的进销差价如下:

综合差价率 = 248 788 ÷(566 500 + 588 000)× 100% = 21.55%

销售商品应分摊的进销差价 = 588 000 × 21.55% = 126 714(元)

为了方便记账,编制结转销售商品应分摊的进销差价的会计分录时,应先编制"已销商品进销差价计算表"(见表 6 − 7)。

表6-7　已销商品进销差价计算表

2×16年3月31日　　单位:元

月末商品进销差价科目余额	按售价计算的全部商品		商品进销差价		
	本月销售总额	月末库存商品金额	综合差价率	已销商品应摊金额	库存商品应摊金额
248 788	588 000	566 500	21.55%		126 714

根据计算表编制结转已销商品实现进销差价的会计分录。会计分录的编制依据企业结转主营业务成本时间的不同,有以下两种方法:

1. 平时按商品售价结转成本的企业,月终将计算出的本月应分摊已销商品实现的进销差价冲减多转销售成本和已实现差价,并编制如下会计分录:

借:商品进销差价　　126 714

　贷:主营业务成本　　126 714

经过上述转账之后,"主营业务成本"科目余额即为已销商品进价成本,"商品进销差价"科目余额亦即期末库存商品包括受托代销商品的进销差价。

2. 平时不随商品销售结转成本的企业(如经营书刊发行企业),月终应同时核销已销商品进销差价和结转成本,并编制如下会计分录:

借:主营业务成本　　461 286

　商品进销差价　　126 714

　贷:库存商品　　588 000

经过以上结转,将"主营业务成本"科目中的平时结转的含税售价成本调整成为不含税的实际成本;"商品进销差价"科目余额亦调整成为库存商品(包括不采用收取手续费方式代销的受托代销商品)应保留的进销差价。

综合差价率计算法比较简单,但由于不同类别商品进销差价率不同,有的甚至差别很大,这种综合计算的结果就不能反映各类商品的差别,也影响已销商品应分摊进销差价和库存商品价值计算的精确性。

(二)分类(或柜组)差价率计算法

"分类(或柜组)差价率计算法"仍然是一种综合差价率计算法,只不过把综合计算的范围按商品类别(或柜组)划小,计算分类(或柜组)差价率和已销售商品应分摊的进销差价。采用这种方法,"商品进销差价"、"库存商品"、"主营业务收入"和"主营业务成本"科目均应按商品大类或柜组分户设置明细账。

【例6-17】承例6-16。假定该企业设有四个营业柜组,2×16年3月31日末"商品进销差价"、"库存商品"科目有关明细账余额和各组本月商品销售额(含税)资料见表6-8,根据所列资料计算已销商品应分摊的进销差价见表6-9。

表 6-8

组　别	"商品进销差价"科目余额	"库存商品"科目余额	本月商品销售额(含税)
百货组	48 666	133 000	80 640
交电组	82 840	188 800	208 000
鞋帽组	43 520	139 420	75 200
服装组	73 762	105 280	224 160
合　计	248 788	566 500	588 000

表 6-9　商品进销差价分摊计算表

2×16 年 3 月 31 日

组别	商品进销差价(分摊前)	按含税售价计算的全部商品		商品进销差价		
		月末"存商品"余额	本月商品销售额(含税)	差价率	已销商品应分摊差价	库存商品应保留差价
	(1)	(2)	(3)	$(4)=\frac{(1)}{(2)+(3)}$	(5)=(3)×(4)	(6)=(1)-(5)
百货组	48 666	133 000	80 640	22.78%	18 369.79	30 296.20
交电组	82 840	188 800	208 000	22.78%	43 430.40	39 409.60
鞋帽组	43 520	139 420	75 200	20.28%	15 250.56	28 269.44
服装组	73 762	105 280	224 160	22.39%	50 189.42	23 572.58
合计	248 788	566 500	588 000	—	127 240.17	121 547.82

根据以上计算结果,编制如下会计分录:

借:商品进销差价——百货组　　18 369.79
　　　　　　　　——交电组　　43 430.40
　　　　　　　　——鞋帽组　　15 250.56
　　　　　　　　——服装组　　50 189.42
　贷:主营业务成本——百货组　　18 369.79
　　　　　　　　——交电组　　43 430.40
　　　　　　　　——鞋帽组　　15 250.56
　　　　　　　　——服装组　　50 189.42

采用分类(或柜组)差价率计算法,计算的结果较综合差价率计算法准确,但由于同类(或柜组)商品不同品种的进销差价还可能不一致,存销比例也不尽相同,所以,仍与已销商品应分摊的实际进销差价有一定差距。为了真实反映库存商品和销售商品的进销差价,正确核算盈亏,年终应采用"盘点商品实际进销差价计算法",对商品的进销差价进行一次核实调整。

(三)盘点商品实际进销差价计算法

“分类(或柜、组)差价率计算法”计算结果虽较“综合差价率计算法”准确,但与实际比较仍有一定差距。为正确反映库存商品结存金额和已销商品的进销差价,正确核算盈亏,凡采用售价核算企业,在年终决算前还应对商品的进销差价运用“盘点商品实际进销差价计算法”进行一次核实调整。盘点商品实际进销差价计算法是根据年末库存商品实际盘点结果,计算出全部(或大类)商品应保留的实际进销差价,调整库存商品进销差价使其符合实际的方法。具体做法如下:

1. 根据年末各种商品的盘存数量和进货单价,逐一计算出各种商品的进价金额。

2. 加计各种商品进价金额,计算各类或全部库存商品的进价金额。

3. 用库存商品总账或类目账的账面售价金额减去全部(或各类)结存商品的进价金额,求出全部或大类结存商品应保留的进销差价。

4. 以“商品进销差价”科目总账或明细账年终调整前账面的余额,减去全部(或大类)结存商品应保留的进销差价,其差额即为应转账调整的全部(或大类)进销差价数额。如“商品进销差价”科目余额大于库存商品应保留的进销差价,说明平时少转了进销差价,应编制借记“商品进销差价”和贷记“主营业务成本”科目的会计分录,予以补转;反之,说明平时多转了进销差价,应编制借记“主营业务成本”和贷记“商品进销差价”科目的会计分录,予以转回。

【例 6 - 18】某零售商业企业平时采用分类(柜组)差价率计算法计算已销商品应分摊的进销差价,年终盘点后根据“商品盘点表”计算库存商品应保留进销差价为 35 600 元,“商品进销差价”科目月末余额为 36 800 元,大于实际应保留的商品进销差价 1 200 元,说明平时少转了商品进销差价,多计了商品成本,应予以调整。该企业应编制如下会计分录:

借:商品进销差价　　1 200

　贷:主营业务成本　　1 200

相反,如果核实的商品进销差价大于“商品进销差价”科目的余额,说明平时按差价率计算,分摊进销差价时,多转了进销差价少计了主营业务成本,应作与上述相反的会计分录,予以调整。

例如,假定例 6 - 18 中的“商品进销差价”科目月末余额为 35 000 元,比实际应保留的商品进销差价少 600 元,说明平时多转了商品进销差价,少计了主营业务成本,应编制如下会计分录予以调整:

借:主营业务成本　　600

　贷:商品进销差价　　600

应当指出,采用盘点商品实际进销差价计算法,使企业的商品销售成果及库存商品应保留的进销差价计算得较准确,但工作量比较繁重。在实际工作中,往往将

12 月份应结转的进销差价与年终盘点商品实际进销差价结合进行。

六、图书发行企业商品购销的核算

(一)图书发行企业商品购进核算的特点

图书发行企业实行售价金额核算,对购进图书商品均按图书码价核算和记账。"图书码价"是指图书定价的总和,也称图书售价,是由出版社根据国家规定的图书定价标准(印在每本书的版权页和封底上)决定发行的定价。在图书码价基础上,按一定比例享受的进货折扣部分属于商品进销差价,在"商品进销差价"科目核算;码价与折价的差额,即图书商品的实价。

【例 6－19】某新华书店由海洋出版社购进图书一批,码价为 40 000 元,出版社按码价的 78% 收取货款,新华书店得到 22% 的进货折扣,实付价款 31 200 元以银行存款支付,图书已交书店自然科学柜组验收。财会部门根据有关凭证,编制如下会计分录:

借:在途物资——海洋出版社	31 200	
贷:银行存款		31 200
同时:		
借:库存商品——自然科学组	40 000	
贷:商品进销差价——自然科学组		8 800
在途物资——海洋出版社		31 200

(二)图书发行企业商品销售核算的特点

图书发行企业销售的商品时效性很强。故企业应根据商品这一特性,采取多种销货方式,如通过门市、流动供应、机关服务、邮寄代销和特约经销,及时地将商品销售出去。图书发行企业销售商品的货款结算以现金直接交易为主,少数对机关、团体或企业的销售业务可采用转账结算方式结算货款。

根据码价核算制的要求,商品销售时,按销售商品的码价(售价),借记"银行存款"科目,贷记"主营业务收入"科目。平时销售商品不直接冲减"库存商品"、"商品进销差价"和逐笔结转"主营业务成本"科目。日常"主营业务收入"科目贷方金额,包含着主营业务收入增加和库存商品减少的意义。月终,通过"固定折扣率法"或"账面折扣率法"计算主营业务成本,并注销"库存商品"和已销商品的进销差价。

固定折扣率法是按销售图书的码价和规定的折扣率计算其销售成本的一种方法。

【例 6－20】某图书发行企业本月销售图书码价 16 000 元,月末按固定折扣率 28% 计算主营业务成本。则

$$\text{主营业务成本} = 16\ 000 \times 78\% = 12\ 480(\text{元})$$

已销商品进销差价 = 16 000 - 12 480 = 3 520(元)

月末根据计算结果,编制如下会计分录:

借:商品进销差价——某实物负责人　　3 520

　主营业务成本——某实物负责人　　12 480

　贷:库存商品——某实物负责人　　16 000

如果企业采用“账面折扣率”计算主营业务成本,要按照“商品进销差价”、“库存商品”两科目的期末余额之比确定折扣率。确定主营业务成本的计算公式为:

本期主营业务成本 = 本期销售总码价 ×(1 - 商品进销差价期末余额 ÷ 库存商品期末余额)

第二节　零售商品的进价金额核算

虽然售价金额核算法是零售企业的基本核算方法,但某些零售企业因其业务特点,不宜实行售价金额核算。例如,某些零售企业所经营的商品品质鲜嫩、季节性强、上市时间集中、容易腐烂变质、不易保管、损耗较大,企业购进这些商品之后,有的还要经过清洗、加工和分级后,按质论价销售,并且商品的销售价格要随商品的新鲜程度进行调整,价格变动比较频繁。若采用售价金额核算,工作量比较繁重,可采用进价金额核算。

一、零售商品进价金额核算的基本内容

进价金额核算是对库存商品的总分类核算和明细分类核算都按进价金额记账而不实行数量核算的一种方法。其基本内容是:①商品购进后,按原进价总金额记入“库存商品”科目,同时按实物负责人分户设置明细分类账,该账只记金额,不计数量,不设“商品进销差价”科目。②商品销售后,按销货收入贷记“主营业务收入”科目,平时不结转销售成本,售出的商品也不从“库存商品”科目内随时转出,而是分批或定期结转。③商品价格变动、等级变化和一般损耗,财会部门不作账务处理。但发生事故损失时,应查明原因,按财产损失规定处理。④月末或分批计算销售成本时,通过实地盘点,用最后一次进价计算库存商品总金额,倒挤销货成本,一次结转。⑤库存商品的明细核算一般有两种做法:一是按实物负责人分户设立库存商品明细账;二是财会部门不设置库存商品明细账,直接用“商品进销存日报表”代替库存商品明细账,控制实物负责人所负责的库存商品进价金额。由于平时商品销售后不按日结转主营业务成本,并注销实物负责人的库存商品金额,因此,库存商品明细账平日结存金额不反映实物负责人所负责的商品金额,只有当结转主营业务成本后,库存商品明细账的金额才反映实物负责人负责的库存商品的进价金额。

二、零售商品进价金额核算的账务处理

【例6－21】2×16年5月末某副食品商场蔬菜组“库存商品”科目进价余额为435元。该年6月份发生下列经济业务（不考虑增值税）：

（1）5日进货按进价计算为700元，货款用银行存款付清，蔬菜已由小组验收并将“发货票”和“支票存根”随“商品进销存日报表”送来。经财会部门审核无误后，编制如下会计分录：

借：在途物资——蔬菜　　700
　贷：银行存款　　700
借：库存商品——蔬菜组　　700
　贷：在途物资——蔬菜　　700

设本月份按进价计算进货总额为11 700元。

（2）15日销货收入为800元，货款已送存银行，银行送款簿（回单）随“商品进销存日报表”送来，经财会部门审核无误后，编制如下会计分录：

借：银行存款　　800
　贷：主营业务收入　　800

设本月销货累计收入为13 800元。

（3）月末进行商品盘点，按最后一次进价计算库存商品余额为648元。根据公式倒挤本月销货成本计算如下：

$$\begin{matrix}\text{期初库存商品}\\\text{进价余额 435 元}\end{matrix}+\begin{matrix}\text{本期进货进价}\\\text{总额 11 700 元}\end{matrix}-\begin{matrix}\text{期末库存商品}\\\text{余额 648 元}\end{matrix}=\text{本期销货成本 11 487 元}$$

财会部门根据商品盘点表和计算结果，结转销售成本：

借：主营业务成本——蔬菜组　　11 487
　贷：库存商品——蔬菜组　　11 487

为考核蔬菜组本月份的经营情况，可根据主营业务收入13 800和主营业务成本11 487元计算本期销售毛利和毛利率，其计算程序如下：

$$\text{蔬菜组本月销售毛利}=13\ 800-11\ 487=2\ 313(\text{元})$$

$$\text{蔬菜组本月销售毛利率}=\frac{2\ 313}{13\ 800}\times100\%=16.76\%$$

第三节　零售商品特殊销售方式的核算

一、以旧换新销售

以旧换新销售，是指销售方在销售商品的同时回收与所售商品相同的旧商品。即消费者在购买新商品时，如果能把同类旧商品交给商店，就能折扣一定的价款，

旧商品起着折价券的作用；如果消费者不能提交旧商品，新商品就只能以原价售出。

在这种销售方式下，新产品按正常价格销售，企业确认收入和相关税费，贷记“主营业务收入”、“应交税费——应交增值税（销项税额）”等科目；购买方以旧产品换购新产品，旧产品按一定的标准作价抵销新产品的价款；企业回收的商品作为购进商品处理，借记“库存商品”等科目。

【6－22】2×16 年 9 月份，某商场对某品牌彩色电视采取以旧换新的方式销售，旧货折价每台600 元，新彩色电视售价4 446 元（含税），进价成本3 500 元。当月该商场以旧换新销售彩色电视 100 台。该企业对库存商品采用进价金额核算。编制会计分录如下：

（1）确认收入和回收商品成本：

借：库存现金	384 600	
库存商品	60 000	
贷：主营业务收入		380 000
应交税费——增值税（销项税额）		64 600

（2）结转销售彩色电视进价成本：

借：主营业务成本	350 000	
贷：库存商品——彩色电视		350 000

二、购物赠券或授予奖励积分销售

购物赠券销售，是指商品销售企业在客户购物时，可能向客户赠送在下次购物时使用的抵扣券或授予奖励积分，对赠送的“下次抵扣券” 或授予奖励积分设定一定的使用期限，到期后赠券失效或积分失效。采用购物赠券授予奖励积分方式促销的商品多为利润较高的商品，通过赠券授予奖励积分让利方式，可提高商品销售量。购物赠券或授予奖励积分业务，从商品销售企业的角度看，实际包括销售商品和承担一项未来义务；从客户的角度看，则是以一笔价款同时购买了商品和“下次抵扣券”或奖励积分。

（一）购物赠券销售的核算

商品流通企业购物赠券销售业务应按如下原则进行处理：赠送抵扣券时，将收到的货款在已实现商品销售收入和抵扣券公允价值之间进行分配，其中，已实现商品销售收入对应金额应确认为收入，抵扣券对应金额确认为递延收益；客户使用抵扣券或抵扣券到期时，将对应抵扣券金额自递延收益结转确认为收入。

【例 6－23】[①]2×16 年 5 月 1 日，国内某大型超市进行“五一劳动节”促销活

① 根据夏自李等：《商品销售企业购物赠券业务的财税处理》，财务与会计，2012 11. 改编。

动。促销方案为：凡购买超市内厨房用具达到499元，即赠送抵扣券100元；超过499元，每满200元多赠送50元。该抵扣券在当次购买时不可使用，客户可在2×16年6月30日前购买超市内任意厨房用具时，按抵扣券票面金额抵减等值商品价款。5月1日当天，该超市收银系统收到厨房用具销售款共计10 000 000元（含税），赠送厨具类抵扣券共计1 000 000元。据销售部门统计，2×15年，同类厨房用具相同促销政策的抵扣券平均兑换率为65%。2×16年5月，厨具类抵扣券实际兑换300 000元。2×16年6月，厨具类抵扣券实际兑换250 000元。

1. 商品销售收入及递延收益的确认。2×16年5月1日，超市应确认当日厨具类销售收入及递延收益。

①按销售厨具公允价值及赠送抵扣券公允价值分摊销售价款：

已实现销售收入应分摊比例 = [10 000 000 ÷ (1 + 17%)] ÷ [10 000 000 ÷ (1 + 17%) + 100 × 65%] × 100% = 92.93%

赠送抵扣券应分摊比例 = 100 × 65% ÷ [10 000 000 ÷ (1 + 17%) + 100 × 65%] × 100% = 7.07%

②按分摊比例确认厨具类销售收入及抵扣券递延收益：

应确认厨具类销售收入 = [10 000 000 ÷ (1 + 17%)] × 92.93% = 7 942 700(元)

应确认递延收益 = [10 000 000 ÷ (1 + 17%)] × 7.07% = 604 300(元)

③计算应交增值税销项税额：

厨具类应交增值税销项税额 = 10 000 000 ÷ (1 + 17%) × 17% = 1 453 000(元)

④根据上述计算结果，对厨具类销售收入及递延收益编制会计分录如下：

借：银行存款　　10 000 000

　贷：主营业务收入——厨具类　　7 942 700

　　应交税费——应交增值税——销项税额　　1 453 000

　　递延收益——赠券活动——厨具类　　604 300

2. 递延收益的结转。2×16年5月31日，超市应当按实际已兑换抵扣券结转递延收益。5月31日，厨具类抵扣券递延收益余额 = (1 000 000 - 300 000) × 65% = 455 000(元)，5月份应结转厨具类抵扣券递延收益金额 = 604 300 - 455 000 = 149 300(元)。编制会计分录如下：

借：递延收益——赠券活动——厨具类　　149 300

　贷：主营业务收入　　149 300

此外，当月增值税纳税申报时，注明厨具类销售折扣为300 000元。

3. 递延收益的终止确认。首先，2×16年6月30日，超市应当按实际已兑换抵扣券结转递延收益。6月30日，厨具类抵扣券递延收益余额 = (1 000 000 - 300 000 - 250 000) × 65% = 292 500(元)，6月份应结转厨具类抵扣券递延收益金额 = 455 000 - 292 500 = 162 500(元)。然后，因厨具类抵扣券于2×16年6月30日到期，超市应当将未兑换厨具类抵扣券的递延收益余额，即292 500元，全部结转计入收入。

借:递延收益——赠券活动——厨具类　　455 000

　贷:主营业务收入　　455 000

（二）销售商品的同时授予客户奖励积分的核算

在销售产品或提供劳务的同时,应当将销售取得的货款或应收货款在本次商品销售或劳务提供产生的收入与奖励积分的公允价值之间进行分配,将取得的货款或应收货款扣除奖励积分公允价值的部分确认为收入,奖励积分的公允价值确认为递延收益。奖励积分的公允价值为单独销售可取得的金额。

获得奖励积分的客户满足条件时有权利取得授予企业的商品或服务,在客户兑换奖励积分时,授予企业应将原计入递延收益的与所兑换积分相关的部分确认为收入,确认为收入的金额应当以被兑换用于换取奖励的积分数额占预期将兑换用于换取奖励的积分总数的比例为基础计算确定。获取奖励积分的客户满足条件时有权利取得第三方提供的商品或劳务的,如果授予企业代表第三方归集对价,授予企业应在第三方有义务提供奖励且有权接受因提供奖励的计价时,将原计入递延收益的金额与应支付给第三方的价款之间的差额确认为收入;如果授予企业自身归集对价,应在履行奖励义务时按分配至奖励积分的对价确认收入。企业因提供奖励积分而发生的不可避免成本超过已收和应收对价时,应按“或有事项”准则有关亏损合同的规定处理。

【例6-24】20×16年1月1日,甲商业公司董事会批准了管理层提出的客户忠诚度计划。该客户忠诚度计划为:办理积分卡的客户在甲商业公司消费一定金额时,甲商业公司向其授予奖励积分,客户可以使用奖励积分(每一奖励积分的公允价值为0.01元)购买甲公司经营的任何一种商品;奖励积分自授予之日起3年内有效,过期作废;甲商业公司采用先进先出法确定客户购买商品时使用的奖励积分。

2×16年度,甲商业公司销售各类商品共计700 000 000元(不包括客户使用奖励积分购买的商品,下同),授予客户奖励积分共计700 000 000分,客户使用奖励积分共计360 000 000分。2×16年末,甲商业公司估计2×16年度授予的奖励积分将有60%使用。不考虑增值税以及其他因素。

(1)2×16年度甲商业公司有关项目的计算结果:

公司授予奖励积分的公允价值=700 000 000×0.01=7 000 000(元)

公司因销售商品应当确认的销售收入=700 000 000-7 000 000=693 000 000(元)

公司因客户使用奖励积分应当确认的收入=被兑换用于换取奖励的积分数额/预期将兑换用于换取奖励的积分总数×递延收益余额

=36 0 000 000/(700 000 000×60%)×7 000 000

=6 000 000(元)

(2)甲商业公司编制会计分录如下:

借:银行存款 700 000 000
　贷:主营业务收入 693 000 000
　　递延收益 7 000 000
借:递延收益 6 000 000
　贷:主营业务收入 6 000 000
或:客户兑换积分时:
借:递延收益 (360 000 000 × 0.01)3 600 000
　贷:主营业务收入 3 600 000
年末,按照预期将兑换用于换取奖励的积分总数调整收入:
借:递延收益 (6 000 000 - 3 600 000)2 400 000
　贷:主营业务收入 2 400 000

【例6-25】承例6-24。2×16年度,甲公司销售各类商品共计100 000 000元(不包括代理乙公司销售的A商品),授予客户奖励积分共计100 000 000分,客户使用奖励积分400 000 000分。2×16年末,甲公司估计2×16年度授予的奖励积分将有70%使用。不考虑增值税以及其他因素。甲公司应编制如下会计分录:

(1)2×16年度甲商业公司有关项目的计算结果:

公司授予奖励积分的公允价值 = 100 000 000 × 0.01 = 1 000 000(元)

公司因销售商品应当确认的销售收入 = 100 000 000 - 1 000 000 = 99 000 000(元)

公司因客户使用奖励积分应当确认的收入 = 1 000 000 + (400 000 000 - 1 000 000/0.01)/(100 000 000 × 70%) × 10 000 000
= 5 285 700(元)

借:银行存款 100 000 000
　贷:主营业务收入 99 000 000
　　递延收益 1 000 000
借:递延收益 5 285 700
　贷:主营业务收入 5 285 700
或:客户兑换积分时:
借:递延收益 (400 000 000 × 0.01)4 000 000
　贷:主营业务收入 4 000 000

三、具有融资性质分期收款销售商品的核算

分期收款销售商品,是指商品已经交付,货款分期收回。分期收款销售的商品主要是房产、汽车、重型设备等价值较高的商品等。一般来说,分期收款销售商品的收款期限较长,如果延期收取的货款具有融资性质,其实质是企业向购货方提供信贷时,企业应当按照应收的合同或协议价款的公允价值确定收入金额。应收的

合同或协议价款的公允价值，通常应当按照其未来现金流量现值或商品现销价格计算确定。而对于应收的合同或协议价款与其公允价值之间的差额，应当在合同或协议期间内，按照应收款项的摊余成本和实际利率计算确定的金额进行摊销，作为财务费用的抵减处理。应收的合同或协议价款与其公允价值之间的差额，按照实际利率法摊销与直线法摊销结果相差不大的，也可以采用直线法进行摊销。

需要说明的是，这里的“实际利率”是指具有类似信用等级的企业发行类似工具的现时利率，或者将应收的合同或协议价款折现为商品现销价格时的折现率等。

企业确认具有融资性质分期收款销售商品的收入时，企业应按应收合同或者协议的价款，借记“长期应收款”科目；按应收合同或者协议价款的公允价值（折现值），贷记“主营业务收入”科目；按其差额，贷记“未实现融资收益”科目。在合同或者协议期间内，企业按“实际利率法”计算并分期摊销融资费用时，借记“未实现融资收益”科目，贷记“财务费用”科目。

【例 6－26】甲批发公司与乙公司签订销售合同，年初售出大型设备 10 套，其合同价格总额为 100 000 000 元，合同约定采用分期收款方式，从销售当年开始，每年年末收取 20 000 000 元，连续 5 年，共计 100 000 000 元。不考虑增值税。如果乙公司在购买当日一次性支付货款则只需付 80 000 000 元。

解析：根据上述资料，应收合同价款总额为 100 000 000 元的公允价值可以认定为 80 000 000 元，商品销售收入的金额则按 80 000 000 元入账，并据以计算该项应收账款的实际利率。

已知年金（A）＝20 000 000 元，期数（N）＝5 年，年金现值（P）＝80 000 000 元，年金现值系数＝（P/A，I，5），则有：

$$8000/2000=4$$

查年金现值系数表得知：（P/A，6，5）＝4.212 4　（P/A，8，5）＝3.992 7

用插值法计算得出　$实际利率\ I=6\%+\frac{(4.2124-4)}{(4.2124-3.9927)}\times(8\%-6\%)\approx7.93\%$

应收金额与公允价值的差额 2000 万元，应采用实际利率法于每期期末进行摊销，每期摊销额的计算如表 6－10 所示。

表 6－10　财务费用和已收本金计算表　　单位：元

	未收的本金（A＝A－C）	收取的利息（B＝A×7.93%）	收取的本金（C＝D－B）	收取的本利和（D）
销售日	80 000 000	0	0	0
第一年末	80 000 000	6 340 000	13 660 000	20 000 000
第二年末	60 634 000	5 260 000	14 740 000	20 000 000
第三年末	51 600 000	4 100 000	15 900 000	20 000 000

续表

	未收的本金（A＝A－C）	收取的利息（B＝A×7.93%）	收取的本金（C＝D－B）	收取的本利和（D）
第四年末	35 700 000	2 830 000	17 170 000	20 000 000
第五年末	18 530 000	1 470 000	18 530 000	20 000 000
总额		20 000 000	80 000 000	100 000 000

甲批发公司编制会计分录如下：

(1)售出商品时：

借:长期应收款　100 000 000

　贷:主营业务收入　80 000 000

　　未实现融资收益　20 000 000

(2)第 1 年末：

借:银行存款　20 000 000

　贷:长期应收款　20 000 000

同时,对应收金额与公允价值的差额(未确认融资收益)进行摊销：

借:未实现融资收益　6 340 000

　贷:财务费用　6 340 000

从第 1 年末到第 4 年末,账务处理相同,只是金额不同。

(3) 第 5 年末：

借:银行存款　20 000 000

　贷:长期应收款　20 000 000

借:未实现融资收益　1 470 000

　贷:财务费用　1 470 000

思考题与练习题

一、思考题

1. 零售企业实行售价金额核算,商品购进、销售核算的主要特点是什么?

2. 零售企业实行进价金额核算,商品购进、销售核算的主要特点是什么?

二、练习题

某大型商业超市为增值税一般纳税企业,适用的增值税税率为 17%。2×15 年 8 月,其发生商品购销业务如下：

(1)10 日,购进饮料一批,增值税发票注明,价款 12 000 元、增值税 2040 元。

饮料已经验收入库，货款尚未支付。已知，该批饮料的含税销售价格为 15 600 元。编制购进商品的会计分录。

(2)25 日，销售彩电 3 台，每台含税售价 1 404 元，共收到现金 4 212 元，存入银行。编制销售商品的会计分录。

(3)31 日，本月超市销售商品合计 351 000 元(含税)，增值税率 17%。已知销售商品的综合进销差价率为 24%。月末，计算并扣除增值税销项税额，结转已销商品应分摊的进销差价。

第七章　商品流通企业库存商品加工、出租和周转材料的核算

学习要点

本章主要介绍了商品流通企业商品加工、商品出租和周转材料的核算。通过本章的学习，应了解商品加工、商品出租的内容，掌握商品流通企业商品加工、商品出租和周转材料的会计处理方法。

第一节　库存商品加工的核算

商品流通企业加工商品有委托加工和自行加工两种形式。委托加工商品是商品流通企业将库存商品作为原材料，委托其他企业加工，并按一定标准付给加工费，到期收回成品的业务。自行加工是商品流通企业所属有关部门组织人力和设备自行委托加工商品的业务。

一、委托加工商品的核算

商品流通企业在商品进行委托加工前，必须与加工企业签订合同，订明加工商品的品种、规格、数量、原材料耗用定额、交货期限、加工费标准及结算方式等，作为双方执行的依据。企业根据合同规定将商品作为原材料拨付加工时，应由业务部门填制“委托加工商品发料单”一式数联，通知仓库发货。委托加工业务在会计处理上主要包括拨付加工商品、支付加工费用和税金、收回加工商品和剩余物资等几个环节。

商品流通企业应设置“委托加工物资”科目核算企业委托外单位加工的各种商品的实际成本。该科目借方登记企业发给外单位加工的物资或商品、支付的加工费及受托方代收代交的消费税；贷方登记加工完成验收入库的商品和剩余物资的实际成本；期末借方余额，反映企业委托外单位加工但尚未加工完成物资的实际成本和发出加工物资的运杂费等。其明细科目账应按加工合同和受托加工单位设置。

（一）拨付委托加工商品的核算

商品流通企业发给外单位加工的商品，应将商品实际成本由“库存商品”科目

转入“委托加工物资”科目，借记“委托加工物资”科目，贷记“库存商品”科目。

（二）支付加工费、增值税的核算

商品流通企业支付的加工费、应负担的运杂费和增值税等，借记“委托加工物资”、“应交税费——应交增值税（进项税额）”科目，贷记“银行存款”等科目。

（三）交纳消费税的核算

根据消费税有关规定，需要交纳消费税的委托加工商品，由受托方代收代交消费税。委托加工的物资收回后直接用于销售的，委托方应将受托方代收代交的消费税计入委托加工商品的成本，借记“委托加工物资”科目，贷记“应付账款”、“银行存款”等科目。

（四）加工完成收回加工物资的核算

商品流通企业加工完成验收入库的商品和剩余的物资核算方法，根据企业采用商品核算方法不同而有所不同：

1. 采用售价金额核算的商品流通企业，按加工收回商品的售价，借记“库存商品”等科目；按实际成本与售价之间的差异，贷记“商品进销差价”科目；按加工收回物资的实际成本，贷记“委托加工物资”科目。

2. 采用进价金额核算的商品流通企业，按加工收回物资的实际成本和剩余物资的实际成本，借记“库存商品”等科目；按加工收回物资的实际成本，贷记“委托加工物资”科目。

【例 7 – 1】某零售企业库存商品采用售价金额核算。2 ×16 年 3 月 10 日，该企业与儿童服装厂签订加工合同，委托儿童服装厂加工童装 350 套，每套用面料 1.5 米，共计 525 米，每米进价 6 元，售价 7.20 元。该企业应编制如下会计分录：

（1）拨付委托加工物资：

借：委托加工物资——儿童服装厂——童装　　3 150
　　商品进销差价——布匹组　　630
　贷：库存商品——布匹组　　3 780

（2）按合同规定，每套服装支付加工费 5 元，共计 1 750 元，另付增值税 297.5 元，款项以银行存款付讫：

借：委托加工物资——儿童服装厂——童装　　1750
　　应交税费——应交增值税（进项税额）　　297.5
　贷：银行存款　　2047.5

（3）计算收回加工童装成品的加工成本：

$$总成本 = 3\ 150 + 1\ 750 = 4\ 900（元）$$

$$单位成本 = 4\ 900 \div 350 = 14（元）$$

（4）经定价，每套童装售价为 17 元，总售价为 5 950 元，收回加工成品交服装组验收：

借：库存商品——服装组　　5 950
　贷：商品进销差价——服装组　　1 050
　　委托加工物资——儿童服装厂——童装　　4 900

二、自行加工商品的核算

零售企业自行加工商品业务，一般是由企业所属不独立核算单位进行的。自行委托加工商品业务所发生的支出，可通过“库存商品——自行加工商品”科目核算，也可单独设置“委托加工物资”科目核算。发生的委托加工商品支出，如工资及其他加工费用等，能够确认由哪批委托加工商品负担的，直接记入该批委托加工商品的加工成本，借记“库存商品——加工商品”科目，贷记“应付职工薪酬”、“银行存款”等科目；不能够直接确认由哪些委托加工商品负担的混合费用，先记入“其他业务成本”科目，借记“其他业务成本”科目，贷记“应付职工薪酬”、“材料物资”、“银行存款”等科目。期末，按一定的标准分配转账，属于某批委托加工商品应负担的部分，记入该批委托加工商品的成本，借记“委托加工物资”科目，贷记“其他业务成本”科目。“其他业务成本”科目是损益类科目，核算企业确认的除主营业务活动以外的其他经营活动所发生的支出，包括销售材料的成本、出租固定资产的折旧额、出租无形资产的摊销额、出租包装物的成本或摊销额等。

该科目借方登记企业发生的其他业务成本；贷方登记期末其他业务成本转入本年利润的金额；结转后，该科目期末无余额。

需要说明的是，除主营业务活动以外的其他经营活动发生的相关税费，在“税金及附加”科目核算；采用成本模式计量投资性房地产的，其投资性房地产计提的折旧额或摊销额，也通过本科目核算。其明细账应按照其他业务的种类等设置。

第二节　出租商品的核算

出租商品业务是将商品出租，收取租金以取得租赁收入的业务。出租商品业务一般是零售业的附带经营业务。商品流通企业出租商品时，应与承租企业或个人签订协议，或由承租人签字确认；若有必要还应签订合同，同时收取押金。收回出租商品时，商品流通企业要计收租金收入，同时退还押金。对收回的出租商品，业务人员应进行验收，若发现损坏，应由承租人赔偿。

一、出租商品的核算

商品流通企业出租商品，其所有权并未转移。为正确反映出租商品情况，应设置“出租商品”科目核算租出商品的进货原价。出租商品业务不多的企业，出租商品可在“库存商品”科目核算，不设置“出租商品”科目。

商品流通企业的库存商品转作出租商品时，借记“出租商品”，贷记“库存商品”；库存商品按售价核算的企业，还应当同时结转商品进销差价。将库存商品转作出租商品时，按商品进价，借记“出租商品”科目；按出租商品售价，贷记“库存商品”科目；按出租商品售价与进价的差额，借记“商品进销差价”科目。

【例7－2】某百货商场自行车组兼营自行车出租业务，本月由仓库拨出福山牌自行车10辆作为出租使用。该车每辆进价245元，零售价为289元。财会部门根据“商品内部调拨单”等凭证编制如下会计分录：

借：出租商品	2 450	
商品进销差价——自行车组	440	
贷：库存商品——自行车组		2 890

二、出租商品押金的核算

商品流通企业出租自行车收取押金时，借记“银行存款”科目，贷记“其他应付款”科目。

【例7－3】资料承例7－2。根据租赁协议规定，每辆自行车收取押金150元，押金总额1 500元，收款并存入银行。财会部门应编制如下会计分录：

借：银行存款	1 500	
贷：其他应付款		1 500

三、出租商品租金的核算

商品流通企业出租商品，计收租金收入时，借记“银行存款”或“应收账款”科目，贷记“其他业务收入”科目。

“其他业务收入”科目核算商品流通企业除商品销售以外的其他销售或其他业务收入，如材料物资及包装物销售、无形资产转让、固定资产出租、商品出租、包装物出租、运输和废旧物资出售收入等。该科目的贷方登记收入的增加，借方登记收入的减少；将收入结转“本年利润”科目后，本科目无余额。其明细账应按其他业务种类设置。

四、出租商品摊销的核算

商品流通企业将出租商品磨损的价值计入有关成本费用的过程，称为出租商品摊销。出租商品在使用过程中，因磨损价值不断减少。这部分出租商品摊销价值将从当期收入中得到补偿。出租商品摊销时，借记“其他业务成本”科目，贷记“出租商品”科目。出租商品摊销额的计算方法可采用分期（次）摊销法，即按出租商品的类别或品种，分别估计其使用期限（或次数）和预计残值，将其原进价与预计残值的差额分期（次）平均摊销的方法。

【例7-4】承例7-3。该企业出租的自行车按5个月进行分摊，每月应摊销额为490（2 450÷5）元。编制如下会计分录：

借：其他业务成本　　490

　贷：出租商品　　490

第三节　周转材料的核算

周转材料，是指企业能够多次使用、逐渐转移其价值但仍保持原有形态不确认为固定资产的材料。如企业为了包装本企业商品而储备的各种包装物，各种工具、管理用具、玻璃器皿、劳动保护用品以及在经营过程中周转使用的容器等低值易耗品。

需要说明的是，周转材料符合固定资产定义的，应当作为固定资产处理。

一、包装物的核算

（一）包装物的核算范围

包装物是指为了包装本企业商品而储备的各种包装容器，包括专为储备商品不随商品流转而转移的酒坛、油罐、糖缸等，专供包扎商品而一次耗用的纸绳、纸袋、纸盒等，还有随商品购销多次反复周转使用的麻袋、油桶、木箱等。

为了统一包装物的核算内容，按照规定属于包装物管理与核算范围的必须是随商品流转多次周转使用的自有包装物，包括：①用于包装商品，作为商品组成部分的包装物；②随同商品出售而不单独计价的包装物；③随同商品出售而单独计价的包装物；④出租或出借给购买单位使用的包装物。对于各种一次消耗性的包装材料，如纸、绳、铁丝、铁皮等，应作为材料物资核算；用于储存和保管商品而不对外出售的包装物，应按价值大小和使用年限长短，分别在"固定资产"或"低值易耗品"科目核算。单独列作企业商品的自制包装物，应作为库存商品处理。

商品流通企业应设置"包装物"科目核算包装物增减变动情况。该科目的借方登记购进、盘盈等原因增加的包装物；贷方登记领用、出售、摊销、报废、盘亏等原因减少的包装物；期末借方余额，反映企业库存未用包装物的实际成本。其明细账应按包装物的种类设置。

（二）包装物取得的核算

商品流通企业取得包装物有购进、腾空、自制加工和回收等形式。这里我们只介绍包装物的购进和回收的核算。

1.包装物购进的核算。商品流通企业购进包装物,分为单独购进和随货购进两种方式。随货购进又有单独计价和不单独计价之分。现分别说明其核算方法。

(1)单独购进包装的核算。商品流通企业单独购进的包装物,应按实际成本计价入账,其实际成本包括进价和运杂费等。如果运杂费数额较小,或难按品种划分,可在“销售费用”科目列支。

【例7-5】某商品流通企业购进包装用铁桶50个,共计3 000元,支付进项税额510元,发生运杂费50(不考虑增值税)元。铁桶已由仓库验收,其价税款及运杂费以银行存款支付。编制如下会计分录:

借:包装物——铁桶	3 050	
应交税费——应交增值税(进项税额)	510	
贷:银行存款		3 560

(2)随货购进包装物的核算。随货购进包装物分为单独计价和不单独计价两种情况。

商品流通企业随货购进单独计价包装物,应根据销货单位“发货票”所列的商品价格、包装物成本分别入账。对购进商品和包装物所发生的运杂费,若不易划分归属,可将其作为销售费用列账。

【例7-6】某商品流通企业购进一批商品计30 000元,随货购进木箱10个,计500元,应支付进项税额5 185元,发生运杂费100元,增值税进项税额为11元。商品及包装物一并验收入库,价税及运费以支票付清。该企业应编制如下会计分录:

借:在途物资——××单位——××类商品	30 000	
包装物——木箱	500	
应交税费——应交增值税(进项税额)	5 196	
销售费用——进货运杂费	100	
贷:银行存款		35 796

同时,编制商品入库的会计分录如下:

借:库存商品——××商品	30 000	
贷:在途物资——××单位——××类商品		30 000

随货购进不单独作价的包装物,其价款已包含在商品进价中,包装不单独核算,而在“库存商品”科目中反映。如果这些包装在销售商品时不随货出售,待腾空后应分别不同情况处理:凡仍可继续作为包装物使用的,按估价入账,借记“包装物”科目,贷记“其他业务收入”科目。

2.包装物回收的核算。包装物的回收有两种情况,一是商品流通企业自行回收复用,其核算方法与包装物单独购进相同,此处不再举例说明;二是商品流通企业代其他单位回收包装物,回收的包装物不作包装物购进处理。回收时所垫付的价款,以“其他应收款”科目反映,收取的回收手续费作“其他业务收入”处理。

【例7-7】某商品流通企业代制糖厂回收糖袋150条,每条回收价3元,共计450元,价款以现金付讫。该企业应编制如下会计分录:

借:其他应收款——某制糖厂　　450

　贷:库存现金　　450

代其他单位回收的包装物,虽不属于本企业所有,也不作为包装物核算,但为了保护包装物的安全,应将其记入备查簿,所以,在回收糖袋时,应按其价值,记:

借:代管商品物资——糖袋　　450

将回收的糖袋送交制糖厂,收到糖袋回收款及手续费(假定按回收款5%计算)时,编制如下会计分录:

借:银行存款　　472.50

　贷:其他业务收入——手续费收入　　22.50

　　其他应收款——某制糖厂　　450

同时,将代管商品物资表外科目核销,记:

　贷:代管商品物资——糖袋　　450

(三)包装物发出的核算

商品流通企业包装物的发出,有领用、出售等方式。

1. 包装物领用的核算。对领用的包装物应区别下列情况分别处理:随商品出售不单独计价的包装物,在领用时,借记“销售费用——包装费”科目,贷记“包装物”科目;随同商品出售单独计价的包装物,在领用时,借记“其他业务成本”科目,贷记“包装物”科目;周转用包装物,在领用时,作为移库转户处理,即由“包装物——在库包装物”转入“包装物——在用包装物”科目;对一经领用即消耗掉的包装物,在领用时,借记“销售费用——包装费”科目,贷记“包装物”科目。

2. 包装物出售的核算。商品流通企业包装物出售有单独出售和随货出售两种。

(1)单独出售。商品流通企业对经营过程中闲置或多余的包装物,为了避免资金积压,经批准,可以单独出售。出售包装物,属于企业的附营业务,其收入通过“其他业务收入”科目核算;而其销售成本则记入“其他业务成本”科目。

【例7-8】某商品流通企业经批准出售一批多余包装物,账面净值为500元,取得包装物收入560元,应收增值税95.20元,所收价税款当即存入银行。根据有关凭证,该企业应编制如下会计分录:

借:银行存款　　655.20

　贷:其他业务收入——出售包装物　　560

　　应交税费——应交增值税(销项税额)　　95.20

同时,结转包装物的成本:

借:其他业务成本——出售包装物成本　　500
　贷:包装物——库存包装物　　500

(2)包装物随货出售的核算。包装物随货出售有单独计价和不单独计价两种情况。单独计价随货出售的包装物应在发货票上分别列示商品、包装物的价格以及应收取的增值税,一并向购货的单位进行结算。

【例7-9】某商品流通企业出售商品一批,售价为30 000元,随货出售包装物的账面净值420元,售价为450元,应收取的增值税为5 176.5元,价税款已向银行办妥托收手续。根据有关凭证,该企业应编制如下会计分录:

借:应收账款——某购货单位　　35 626.50
　贷:主营业务收入——××商品类　　30 000
　　其他业务收入——出售包装物收入　　450
　　应交税费——应交增值税(销项税额)　　5 176.50

结转包装物成本时,编制如下会计分录:

借:其他业务成本——出售包装物成本　　420
　贷:包装物——库存包装物　　420

随货出售的包装物如果不单独计价,因其价值已含在商品价值中,故其在出售时,不作账务处理;若随货出售不单独计价的包装物,是从企业库存包装物中发出的,则应在出库时,按其成本,借记"销售费用"科目,贷记"包装物"科目。

(四)包装物摊销的核算

包装物在不断周转使用过程中,因磨损而逐渐减少其价值,将这部分减少的价值采用一定的方法计算摊入销售费用,即为包装物摊销。摊销数额计算正确与否,不仅影响包装物的实存数额,也关系到费用是否真实,进而影响当期损益。因此,应根据包装物的具体使用情况,采用适当的摊销方法,计算包装物摊销额。包装物摊销方法一般有降等摊销法、分次(分期)摊销法、按使用程度估价摊销法以及五五摊销法、一次转销法等。

1.降等摊销法。降等摊销法,是以包装物原账面等级金额与新鉴定等级之间的差额作为包装物摊销的一种方法。采用此法的企业,应合理规定包装物等级标准,并严格执行清查盘点制度,使计算出的摊销额比较符合实际。

【例7-10】某商品流通企业期初有一级铁桶200只,每只60元,共计12 000元。月底经实地盘点鉴定,其中80只降为2级,每只40元,降等差额1 600[(60-40)×80]元,作为包装物摊销。该企业应编制如下会计分录:

借:销售费用——包装费　　1 600
　包装物——在用包装物——二级铁桶　　3 200
　贷:包装物——在用包装物——一级铁桶　　4 800

由于降等摊销法事前统一规定包装物的等级,因此确定包装物的现值比较方便。但若企业包装物种类很多,要逐个鉴定新等级,其工作量繁重。所以,这种方法一般只适用于品种不多、数量较大、使用时间较长、等级容易划分的包装物。

2. 分次(分期)摊销法。分次(分期)摊销法,是指包装物的成本应当按照使用次数,分次摊入相关资产成本或当期损益的方法。其计算公式如下:

$$\text{某种包装物月(次)摊销额}=\frac{\text{该包装物原价}-\text{残值}}{\text{估计使用月数(或次)}}$$

【例7-11】某商品流通企业有铁桶100个,单价80元,计8 000元,预计可使用4年,估计每个残值2元,包装物按月摊销,则:

$$\text{铁桶每月摊销额}=\frac{8\ 000-200}{4\times12}=162.50\text{(元)}$$

根据计算结果,编制如下会计分录:

借:销售费用——包装费　　162.50

　贷:包装物——包装物摊销　　162.50

分次(分期)摊销法,将包装物磨损价值按次数多少(或使用时间的长短)平均摊入销售费用,有利于稳定费用水平和均衡财务成果。但由于包装物在使用期限内各期的损耗不可能是平均的,所以,计算结果往往与实际情况相脱节,致使有些包装物未满预计使用期限就已经损坏,而有些包装物则超过使用期限仍能继续使用,并且按每种包装物计算摊销额,在包装物品种较多的情况下,计算工作量较大。因此,这种方法一般适用于使用年限较长、使用情况比较稳定的包装物。

3. 按使用程度估价摊销法。按使用程度估价推销法,是根据包装物的使用程度,重新估价,将估价金额与账面金额的差额作为本期包装物摊销额的一种方法。此方法一般结合定期盘点工作进行。

按使用程度估价摊销法可与分次(分期)摊销法结合使用,即在年度内各月份使用分次(分期)摊销法计算摊销额,年末通过实地盘点对包装物重新估价,并据以调整账面价值,使账面价值与实际价值大体一致。

【例7-12】某商品流通企业年内采用分期摊销法计算摊销额,年末,该批铁桶的账面净值为3 600元。平时摊销时铁桶少记摊销额150元,应予补摊。该企业应编制如下会计分录:

借:销售费用——包装费　　150

　贷:包装物——包装物摊销　　150

若企业年末冲销多摊的数额,应作与补摊相反的会计分录。

由于使用程度估价法能使包装物账面价值与实际价值基本一致,因此,计算的摊销额较为正确。但这种方法不能反映包装物的日常磨损情况,同时,包装物的盘点数量和估价标准必须准确可靠,否则就会影响摊销额的正确性。故它适用于包装物数量较少或品种单一的企业。

4. 五五摊销法。五五摊销法,是指包装物在领用时或出租、出借包装物时只摊销其成本的一半，在报废时再摊销其成本的另一半，即包装物分两次各按50%进行摊销。

5. 一次转销法。一次转销法，是指低值易耗品或包装物在领用时就将其全部账面价值计入相关资产成本或当期损益的方法。一次转销法通常适用于价值较低或极易损坏的管理用具等。

（五）包装物租借的核算

1. 包装物租入、借入的核算。商品流通企业向其他单位租入、借入包装物，因包装物所有权不属于本企业，故不在"包装物"科目核算，而采用代管财产的办法记入备查簿。记载时，应按租出、借入单位分户登记租、借包装物的品名和数量，归还后进行注销。

为了保证及时返还和承担妥善保管的经济责任，租入包装物时，一般要交付一定的押金，其押金具有存出保证金性质，归还包装物即可收回，应以"其他应收款——存出保证金"科目核算。支付租金或折损费，以"销售费用——包装费"列支。

【例7－13】某商品流通企业购进商品一批，同时租入包装箱30只，支付押金800元，支付租金234元，其中增值税额为34元；以转账支票付讫。该企业有关会计分录如下：

(1)支付押金：

借：其他应收款——存出保证金	800	
贷：银行存款		800

同时，将包装物记入"代管商品物资"备查簿。

(2)支付租金：

借：销售费用——包装费	200	
应交税费——应交增值税（进项税额）	34	
贷：银行存款		234

(3)租赁期满归还包装物，并收回押金存入银行：

借：银行存款	800	
贷：其他应收款——存出保证金		800

同时，将代管商品物资备查簿中此笔包装物予以注销。

2. 包装物出租、出借的核算。商品流通企业出租、出借包装物时，应根据包装物的出库凭证，借记"包装物——出租包装物（或出借包装物）"科目，贷记"包装物——库存包装物"科目。收取出租、出借包装物押金时，借记"银行存款"等科目，贷记"其他应付款——存入保证金"科目。

出租包装物是商品流通企业一项非基本经营业务，在包装物出租期间，企业应按规定收取租金，作为企业一项业务收入，记入"其他业务收入"科目。收取出租包装物租金时，借记"银行存款"或"库存现金"科目，贷记"其他业务收入"科目。

对因出租包装物而损耗的价值以及由企业负担的修理费用等支出，作为其他业务成本处理。支付修理费时，借记“其他业务成本”科目，贷记“银行存款”、“库存现金”等科目；计提出租包装物摊销时，借记“其他业务成本”科目，贷记“包装物——包装物摊销”科目。

因出借包装物而发生的包装物价值损耗（即出借包装物摊销额）以及由企业负担的出借包装物修理费，由销售费用列支。计提出借包装物摊销额时，借记“销售费用——包装费”科目，贷记“包装物——包装物摊销”科目；支付出借包装物修理费时，借记“销售费用——包装费”科目，贷记“银行存款”等科目。

租赁期满，企业应及时回收包装物，并加强回收包装物的检查与清点工作，重新办理入库手续，收回出租或出借包装物的会计分录与出租或出借包装物的会计分录相反；退还押金时，应冲销“其他应付款——存入保证金”科目。

【例7－14】某商品流通企业出租包装物25件，出借包装物30件，每件50元，每件收取押金60元，共计3 300元。收取租金936元，其中含增值税136元。以现金支付出租包装物修理费80元，出借包装物修理费50元。按分期摊销法计算出租包装物摊销额125元，出借包装物摊销额150元。该企业应编制如下会计分录：

（1）租（借）包装物：

借：包装物——出租包装物	1 250	
——出借包装物	1 500	
贷：包装物——库存包装物		2 750

（2）收到出租（出借）包装物押金：

借：银行存款	3 300	
贷：其他应付款——存入保证金		3 300

（3）支付出租、出借包装物修理费：

借：其他业务成本——出租包装物修理费	80	
销售费用——包装费	50	
贷：库存现金		130

（4）摊销出租、出借包装物摊销额：

借：其他业务成本——出租包装物摊销额	125	
销售费用——包装物摊销	150	
贷：包装物——包装物摊销		275

（5）收到出租包装物租金：

借：银行存款	936	
贷：其他业务收入——出租包装物租金收入		800
应交税费——应交增值税（销项税额）		136

（6）出租（出借）包装物到期归还，退还押金：

借:其他应付款——存入保证金　　3 300
　贷:银行存款　　3 300

同时:

借:包装物——库存包装物　　2 750
　贷:包装物——出租包装物　　1 250
　　　　　　——出借包装物　　1 500

(六)包装物报废的核算

商品流通企业对不能继续使用的包装物,应按规定手续申请报废。报废时,由保管部门填制“包装物报废单”,填列报废包装物的品名、规格、数量、报废原因、日期以及估计残值等。经批准后,财会部门据以进行注销包装物的账务处理。

1. 周转用包装物报废的核算。周转用包装物报废时,将包装物摊余价值扣除残值后的差额作为摊销额,记入“销售费用——包装费”科目。

【例7－15】某商品流通企业在用铁桶一批,账面价值为800元,因不能继续使用,经批准报废。该批铁桶已摊销价值为720元,变卖残值收到现金30元。该企业应编制如下会计分录:

借:销售费用——包装费　　50
　　库存现金　　30
　贷:包装物——在用包装物　　80

2. 出租或出借包装物报废的核算。出租、出借包装物报废时,应将包装物的摊余价值扣除残料价值后的差额,作为报废包装物的摊销额,前者借记“其他业务成本”科目,后者则借记“销售费用”科目;同时,将报废包装物的残料价值,借记“库存现金、周转材料”等科目,将报废包装物的实际成本减去残料价值后的差额与已提摊销对冲,借记“包装物——包装物摊销”科目,贷记“包装物——出租或出借包装物”。

【例7－16】某商品流通企业出租木箱50个,每个账面价值为40元,计2 000元,累计摊销1 700元,因不能修复使用,经批准报废,变卖残料收回现金200元。该企业应编制如下会计分录:

借:库存现金　　100
　　其他业务成本——出租包装物摊销　　200
　　包装物——包装物摊销　　1 700
　贷:包装物——出租包装物　　2 000

二、低值易耗品的核算

(一)低值易耗品的核算范围

低值易耗品,是指单位价值在规定的标准范围内,使用年限较短的用具和设备,如柜台、货架、办公桌、仪表、简易设备和玻璃器皿等。为了便于管理,有些物品虽然单位价值较高,使用年限较长,但也作为低值易耗品,如苫布、磅秤、各种非机动车辆等。这些物品在有些制度中被列表指名作为低值易耗品管理。此外,用于储存和保管商品的包装物,凡符合低值易耗品标准的,也作为低值易耗品管理与核算。

商品流通企业应设置“低值易耗品”科目,核算低值易耗品的实际成本和在用低值易耗品的价值损耗。该科目的借方登记购进、盘盈等原因增加的低值易耗品;贷方登记因摊销、出售、废弃、盘亏等原因减少的低值易耗品;期末借方余额,反映企业库存未用低值易耗品的实际成本。其明细账应按低值易耗品的类别、品种规格设置,并对其数量进行核算。

低值易耗品较多的商品流通企业,还应设置“在库低值易耗品”、“在用低值易耗品”和“低值易耗品摊销”三个明细科目。

(二)低值易耗品购进和领用的核算

商品流通企业购进低值易耗品应按购进的实际成本入账,即按购进原价、运杂费和包装费作为低值易耗品的入账价格。若一次购进多种低值易耗品而发生的共同费用数额较小,又不易划分,可将其费用支出不计入低值易耗品的实际成本,而以“管理费用——低值易耗品摊销”列支。

【例7-17】某商品流通企业购进低值易耗品1 560元,以转账支票付讫,另以现金支付运杂费80元。不考虑增值税,该企业应编制如下会计分录:

借:低值易耗品——在库低值易耗品	1 640	
贷:银行存款		1 560
库存现金		80

商品流通企业领用低值易耗品时,应由各部门及时办理领用核批手续。财会部门应根据有关凭证办理转户。

【例7-18】承例7-17。假定低值易耗品购入后,全部交付使用。该企业应编制如下会计分录:

借:低值易耗品——在用低值易耗品	1 640	
贷:低值易耗品——在库低值易耗品		1 640

(三)低值易耗品摊销的核算

低值易耗品在企业业务经营过程中,由于不断使用而发生磨损,其价值也随之逐渐减少。这部分减少的价值应摊入费用,作为商品流通费的组成部分。将低值易耗品因磨损而减少的价值计入企业费用,称为低值易耗品摊销。企业应根据低值易耗品的使用情况,分别计算其摊销额,并在“管理费用”科目下设置“低值易耗品摊销”明细账进行核算。

低值易耗品的摊销方法主要有一次摊销法、使用期限分次摊销法和五五摊销法等。企业可结合低值易耗品的特点及管理要求,选用适当的摊销方法。

1. 一次摊销法。一次摊销法是在低值易耗品领用时，将其全部价值摊入管理费用的一种方法。

【例 7－19】某商品流通企业购进工作服 10 套，每套 80 元，价款以银行存款支付，所购工作服交付使用，按一次摊销法进行摊销。编制如下会计分录：

借：低值易耗品——在用低值易耗品　　800

　贷：银行存款　　800

借：销售费用——低值易耗品摊销　　800

　贷：低值易耗品——在用低值易耗品　　800

采用一次摊销法最简便，但不利于实物管理，一般适用于价值低、使用期短的低值易耗品。

2. 使用期限分次摊销法。使用期限分次摊销法，是指某种低值易耗品的原价减去估计残值，差额按预计使用期限平均计算摊销额，分次（分期）摊入管理费用。其做法与包装物使用期限分次摊销法相同。这种摊销法能均衡各期的费用负担，也较为合理，但计算工作量较大，一般适用于单位价值较高、使用期限较大、使有情况比较稳定的低值易耗品。

3. 五五摊销法。五五摊销法，又称五成摊销法，是指将低值易耗品的价值分两次平均摊销：低值易耗品领用时，摊销其价值的 50%，剩余 50% 的价值在低值易耗品报废时再予以摊销。采用这种方法领用低值易耗品时，应从“库存低值易耗品”明细账转入“在用低值易耗品”明细账，同时，按其实际成本的 50%，计算当期领用低值易耗品的摊销额，借记“管理费用——低值易耗品”科目，贷记“低值易耗品——低值易耗品摊销”科目。

【例 7－20】某零售商场购进柜台一批，价值 3 600 元，经验收后交付使用，价款以转账支票付讫。领用时采用五五摊销法摊销。有关会计分录如下：

（1）购进时，会计分录略。

（2）领用时，在有关明细科目中转账：

借：低值易耗品——在用低值易耗品　　3 600

　贷：低值易耗品——库存低值易耗品　　3 600

（3）领用的同时（或月份终了）摊销当月领用低值易耗品价值的 50%：

借：管理费用——低值易耗品摊销　　1 800

　贷：低值易耗品——低值易耗品摊销　　1 800

五五摊销法简便易行，且在低值易耗品报废前账面始终保留 50% 价值，有利于加强对低值易耗品的管理。这种方法适用于低值易耗品品种较多且各期领用报废数额也较均衡的企业。

（四）低值易耗品出售的核算

为了充分提高低值易耗品的使用效率，加速资金的周转，对于企业闲置不用的低值易耗品可作价出售。其核算方法与出售包装物的核算方法相同。

【例7－21】某商品流通企业将闲置不用的2个柜台作价600元出售，其增值税税额为102元，款项存入银行。柜台账面原值720元已作五成摊销。该企业应编制如下会计分录：

(1)收到柜台售价款存入银行：

借：银行存款　702

　贷：其他业务收入——低值易耗品出售　600

　　应交税费——应交增值税(销项税额)　102

(2)注销柜台净值：

借：其他业务成本——低值易耗品出售　360

　低值易耗品——低值易耗品摊销　360

　贷：低值易耗品——在用低值易耗品　720

(五)低值易耗品的修理与废弃的核算

为了延长低值易耗品的使用寿命，充分发挥其效能，应对低值易耗品及时进行维修保养。为修理低值易耗品而发生的开支，以"销售费用——修理费"科目列支。

低值易耗品由于磨损而失去使用价值时，应按规定办理报废手续。报废时，财会部门应区别不同摊销方法，分别进行账务处理：

其一，采用一次摊销法摊销低值易耗品的企业，于报废时，该项低值易耗品如有残值，应作为低值易耗品摊销额的减少，冲减管理费用，借记"库存现金"、"银行存款"等科目，贷记"销售费用"、"管理费用——低值易耗品摊销"等科目。

其二，用分次(分期)摊销法摊销低值易耗品的企业，于报废时，应将低值易耗品摊余价值扣除残料价值后的差额，作为低值易耗品的摊销额，记入"销售费用"、"管理费用——低值易耗品摊销"科目。

其三，采用五五摊销法摊销低值易耗品的企业，于报废时，按收回的残料价值，借记"库存现金"、"银行存款"等科目，贷记"低值易耗品——在用低值易耗品"科目；按低值易耗品实际成本的50%减除残料价值后的差额，作为报废低值易耗品的摊销额，借记"管理费用——低值易耗品摊销"科目；同时，将报废低值易耗品的实际成本减去残料价值后的差额与已提摊销相对冲，借记"低值易耗品——低值易耗品摊销"科目，贷记"低值易耗品——在用低值易耗品"科目。

【例7－22】某商品流通企业领用低值易耗品一批，实际成本为1 500元，领用时按五五摊销法已摊其成本50%。领用的低值易耗品因不能继续使用，经批准报废并变卖，残值收入为现金100元。该企业应编制如下会计分录：

(1)借：库存现金　100

　　贷：低值易耗品——在用低值易耗品　100

(2)借：管理费用——低值易耗品摊销　650

贷:低值易耗品——低值易耗品摊销 650

(3)借:低值易耗品——低值易耗品摊销 1 400

贷:低值易耗品——在用低值易耗品 1 400

思考题与练习题

一、思考题

1. 委托加工商品核算包括哪些内容?

2. 购进的包装物应如何计价?试述单独购进、随货单独作价购进和随货不单独作价购进包装物的账务处理方法。

3. 包装物的摊销方法有几种?试分别说明其账务处理方法及优缺点、适用范围。

4. 包装物发生修理、废弃、出售、借入借出等业务时,应如何进行账务处理?

5. 购进的低值易耗品应如何计价,低值易耗品的摊销方法有几种?试述各种摊销方法的具体做法、优缺点及适用范围。

二、练习题

某商品流通企业采用五五摊销法进行包装物的摊销核算,有关资料如下:(1)2×12年3月,出租库存未用包装物800件,每件单位实际成本100元,共计80 000元,租期5个月,每月每件租金15元,收取押金48 000元;(2)租赁期满,收回包装物350件,退还押金42 000元,其余50件未能收回,没收其余押金;(3)收回的包装物已重新入库。

要求:编制包装物出租,收到押金、租金,包装物摊销、收回以及退还押金等业务的会计分录。

第八章　商品流通企业固定资产、无形资产和投资性房地产的核算

学习要点

本章主要介绍了商品流通企业固定资产、无形资产和投资性房地产的核算方法。通过本章的学习,应理解固定资产、无形资产和投资性房地产的内容;掌握固定资产、无形资产和投资性房地产的取得、折旧或摊销以及处置的核算方法。

固定资产、无形资产和投资性房地产是商品流通企业的重要资产项目。这些资产的经济寿命一般要超过1年,并且将来能够为企业带来经济利益。对固定资产、无形资产和投资性房地产的核算正确与否,既影响资产负债表相关资产项目的客观性,也会对利润表反映的会计信息产生影响。

第一节　固定资产的核算

一、固定资产概述

(一)固定资产的概念

一般来说,固定资产是指使用期限较长、单位价值较高并且在使用过程中保持原有实物形态的资产,如房屋、建筑物、机器、设备、设施、运输工具等。根据《企业会计准则第4号——固定资产》的规定:固定资产,是指同时具有下列两个特征的有形资产:

1. 为生产商品、提供劳务、出租或经营管理而持有的。
2. 使用寿命超过一个会计期间。其中,使用寿命是指企业使用固定资产的预计期间,或者该固定资产所能生产产品或提供劳务的数量。

固定资产是商品流通企业从事商品购销活动的必要条件,提供与固定资产相关的会计信息,有助于会计信息使用者分析企业资产结构、评价资产使用状况。

(二)固定资产的特征

从固定资产概念中,可见固定资产具有以下特征:

1. 固定资产是有形资产，如房屋、建筑物、机器设备、运输工具、工具和器具等有形实物资产，不包括专利权、商标权等无形资产。

2. 固定资产的使用期限超过一年或长于一年的一个经营周期。

3. 持有固定资产的目的是用于经营而非销售。获取固定资产的目的是用于生产、提供商品或提供服务、出租给他人或行政管理，而不是出售。

（三）固定资产的分类

为了加强固定资产的管理，便于组织会计核算，有必要对固定资产进行科学、合理的分类。我国现行会计实务对固定资产是按其经济用途和使用情况进行综合分类的，主要包括以下几类：

1. 生产经营用固定资产，是指直接服务于企业生产、经营过程的各种固定资产，如生产用的厂房、机器、设备和建筑物等。

2. 非生产经营用固定资产，是指不直接服务于生产、经营过程的各种固定资产，如职工的浴室、食堂等房屋、设备和其他固定资产等。

3. 租出固定资产，是指企业采用租赁方式向其他单位出租的固定资产。

4. 不需用固定资产，是指企业不适用或是多余的、需要调配处理的固定资产。

5. 未使用固定资产，是指已经完工或是购入但是尚未正式使用的新增固定资产，以及因改建、扩建等原因暂停使用的固定资产。

6. 土地，是指已经估价单独入账的土地。因征地而支付的补偿费，应计入与土地有关房屋、建筑物的价值内，不单独作为土地价值入账。企业取得的土地使用权不作为固定资产管理。

7. 融资租入固定资产，是指企业以融资租赁的方式从外单位租入的固定资产，企业对租入的固定资产仅享有使用权并且负有支付租金的义务。

二、固定资产取得的核算

为了核算固定资产增减变动及结存情况，商品流通企业应设置以下科目：

一是“固定资产”科目，核算固定资产的原值。该科目借方登记增加的固定资产原值；贷方登记减少的固定资产原值；借方余额为实有固定资产的原值。其明细账按固定资产的类别、使用部门和每项固定资产设置。

二是“累计折旧”科目，核算固定资产的累计折旧。它是“固定资产”科目的调整科目。该科目贷方登记增加的固定资产累计折旧额；借方登记固定资产因减少而注销的折旧额；贷方余额反映实有固定资产的累计折旧额。

（一）购置固定资产的核算

1. 购入不需要安装的固定资产的核算。商品流通企业购入的固定资产，如果不需要经过比较复杂的安装、调试和试运行，就可以直接交付使用，或者安装比较简单，花费的成本也不多，按实际支付的买价和运输费、装卸费、保险费、包装费等支出计入固定资产价值。

按照税法规定，企业购建（包括购进、接受捐赠、实物投资、自制、改扩建和安装）生产用固定资产发生的增值税进项税额，可以从销项税额中抵扣，不计入固定资产成本。

购进或者销售货物以及在生产经营过程中支付运输费用的，按照运输费用结算单据上注明的运输费用金额的11%计算进项税额。

【例8－1】2×12年1月5日，甲商贸公司购入不需要安装的设备一台，取得增值税专用发票上注明的设备价款为350 000元，增值税进项税额为59 500元，发生运输费5 000元、保险费1 600元（不考虑增值税），与运输费有关增值税550元，上述款项均以银行存款付讫。假定不考虑其他相关税费。编制如下会计分录：

甲公司购置设备的成本＝350 000＋5 000＋1 600＝356 600（元）

借：固定资产——设备　　356 600

　应交税费——应交增值税（进项税额）　　（59 500＋550）60 050

　贷：银行存款　　416 650

2. 购入需要安装的固定资产的核算。商品流通企业购入固定资产，如果需要经过比较复杂的安装、调试和试运行，才能交付使用，应按购入固定资产实际支付的买价、税金、包装费、运输费和安装费等支出计入在建工程成本，借记“在建工程”科目核算，贷记“银行存款”等科目，待安装完毕交付使用时，再由“在建工程”科目转入“固定资产”科目。

“在建工程”科目是核算企业为建造或修理固定资产而进行的各项建筑和安装工程。该科目的借方登记各项固定资产工程发生的实际支出；贷方登记经验收交付使用的固定资产的实际成本；借方余额反映未完工程的支出、尚未交付使用的已完工程的实际成本。其明细账按“自营工程”和“出包工程”设置。

【例8－2】某商品流通企业购入需要安装的全新机器一台，用银行存款支付买价100 000元，包装运杂费5 000元，安装费12 000元，应付本企业安装人员工资5 000元。该项固定资产安装完工后交付使用。不考虑增值税，该企业应编制如下会计分录：

（1）支付买价、包装运杂费：

借：在建工程　　105 000

　贷：银行存款　　105 000

（2）领用材料、结算应付职工薪酬：

借：在建工程　　17 000

　贷：银行存款　　12 000

　　　应付职工薪酬　　5 000

（3）安装完毕交付使用：

借：固定资产　　122 000

贷:在建工程　　122 000

（二）自行建造固定资产的核算

有时,商品流通企业利用自己的技术力量、设备和人力,采用自建方式建造特殊质量要求的资产或者自建一些较外购低廉的资产。企业自行建造固定资产,则以建造该项资产达到预定可使用状态前所发生的必要支出作为入账价值。这里所讲的"建造该项资产达到预定可使用状态前所发生的必要支出",包括工程用物资成本、人工成本、应予以资本化的固定资产借款费用、交纳的相关税金以及应分摊的其他间接费用等。

商品流通企业自行建造固定资产,可分为自营工程和发包工程两种方式,其核算一般通过"在建工程"科目进行。

自营工程包括工程物资、工程工资和完工结算三项核算内容。购进工程物资时,借记"工程物资"科目,贷记"银行存款"、"其他应付款"等科目。

商品流通企业自营的在建工程领用工程物资,借记"在建工程"科目,贷记"工程物资"等科目。上述事项涉及增值税的,应结转相应的增值税额。在建工程应负担的职工薪酬,借记"在建工程"科目,贷记"应付职工薪酬"科目;在建工程发生的借款费用满足借款费用准予资本化条件的,借记"在建工程——待摊支出"科目,贷记"长期借款"、"应付利息"等科目。

工程完工,计算并结转在建工程成本时,借记"固定资产"等科目,贷记"在建工程——××工程"科目。

在建工程完工已领出的剩余物资应办理退库手续,借记"工程物资"科目,贷记"在建工程——××工程"科目。

【例8-3】某商品流通企业采用自营方式建造营业用房一幢,为工程购入各种物资(不考虑增值税)4 950 000元,以银行存款支付,全部用于工程建设;结算应付工程人员工资120 000元,提取应付福利费16 800元;工程期间应付长期借款利息37 000元。工程已完工验收并交付使用。该企业应编制如下会计分录:

(1)购入各种物资:

借:工程物资　　4 950 000

　贷:银行存款　　4 950 000

(2)领用工程物资:

借:在建工程——自营工程　　4 950 000

　贷:工程物资　　4 950 000

(3)结算工资和福利费:

借:在建工程——自营工程　　136 800

　贷:应付职工薪酬——工资　　120 000

　　　　　　　——福利费　　16 800

(4)结转为工程借款而发生的借款利息：

借:在建工程——自营工程　370 000

　贷:长期借款　370 000

(5)工程完工,设备交付使用：

借:固定资产　5 456 800

　贷:在建工程——自营工程　5 456 800

商品流通企业发包的在建工程,包括按合同预付工程款、完工补付工程款以及结转工程成本三项核算内容。预付工程时,借记"预付账款"科目,贷记"银行存款"科目;按合理估计的发包工程的进度,借记"在建工程"科目,贷记"预付账款"、"银行存款"等科目;将设备交付承包企业进行安装时,借记"在建工程"科目,贷记"工程物资"科目;工程完工补付工程款时,作与预付工程款相同的分录。

(三)固定资产盘盈的核算

商品流通企业每年至少在编制决算前对固定资产进行一次全面清查,以确定固定资产实有数以及固定资产的保管、使用、维修等情况。对于盘盈的固定资产,按以下规定确定其入账价值:①同类或类似固定资产存在活跃市场的,以同类或类似固定资产的市场价格,减去按该项资产的新旧程度估计的价值损耗后的余额,作为入账价值;②同类或类似固定资产不存在活跃市场的,以该项固定资产的预计未来现金流量现值,作为入账价值。企业应按上述规定确定的入账价值,借记"固定资产"科目,贷记"以前年度损益调整"科目。

【例8－4】某商品流通企业在财产清查过程中,发现一台未入账的设备,按同类或类似商品市场价格减去按该项资产的新旧程度估计的价值损耗后的余额为60 000元(假定与其计税基础一致)。根据有关规定,该盘盈固定资产作为前期差错处理。假定商品流通企业适用的所得税税率为25%,按净利润的10%计提法定盈余公积。该企业应编制如下会计分录：

(1)盘盈固定资产时：

借:固定资产　60 000

　贷:以前年度损益调整　60 000

(2)确定应交纳的所得税时：

借:以前年度损益调整　15 000

　贷:应交税费——应交所得税　15 000

(3)结转为留存收益时：

借:以前年度损益调整　45 000

　贷:盈余公积——法定盈余公积　4 500

　　利润分配——未分配利润　40 500

三、固定资产折旧的核算

（一）固定资产折旧的性质

我们知道，固定资产的特点是可以连续多次参加生产经营活动，并始终基本上保持其原来的实物形态；而其价值则会随着固定资产的损耗而逐渐减少。固定资产在使用过程中由于逐渐损耗而转移的价值称为折旧。引起固定资产折旧的原因可归结为两个方面：一是固定资产的有形损耗；二是固定资产的无形损耗。有形损耗，是指固定资产由于使用和自然力的影响而引起的使用价值和价值的损失；无形损耗，是指固定资产由于科学技术进步而引起的在价值上的损失。根据配比原则，对固定资产损耗应在固定资产的预计有效使用期内，以计提折旧的方式计入成本费用，从各期营业收入中逐步得到补偿。可见，折旧核算的目的就是将固定资产成本在其预计使用年限内系统、合理地进行分配，实现当期收入与其相关费用的合理配比。

（二）计提固定资产折旧的范围

计算折旧要明确哪些固定资产应当提取折旧，哪些固定资产不计提折旧。根据有关规定，应计提折旧的固定资产包括：房屋和建筑物、机器设备、仪器仪表、运输车辆、工具器具；季节性停用和修理停用的设备；以经营租赁方式租出的固定资产；以融资租赁方式租入的固定资产。不提折旧的固定资产包括：已提足折旧继续使用的固定资产，未提足折旧提前报废的固定资产，以经营租赁方式租入的固定资产，破产、关停企业的固定资产；按规定单独估价作为固定资产入账的土地。

商品流通企业一般应根据月初应计提折旧的固定资产账面原值和月折旧率，按月计提折旧。当月增加的固定资产，当月不计提折旧；当月减少的固定资产，当月照提折旧。

（三）影响固定资产折旧的因素

影响固定资产折旧的因素主要有以下四个：

1. 固定资产折旧基数。固定资产折旧基数一般为固定资产的取得成本（原始价值），是指为取得某项固定资产而发生的一切必要支出（或资本性支出）。必要时，也可以将重置成本作为固定资产的折旧基数。

2. 固定资产使用寿命。固定资产使用寿命，是指企业使用固定资产的预计期间，或者该固定资产所能生产产品或提供劳务的数量。

3. 固定资产减值准备。固定资产减值准备，是指固定资产已计提的固定资产减值准备累计金额。

4. 固定资产预计净残值。多数固定资产在其服务有效期期末都有一些回收价值，在其搬移、出售或报废时也可能发生一些处置费用。预计净残值，是指假定固定资产预计使用寿命已满并处于使用寿命终了时的预期状态，目前从该项资产处置中获得的扣除预计处置费用后的金额。

（四）固定资产折旧的方法

常用的固定资产折旧方法有平均年限法、双倍余额递减法和年数总和法。

1. 平均年限法。平均年限法也称直线法，是指将固定资产的应计折旧额按均等的数额，在其预计使用期内分配于每一会计期间的一种方法。

平均年限法建立在固定资产服务潜力随时间的延续而减退，与其使用程度无关的假设上。因此，固定资产的折旧费可以均衡地摊配于其使用年限内的各个期间。平均年限法是目前会计实务中应用最为广泛的折旧计算方法。采用平均年限法，固定资产年折旧额的计算公式为：

$$\text{固定资产年折旧额}=\frac{\text{固定资产原值}-\text{预计净残值}}{\text{固定资产预计使用年限}}$$

固定资产月折旧额为固定资产年折旧额除以 12。

在实际工作中，为了反映固定资产在一定时期内的损耗程度并简化核算，各期折旧额一般根据固定资产原值乘以该期折旧率计算确定。固定资产折旧率是指一定时期内固定资产折旧额与固定资产原值的比率，其计算公式为：

$$\begin{aligned}\text{固定资产年折旧率}&=\text{固定资产年折旧额}\div\text{固定资产原值}\\&=\frac{\text{固定资产原值}\times(1-\text{预计净残值率})}{\text{固定资产预计使用年限}\times\text{固定资产原值}}\times100\%\\&=\frac{1-\text{预计净残值率}}{\text{固定资产预计使用年限}}\times100\%\end{aligned}$$

$$\text{月折旧率}=\text{年折旧率}\div12$$

$$\text{月折旧额}=\text{固定资产原值}\times\text{月折旧率}$$

【例 8－5】某商品流通企业某项行政管理设备的原值 20 000 元，预计使用年限为 10 年，预计残值收入 1 000 元，预计清理费用为 500 元，则：

$$\text{固定资产年折旧额}=\frac{20\ 000-(1\ 000-500)}{10}=1\ 950(\text{元})$$

$$\text{固定资产月折旧率}=1\ 950\div20\ 000\div12\times100\%=0.812\ 5\%$$

$$\text{固定资产月折旧额}=20\ 000\times0.812\ 5\%=162.5(\text{元})$$

平均年限法的优点是直观、计算简单，并且是以固定资产的使用时间为计算折旧的基础，所以能够较好地反映无形损耗对固定资产的影响。但平均年限法侧重于时间因素，不能充分反映有形损耗对固定资产的影响。

2. 工作量法。工作量法是按照固定资产实际完成的工作总量计算折旧的一种方法。采用这种方法，每期计提的折旧随当期固定资产提供工作量的多少而变动，提供的工作量多，就多提折旧，反之，则少提折旧，而每一工作量所负担的折旧费是相同不变的。这里所讲的工作量可以是车辆行驶的里程数，也可以是机器完成的工作时数或生产产品的产量数。

采用工作量法计提折旧，应先以固定资产在使用年限内预计总工作量（如总工作时数或总产量）去除应计折旧总额，算出每一工作量应分摊的折旧，然后乘以当期的实际工作量，求出该期应计提的折旧额。其计算公式为：

$$单位折旧额=\frac{固定资产原值\times(1-预计净残值率)}{预计总工作量(总里程、总工时、总产量)}$$

$$当期折旧额=当期工作量\times单位折旧额$$

【例8－6】2×16年5月份，某商品流通企业购入一辆运输车辆原价为600 000元，预计可使用400 000公里，该车辆报废时的残值率为5%。2×16年6月份，该车辆已行驶3 600公里。6月份该车辆的月折旧额计算如下：

$$单位小时折旧额=[600\ 000\times(1-5\%)]\div400\ 000=1.425(元/公里)$$

$$本月折旧额=3\ 600\times1.425=5\ 130(元)$$

采用工作量法计算固定资产折旧，简单明了、容易计算，其计提的折旧额既充分考虑了固定资产有形损耗因素的影响，也符合配比原则。其缺点是：只重视有形损耗对固定资产的影响，而忽视了无形损耗对固定资产的作用。

工作量法主要适用于车辆、船舶等运输工具，以及大型精密设备的折旧计算。

3. 加速折旧法。加速折旧法，是指将应计折旧额按前期多提后期少提的原则，分摊于各受益期间，从而使各期应负担的折旧费用逐期减少的方法。加速折旧的计提方法有多种，常用的有年数总和法和双倍余额递减法。

(1)年数总和法。年数总和法是指将固定资产的原值减净残值的余额乘以一个逐年递减的分数计算每年折旧额的一种方法。这一分数即为年折旧率，其分子代表固定资产在各会计期期初尚可使用的年限，分母代表固定资产使用年数逐年相加的总和。由于分母不变，分子每年递减，依此计算的每年折旧费也呈递减趋势。其计算公式为：

$$某年折旧率=尚可使用的年数\div预计使用年数总和$$

或者

$$某年折旧率=\frac{(预计使用年限-已使用年限)}{预计使用年限\times(预计使用年限+1)\div2}\times100\%$$

$$某年折旧额=(固定资产原值-净残值)\times该年折旧率$$

【例8－7】某商品流通企业一项固定资产原值为25 000元，预计使用年限为5年，净残值率为4%。采用年数总和法计算的各年折旧额如表8－1所示。

表8－1　折旧计算表(年数总和法)

年　份	尚可使用年限	原值－净残值	年折旧率	年折旧额	累计折旧
1	5	24 000	5/15	8 000	8 000
2	4	24 000	4/15	6 400	14 400
3	3	24 000	3/15	4 800	19 200
4	2	24 000	2/15	3 200	22 400
5	1	24 000	1/15	1 600	24 000

(2)双倍余额递减法。双倍余额递减法是按双倍直线折旧率计算固定资产折旧的方法。计算折旧时,是以固定资产每期期初账面折余价值乘以双倍直线折旧率计算确定各期的折旧。采用双倍余额递减法确定折旧率时,一般不考虑固定资产净残值,其计算公式为:

$$\text{固定资产年折旧额} = \text{期初固定资产账面折余价值} \times \text{双倍直线年折旧率}$$

式中:

$$\text{双倍直线年折旧率} = (2 \div \text{预计固定资产使用年限}) \times 100\%$$

应该注意:实行双倍余额递减法的固定资产,应在折旧年限到期前两年内,将固定资产净值扣除预计净残值后的净额平均摊销。

【例8-8】某商品流通企业一项管理用固定资产的原值为35 000元,预计其净残值率为5%,使用年限为5年。采用双倍余额递减法计算折旧,各年折旧额计算如表8-2所示。

$$\text{双倍直线年折旧率} = (2 \div 5) \times 100\% = 40\%$$

$$\text{预计净残值} = 35\,000 \times 5\% = 1\,750(\text{元})$$

表8-2　折旧计算表(双倍余额递减法)　　单位:元

使用年次	折旧计算	当年折旧	累计折旧	固定资产净值
0				35 000
1	35 000×40%	14 000	14 000	21 000
2	21 000×40%	8 400	22 400	12 600
3	12 600×40%	5 040	27 440	7 560
4	(7 560-35 000×5%)÷2	2 905	30 345	4 655
5	(7 560-35 000×5%)÷2	2 905	33 250	1 750

(五)折旧的会计处理

固定资产应当按月计提折旧,计提的折旧计入"累计折旧"科目,并根据固定资产的用途计入相关资产成本或当期损益。商品流通企业自行建造固定资产过程中使用的固定资产,其计提的折旧应计入在建工程成本;行政管理部门使用的固定资产,其折旧应计入管理费用;销售部门使用的固定资产,其折旧应计入销售费用;经营租出的固定资产,其折旧应计入其他业务成本。商品流通企业按月计提固定资产折旧,借记"销售费用"、"管理费用"、"其他业务成本"等科目,贷记"累计折旧"科目。

【例8-9】承例8-8,假定该企业按年计提折旧。根据表8-2计算结果,第1年计提折旧的会计分录如下:

借:管理费用　　14 000
　贷:累计折旧　　14 000

四、固定资产后续支出的核算

固定资产投入使用后,商品流通企业为了适应新技术发展的需要,或者为维护或提高固定资产的使用效能,往往需要对现有固定资产进行维护、改建、扩建或者改良。通常将固定资产投入使用后再发生的支出,称为固定资产的后续支出。

固定资产的后续支出,满足固定资产确认条件的,应当计入固定资产成本,如有被替换的部分,应同时将被替换部分的账面价值从该固定资产原账面价值中扣除;不满足固定资产确认条件的固定资产修理费用等,应当在发生时计入当期损益。

在对固定资产发生可资本化的后续支出后,企业应将该固定资产的原价、已计提的累计折旧和减值准备转销,将固定资产的账面价值转入在建工程。固定资产发生的可资本化的后续支出,通过"在建工程"科目核算。在固定资产发生的后续支出完工并达到预定可使用状态时,应在后续支出资本化后的固定资产账面价值不超过其可收回金额的范围内,从"在建工程"'科目转入"固定资产"科目。

【例 8 - 10】某商业贸易公司决定将其营业大厅的旧式电梯更换为一部新型电梯,以方便顾客。旧电梯成本为 160 000 元,未单独确认为固定资产。2 × 16 年 1 月,开始改良工程,该贸易公司支付新电梯购买价款 256 000 元(不考虑增值税),另以银行存款支付安装费用 24 800 元(不考虑增值税)。旧电梯回收价格为 80 000 元,款项尚未收到。营业厅原始成本为 1 440 000 元,截至改良工程开始时,已累计折旧 335 200 元。该贸易公司改良工程会计处理方法如下:

(1)购入观光电梯:

借:工程物资　　256 000
　贷:银行存款　　256 000

(2)将营业厅的账面价值转入在建工程:

借:在建工程　　1 104 800
　　累计折旧　　335 200
　贷:固定资产　　1 440 000

(3)转销旧电梯的账面价值:

旧电梯的账面价值 = 160 000 − 160 000 ÷ 1 440 000 × 335 200 = 122 756(元)

借:其他应收款　　80 000
　　营业外支出　　42 756
　贷:在建工程　　122 756

(4)安装新电梯:

借:在建工程　　280 800
　贷:工程物资　　256 000
　　银行存款　　24 800

(5)电梯投入使用:

借:固定资产　　1 262 844
　贷:在建工程　　1 262 844

商品流通企业行政管理部门等发生的固定资产修理费用等后续支出,借记“管理费用”科目,贷记“银行存款”等科目;商品流通企业发生的与专设销售机构相关的固定资产修理费用等后续支出,借记“销售费用”科目,贷记“银行存款”等科目。

五、租入固定资产的改良支出的核算

租入固定资产改良支出,是指对以经营租赁方式租入固定资产进行改良活动而发生的支出。对租入的固定资产实施改良活动,是提高固定资产效用和功能的重要措施。但是,由于租入固定资产的所有权不属于租入企业,承租人只获得在租赁期内对改良工程的使用权,因此,对租入固定资产实施的改良所发生的支出,不能增加租入固定资产的价值,作为长期待摊费用处理,而应当在租赁期限与租赁资产尚可使用年限两者孰短的期限内平均摊销。其中,长期待摊费用是企业已经发生但应由本期和以后各期负担的、分摊期限在 1 年以上的各项费用。长期待摊费用本质上是一种费用,但由于这些费用的效益要期待于将来,并且这些费用支出的数额较大,若把它们与支出年度的收入相配比,就不能正确计算当期经营成果,所以,应对其分期摊销处理。企业在确认长期待摊费用时,一般应考虑两个条件:一是预计在以后一年以上的会计期间内能否获利,或者说是否能为企业未来带来经济效益;二是已发生的费用能否摊销到以后各个会计期间的成本费用中去,或者说企业未来期间取得收益能否抵补已发生的支出。

为了反映长期待摊费用的增减变动情况,应设置“长期待摊费用”科目,借方记企业发生的各项递延费用,贷方记各期的摊销额,期末余额在借方,反映企业尚未摊销的各项长期待摊费用;该科目应按长期待摊费用的种类设置明细账进行明细核算。

企业租入固定资产发生的改良支出先计入在建工程成本,工程完工造价确定后转入长期待摊费用;在租赁期限内或尚存有效期限内,将固定资产的改良支出分期摊入期间费用时,转销长期待摊费用。

【例 8－11】某商品流通企业对租入的仓库进行改造,领用材料成本 120 000 元,应负担工资等职工薪酬支出 56 000 元,用银行存款支付其他费用 4 000 元。假设租赁期三年后终止,故该长期待摊费用应在三年内摊销。不考虑其他因素,该企业应编制会计分录如下：

(1)发生费用时：

借：在建工程——租入固定资产改良支出　180 000

　贷：原材料　120 000

　　应付职工薪酬　56 000

　　银行存款　4 000

(2)仓库改良工程完工：

借：长期待摊费用——租入固定资产改良支出　180 000

　贷：在建工程——租入固定资产改良支出　180 000

(3)仓库投入使用当月摊销改良工程支出：

$$每月摊销额=(180\ 000\div3)/12=5\ 000(元)$$

借：管理费用　5 000

　贷：长期待摊费用——租入固定资产改良支出　5 000

六、固定资产减值与处置的核算

(一)固定资产减值的核算

固定资产减值，是指由于损坏、技术陈旧或其他经济原因而引起的固定资产可收回金额低于其账面价值。这里的可收回金额，是指固定资产的公允价值减去处置费用后的净额与固定资产预计未来现金流量的现值两者之间的较高者；固定资产的公允价值，是指在公平交易中，熟悉情况的交易双方自愿进行资产交换或者债务清偿的金额；处置费用包括与固定资产处置有关的法律费用、相关税金、搬运费以及为使固定资产达到可销售状态所发生的直接费用等。

对于已经发生的固定资产减值如果不予以确认，必然导致虚夸固定资产的价值，会引起企业虚盈实亏，这既不符合真实性的原则，也有悖于稳健原则。因此，对那些已经没有经济价值、不能给公司带来经济利益的固定资产，必须计提固定资产减值准备。

【例8-12】2×11年12月31日，某商品流通企业购入一台机器设备，原值为100 000元，预计净残值为4 000元，预计使用年限为5年，采用年限平均法计提折旧。2×14年12月31日，该机器设备发生减值，公允价值减去处置费用后的金额为35 000元，未来现金流量的现值为40 000元。计提减值准备后，该机器设备的剩余使用年限不变，预计净残值为1 000元。相关会计处理如下：

(1)2×14年12月31日，该机器设备累计折旧：

$$年折旧额=(100\ 000-4\ 000)\div5=19\ 200(元)$$

$$累计折旧=19\ 200\times3=57\ 600\ (元)$$

(2)2×14年12月31日该机器设备净值为：

$$100\ 000-57\ 600=42\ 400(\text{元})$$

(3)2×14年12月31日提减值准备。可收回金额为公允价值减去处置费用后的金额与未来现金流量的现值两者中较高者,此处即40 000元。

$$\text{机器设备减值损失}=42\ 400-40\ 000=2\ 400(\text{元})$$

借:资产减值损失	2 400	
贷:固定资产减值准备		2 400

(4)2×15年1月起月折旧额为1 625[(40 000－1 000)÷2×12]元。

借:制造费用	1 625	
贷:累计折旧		1 625

(二)固定资产处置的核算

固定资产的处置方式通常有出售、报废、毁损以及由于技术进步等原因而提前报废、遭受自然灾害等造成的非常损失等。

商品流通企业应设置"固定资产清理"科目核算固定资产处置损益。若企业因出售、报废和毁损、对外投资、非货币性资产交换、债务重组等原因处置固定资产发生的清理费用和清理收入,均记入"固定资产清理"科目。该科目借方反映转入清理的固定资产的净值和发生的清理费用,贷方反映清理固定资产的变价收入和应由保险公司或过失人承担的损失等。处置净损益由"固定资产清理"科目的贷(借)方转入营业外收支。"固定资产清理"科目期末借方余额,反映企业尚未处置完毕的固定资产清理净损失。

商品流通企业处置固定资产的一般程序包括:

1. 固定资产转入清理的核算。商品流通企业因出售、报废、毁损、对外投资、非货币性资产交换、债务重组等转出的固定资产,按该项固定资产的账面价值,借记"固定资产清理"科目;按已计提的累计折旧,借记"累计折旧"科目;按已计提的减值准备,借记"固定资产减值准备"科目;按其账面原价,贷记"固定资产"科目。

2. 清理费用确认的核算。固定资产清理过程中应支付的相关税费及其他费用,借记"固定资产清理"科目,贷记"银行存款"、"应交税费——应交增值税(销项税额)"等科目。

3. 收回处置价款的核算。收回出售固定资产的价款、残料价值和变价收入等,借记"银行存款"等科目,贷记"固定资产清理"科目。

4. 保险赔偿的核算。应由保险公司或过失人赔偿的损失,借记"其他应收款"等科目,贷记"固定资产清理"科目。

5. 清理净损益的核算。固定资产清理完成后,属于生产经营期间正常的处理损失,借记"营业外支出——处置非流动资产损失"科目,贷记"固定资产清理"科目;属于自然灾害等非正常原因造成的损失,借记"营业外支出——非常损失"科目，贷记“固定资产清理”科目。如为贷方余额，借记“固定资产清理”科目，贷记“营业外收入”科目。

【例 8－13】2×16 年 10 月 5 日，某商品流通企业出售一座建筑物，其原值为 5 000 000元，已提折旧额为 1 400 000 元，固定资产减值为 36 000 元。出售前发生清理费为 20 000 元，实际售价为 3 800 000 元，其款项均通过银行转账结算。应交纳增值税 190 000。该企业编制会计分录如下：

（1）结转固定资产净值：

借：固定资产清理　　3 564 000
　　累计折旧　　1 400 000
　　固定资产减值准备　　36 000
　贷：固定资产　　5 000 000

（2）支付固定资产清理费用：

借：固定资产清理　　20 000
　贷：银行存款　　20 000

（3）收到出售固定资产价款时：

借：银行存款　　3 800 000
　贷：固定资产清理　　3 800 000

（4）确认应交纳的增值税：

借：固定资产清理　　190 000
　贷：应交税费——应交增值税（销项税额）　　190 000

（5）结转固定资产清理损益时：

借：固定资产清理　　26 000
　贷：营业外收入　　26 000

第二节　无形资产的核算

一、无形资产概述

（一）无形资产的概念及特征

无形资产，是指企业拥有或者控制的没有实物形态的可辨认非货币性资产，如专利权、商标权、土地使用权、非专利技术等。

资产在符合下列条件时，满足无形资产定义中的可辨认性标准：①能够从企业中分离或者划分出来，并能单独或者与相关合同、资产或负债一起，用于出售、转移、授予许可、租赁或者交换；②源自合同性权利或其他法定权利，无论这些权利是否可以从企业或其他权利和义务中转移或者分离。

尽管无形资产不存在物资实体，但它们表明企业拥有一种特殊的权利。这种权利有助于企业取得高于一般水平的获利能力，在较长时期内为企业提供经济利益。与其他资产相比，无形资产具有以下特征：①无形资产是一种没有实物形态的资产。②无形资产属于非货币性长期资产。③无形资产所能提供的未来经济效益具有很大的不确定性。④企业持有无形资产的目的是用于生产商品或提供劳务、出租给他人，或为了行政管理，而不是为了对外销售。脱离了生产经营活动，无形资产就失去其经济价值。

（二）无形资产的内容

1. 专利权。专利权，是指国家专利注册机构授予专利申请人在法定期限内对其发明创造成果所享有的专有权利，包括独家制造、出售其专利产品或转让其专利等权利。一般来说，专利权使持有者获得别人不享有的权利，这种权利也为企业带来未来的经济利益，所以将专利权作为无形资产确认。

2. 非专利技术。非专利技术，是指先进的、未公开的、未申请专利、可以带来经济效益的技术及诀窍。其主要包括工业专有技术、商业专有技术和管理专有技术。其中，工业专有技术，是指在生产上已经采用，仅限于少数人知道，不享有专利权或发明权的生产、装配、修理、工艺或加工方法的技术知识；商业（贸易）专有技术，是指具有保密性质的市场情报、原材料价格情报以及用户、竞争对象的情况的有关知识；管理专有技术，即生产组织的经营方式、管理方法、培训职工方法等保密知识。非专利技术并不是专利法的保护对象，专有技术所有人依靠自我保密的方式来维持其独占权，可以用于转让和投资。

3. 商标权。商标权，是指专门在某类指定的商品或产品上使用特定的名称或图案的权利。商标是用来辨认特定商品或劳务的标记。在日益激烈的市场竞争中，商标已成为重要的购物向导，名牌商标产品也使享有人获得了较高的经济利益。当企业具有信誉卓著的商标权产品或商品时，它往往能赢得大量的顾客，与没有商标的产品或商标不著名的产品相比，该产品或商品就会以较高的价格出售。

4. 版权。版权亦称著作权，是政府版权管理部门依法授予制作者对其创作的文学、科学和艺术作品在规定有效期内发表、制作、出版和发行的专有权利。著作权包括两方面的权利，即精神权利（人身权利）和经济权利（财产权利）。前者是指作品署名、发表作品、确认作者身份、保护作品的完整性、修改已经发表的作品等各项权利，包括发表权、署名权、修改权和保护作品完整权；后者是指以出版、表演、广播、展览、录制唱片、摄制影片等方式使用作品以及因授权他人使用作品而获得经济利益的权利。

5. 特许权。特许权亦称特许经营权，一般是指企业之间通过协议或由政府给予企业经营某种事业或销售某种特定商品的专有权利。会计上的特许权，是指企业间依照签订的合同,有限期或无限期使用另一家企业的某些权利,如连锁企业的分店使用总店名称的权利等。只有支付了费用而取得的特许权才能作为无形资产入账。

6. 土地使用权。土地使用权,是指国家准许企业在规定期间内对国有土地享有开发、利用和经营的权利。土地使用权可以来自政府无偿划拨,也可以来自政府有偿出让或其他单位有偿转让。作为无形资产核算的土地使用权有以下两种情况:一是企业根据规定,向政府土地管理部门申请土地使用权,支付的土地出让金作为无形资产计价入账;二是企业原先由行政划拨获得的土地使用权未入账核算,在将土地使用权有偿转让、出租、抵押、作价入股和投资时,应按规定将补交的土地出让价款作为无形资产计价入账。

二、无形资产的确认

(一)无形资产确认的一般原则

根据无形资产准则的规定,同时满足下列条件的无形项目,才能确认为无形资产:一是与该资产有关的未来经济利益很可能流入企业;二是该资产的成本能够可靠地计量。

作为无形资产核算的项目,首先应该符合无形资产的定义,而符合无形资产定义的重要特征之一,就是企业能够控制该项无形资产产生的经济利益。

无形资产作为商品流通企业资产的重要组成部分,要予以确认,其为取得该无形资产而发生的支出也必须能够可靠地计量。如果无形资产的成本能够可靠地计量,并同时满足其他确认条件,就可以加以确认;否则,商品流通企业不应加以确认。

(二)企业内部研究开发项目确认为无形资产的方法

商品流通企业进行内部研究项目的开发,必须投入人力和物力,发生各种支出,比如,研究与开发人员的工资和福利、所用设备的折旧、外购相关技术发生的支出等。商品流通企业内部研究开发项目支出,可分为研究阶段支出与开发阶段支出。其中,研究阶段支出,是指为获取新的科学或技术知识并理解它们而进行的、独创性的、有计划的调查而发生的支出。由于研究阶段是探索性的,是开发阶段的前期准备阶段,已进行的研究活动将来是否会转入开发、开发后是否会形成无形资产等均具有较大的不确定性。在这一阶段不会形成阶段性成果。因此,研究阶段的有关支出,在发生时应当费用化计入当期损益。开发阶段支出,是指在进行商业性生产或使用前,将研究成果或其他知识应用于某项计划或设计,以生产出新的或具有实质性改进的材料、装置、产品等而发生的支出。与研究阶段相比,开发阶段一定程度上具备了形成一项新产品或新技术的基本条件。如果能够证明开发阶段支出符合无形资产的定义及相关确认条件,商品流通企业可将开发阶段支出确认为无形资产。

三、无形资产的核算

无形资产计价是涉及如何确定无形资产的入账价值问题。商品流通企业取得无形资产的方式主要有外购、自行开发、投资者投入、企业合并取得、非货币性资产交换取得、债务重组取得、政府补助等。

（一）外购无形资产的核算

外购无形资产的成本，包括购买价款、进口关税和其他税费以及直接归属于使该项资产达到预定用途所发生的其他支出，如使无形资产达到预定用途所发生的专业服务费用、测试无形资产是否能够正常发挥作用的费用等，但不包括为引入新产品进行宣传而发生的广告费、管理费用及其他间接费用，也不包括在无形资产已经达到预定用途以后发生的费用。无形资产达到预定用途后所发生的支出，不构成无形资产的成本。

商品流通企业单独购入无形资产，应按照取得时的实际成本计价入账，借记“无形资产”科目，贷记“银行存款”、“应付账款”等科目。

【例 8－14】2×16 年 1 月 5 日，某商品流通企业为购入一项专利权支付了 150 000元，另付手续费 3 200 元、增值税 9 000 元。价款及手续费以银行存款支付。编制如下会计分录：

借：无形资产——专利权	153 200	
应交税费——应交增值税（进项税额）	9 000	
贷：银行存款		162 200

（二）自行研究与开发无形资产的核算

我国无形资产的处理原则是，企业内部研究开发项目的研究阶段支出应当于发生时归集在“研发支出”科目，期末再转入当期管理费用；企业在开发阶段发生的支出，也要先归集在“研发支出”科目，待开发项目确认为无形资产时，根据发生的全部开发支出，从研发支出转入无形资产成本。符合资本化条件但尚未完成的开发费用，继续保留在“研发支出”科目中，待开发项目完成达到预定用途形成无形资产时，再将其发生的实际成本转入无形资产。

（三）投资者投入无形资产的核算

投资者投入的无形资产，应当按照投资合同或协议约定的价值作为成本，但合同或协议约定价值不公允的除外。在投资合同或协议约定价值不公允的情况下，应按无形资产的公允价值入账，所确认初始成本与实收资本或股本之间的差额调整资本公积。

【例 8－15】某商品流通企业接受 M 公司以其所拥有的专利权作为出资投入，双方协议约定的价值为 750 万元，按照市场情况估计其公允价值为 500 万元，已办妥相关手续。不考虑增值税，编制如下会计分录：

借：无形资产　　5 000 000

资本公积　　2 500 000
贷:实收资本　　7 500 000

(四)土地使用权的核算

商品流通企业取得的土地使用权,通常应当按照取得时所支付的价款及相关税费确认为无形资产。当土地使用权用于自行开发建造厂房等地上建筑物时,相关的土地使用权账面价值不转入在建工程成本。土地使用权和地上建筑物应分别进行摊销和提取折旧。有时,企业外购房屋建筑物,实际支付的价款中包括土地以及建筑物的价值,则应当对支付的价款按照合理的方法(例如,公允价值比例)在土地和地上建筑物之间进行分配;如果确实无法在地上建筑物与土地使用权之间进行合理分配,应当全部作为固定资产,按照固定资产确认和计量的规定进行处理。

商品流通企业改变土地使用权的用途,将其用于出租或增值目的时,应将其转为投资性房地产。

【例8-16】2×16年1月1日,某商品流通企业购入一块土地的使用权,以银行存款转账支付40 000 000元,并在该土地上自行建造商业大楼,发生材料支出60 000 000元,工资费用40 000 000元,其他相关费用50 000 000元等。该工程已经完工并达到预定可使用状态。假定土地使用权的使用年限为50年,该厂房的使用年限为25年,两者都没有净残值,都采用直线法进行摊销和计提折旧。为简化核算,不考虑其他相关税费。该企业应编制如下会计分录:

(1)支付转让价款:

借:无形资产——土地使用权　　40 000 000
　贷:银行存款　　40 000 000

(2)在土地上自行建造大楼:

借:在建工程　　150 000 000
　贷:工程物资　　60 000 000
　　应付职工薪酬　　40 000 000
　　银行存款　　50 000 000

(3)大楼达到预定可使用状态:

借:固定资产　　150 000 000
　贷:在建工程　　150 000 000

(4)每年分期摊销土地使用权和对大楼计提折旧:

借:管理费用　　6 800 000
　贷:累计摊销　　800 000
　　累计折旧　　6 000 000

(五)无形资产摊销的核算

1.无形资产摊销的概念。无形资产属于非流动资产,能在较长的时间里为企业提供经济利益。随着无形资产提供效用和获取收入潜能的递减,其原始成本也应在各个会计期间进行合理地分摊并转为费用,以便与各个会计期间的收入相互配比。由于无形资产有使用寿命有限和使用寿命不确定之分,其摊销方式也不相同。

对于使用寿命有限的无形资产,其成本应当在其有效期限内系统合理地摊销,而使用寿命不确定的无形资产不予以摊销。

2. 无形资产摊销的方法。无形资产摊销方法应当反映企业预期消耗该项无形资产所产生的未来经济利益的方式,因而,无形资产摊销方法可以有多种,如直线法、加速摊销法或其他方法。无法可靠确定消耗方式的,应当采用直线法摊销。

无论采用何种摊销方法,摊销时首先应确定无形资产的应摊销金额。无形资产的应摊销金额不是最初取得时的入账价值,而是其入账价值扣除残值后的金额,已经计提无形资产减值准备的,还应扣除已经提取的减值准备金额。其计算方法是:

无形资产应摊销金额 = 无形资产入账价值 – 残值 – 无形资产减值准备

需要说明的是,除以下任一情况外,使用寿命有限的无形资产,其残值应当视为零:①有第三方承诺在无形资产使用寿命结束时购买该无形资产;②可以根据活跃市场得到残值信息,并且该市场在无形资产使用寿命结束时很可能存在。

商品流通企业应设置"累计摊销"科目核算其累计摊销。该科目是"无形资产"科目的调整科目,其贷方登记增加的无形资产累计摊销额;借方登记无形资产因减少而注销的摊销额;期末贷方余额反映无形资产的累计摊销额。其明细账可按无形资产项目设置。

商品流通企业行政管理用无形资产的摊销额应当计入当期管理费用;出租的无形资产摊销价值应当计入其他业务成本。商品流通企业按期计提无形资产摊销时,借记"管理费用"、"其他业务成本"等科目,贷记"累计摊销"科目。

【例 8 – 17】2 × 16 年年初,某商品流通企业无形资产情况如下:专利权入账价值 200 000 元,摊销期 8 年;土地使用权入账价值 300 000 元,摊销期 20 年。本年无形资产摊销额计算过程如下:

专利权年摊销额 = 200 000 ÷ 8 = 25 000(元)

土地使用权年摊销额 = 300 000 ÷ 20 = 15 000(元)

根据计算结果,编制无形资产摊销额计算表,如表 8 – 3 所示。

表 8 – 3　无形资产的摊销额计算表　　单位:元

项　目	应记科目		金　额
	总账科目	明细科目	
专利权	管理费用	无形资产摊销	25 000
土地使用费	管理费用	无形资产摊销	15 000

根据上表编制如下会计分录：

借：管理费用——无形资产摊销　　40 000

　贷：累计摊销　　40 000

商品流通企业应当至少于每年年度终了，对使用寿命有限的无形资产的使用寿命及未来经济利益消耗方式进行复核。无形资产的预计使用寿命及未来经济利益的预期消耗方式与以前估计不同的，应当改变摊销期限和摊销方法。

对于使用寿命不确定的无形资产，在持有期间内不需要进行摊销，但应当在每个会计期间进行减值测试。其减值测试的方法按照判断资产减值的原则进行处理。

（六）无形资产的减值、处置和报废的核算

1. 无形资产减值的核算。由于无形资产所带来的收益具有很大的不确定性，为了更好地体现谨慎性原则的要求，每年年末，商品流通企业应对无形资产的账面价值进行检查。如果出现减值迹象，应对无形资产的可收回金额进行估计。如果无形资产预计可收回金额低于其账面价值，应当计提减值准备。其中，无形资产的可收回金额，是指下列两者中的较高者：①无形资产的公允价值减去处置费用后的净额；②无形资产预计未来现金流量的现值。

本期无形资产减值准备计量方法如下：

无形资产减值准备 =（无形资产账面价值 - 无形资产可收回金额）- 无形资产减值准备期初余额

商品流通企业已确认的无形资产减值，应在“资产减值损失”和“无形资产减值准备”科目中反映。无形资产减值损失确认后，扣除减值损失的无形资产账面价值应在未来剩余使用寿命内系统地予以分摊。无形资产减值损失一经确认，在以后会计期间不得转回。

【例 8 - 18】2 ×16 年 1 月 1 日，某商品流通企业购入一项专利权，实际支付价款 2 000 000 元，预计使用年限为 10 年。2 ×16 年 12 月 31 日，该项专利权发生减值，其公允价值减去处置费用后的净额为 1 440 000 元，预计未来现金流量的现值为 1 400 000 元。根据以上资料，应编制如下会计分录：

(1) 计算专利权在计提减值准备前的账面余额：

账面余额 = 2 000 000 - 2 000 000 ÷ 10 = 1 800 000（元）

(2) 计提专利权的减值准备：

无形资产减值准备 = 1 800 000 - 1 440 000 - 0 = 360 000（元）

借：资产减值损失　　360 000

　贷：无形资产减值准备　　360 000

(3) 计算剩余使用年限内专利权的年摊销额：

剩余使用年限内每年摊销额 = 1 440 000 ÷ 9 = 160 000（元）

借:制造费用——无形资产摊销 160 000
　贷:累计摊销 160 000

对于使用寿命不确定的无形资产,应当在每个会计期间进行减值测试。如经减值测试表明已发生减值,则需要计提相应的减值准备,其相关的账务处理为:借记“资产减值损失”科目,贷记“无形资产减值准备”科目。

2. 无形资产的转让。商品流通企业在生产过程中,既可依法转让无形资产的所有权,也可只转让无形资产的使用权。前者表现为在转让之后,企业不再对转让的无形资产拥有占有、使用、收益、处置的权利;后者则表现为企业仅将无形资产的部分使用权让渡给其他企业,而企业仍然保留着对原有无形资产的各项权利。

无形资产转让方式不同,其会计处理也不同。商品流通企业转让无形资产的所有权时,应按照转让收入增加银行存款的同时,分别注销无形资产减值准备和无形资产的账面余额,应支付的相关税费要冲减银行存款并形成应交税费负债,按其差额分别计入营业外收入或营业外支出。

【例8-19】2×12 年 1 月 1 日,某商品流通企业购买一项商标权,支付费用 150 000 元。按规定,商标权的摊销期限为 15 年,采用直线法摊销。2×14 年 1 月 1 日,该企业将商标权转让给南方公司,取得转让收入 145 000 元。该商标权的残值为零,已累计计提减值准备 5 000 元,以银行存款支付相关费用 3 000 元,转让无形资产应交增值税 8 700 元,其他税费略。转让时,编制如下会计分录:

借:银行存款 145 000
　累计摊销 20 000
　无形资产减值准备 5 000
　贷:无形资产——专利权 130 000
　　银行存款 3 000
　　应交税费——应交增值税(销项税额) 8 700
　　营业外收入 28 300

3. 无形资产出租。无形资产出租,是指企业将拥有的无形资产的使用权让渡给他人,并收取租金。出租无形资产,商品流通企业仅将无形资产的部分使用权让渡给其他企业,但仍保留着对原有无形资产的各项权利,出让方也无须改变无形资产的账面价值。因此,出租无形资产的租金收入计入其他业务收入;结转其出租成本,应计入其他业务成本。

【例8-20】2×16 年 1 月 5 日,某商品流通企业将一项专利权的使用权转让给乙公司,合同规定专利权使用费为每年 50 000 元。本年的使用费乙公司已用支票付讫。该企业以银行存款支付转让专利权咨询费 3 000 元。编制如下会计分录:

(1)收到专利权使用费:

借:银行存款 50 000

贷:其他业务收入　　50 000

(2)结转无形资产的出租成本:

借:其他业务成本　　2 830

应交税费——应交增值税(进项税额)　　170

贷:银行存款　　3 000

(3)确认应交税金:

借:税金及附加　　3 000

贷:应交税费——应交增值税(销项税额)　　3 000

(七)无形资产报废

无形资产报废,是指无形资产由于已被其他新技术所代替或不再受法律保护等原因而进行的处置工作。无形资产预期不能为企业带来未来经济利益的,应当将该无形资产的账面价值予以转销。在转销无形资产的账面余额时,应将已计提的累计摊销、减值准备等一同注销,按其差额计入营业外支出。

第三节　投资性房地产的核算

一、投资性房地产的范围

投资性房地产,是指为赚取租金或资本增值,或两者兼有而持有的房地产。其中包括已出租的土地使用权、长期持有并准备增值后转让的土地使用权、企业拥有并已出租的建筑物。

已出租的建筑物和已出租的土地使用权,是指从租赁期开始日以经营租赁方式出租的建筑物和土地使用权,包括自行建造或开发完成后用于出租的房地产。

持有并准备增值后转让的土地使用权,是指企业取得的、准备增值后转让的土地使用权。按照国家有关规定认定的闲置土地,不属于持有并准备增值的土地使用权。

需要说明的是,自用房地产(作为固定资产或无形资产)以及房地产开发企业在正常经营过程中销售(作为存货)的或为销售而正在开发的商品房和土地不属于投资性房地产。

二、投资性房地产初始确认与计量

依据会计确认的基本内涵,某一项目能否作为投资性房地产在资产负债表中确认,首先该项目要符合投资性房地产的定义;同时,还必须满足以下两个条件:①该投资性房地产包含的经济利益很可能流入企业;②该投资性房地产的成本能够可靠计量。

无论是以什么方式取得的投资性房地产,只有在形成房地产的同时开始对外出租(租赁期开始日起)或用于资本增值,才能称之为投资性房地产。

投资性房地产应当按照取得时的成本计价入账。其初始计量方法与固定资产相一致。企业取得的投资性房地产,应通过"投资性房地产"科目核算。

【例8-21】2×16年3月,甲商贸公司计划购入一栋仓库用于对外出租。3月15日,甲商贸公司与乙企业签订了经营租赁合同,约定自仓库购买日起将这栋仓库出租给乙企业,为期5年。4月5日,甲商贸公司实际购入仓库,支付价款共计15 000 000元。假设不考虑其他因素。编制会计分录如下:

借:投资性房地产——仓库 15 000 000

贷:银行存款 15 000 000

【例8-22】2×16年1月,甲商品流通企业从其他单位购入一块土地的使用权,并在这块土地上开始自行建造三栋营业大厅。2×16年10月,甲商品流通企业与乙公司签订了经营租赁合同,将其中的一栋大厅租赁给乙公司使用。2×16年11月1日,三栋大厅同时完工。该块土地使用权的成本为9 000 000元;三栋大厅的实际造价均为8 000 000元,能够单独出售。编制会计分录如下:

土地使用权中的对应部分同时转换为投资性房地产:

投资性房地产价值 = 9 000 000 × (8 000 000 ÷ 24 000 000) = 3 000 000(元)

借:投资性房地产——大厅 8 000 000

贷:在建工程 8 000 000

借:投资性房地产——已出租土地使用权 3 000 000

贷:无形资产——土地使用权 3 000 000

三、投资性房地产的后续计量

在资产负债日,投资性房地产有成本和公允价值两种计价模式。在成本计价模式下,企业取得的投资性房地产按照实际成本计入投资性房地产,分期计提的折旧或摊销的价值计入其他业务支出,并反映投资性房地产累计折旧(摊销)的变化,其租金收入计入其他业务收入。如果投资性房地产存在减值迹象,应当进行资产减值处理。

当企业存在确凿证据表明投资性房地产的公允价值能够持续可靠取得时,才可以采用公允价值模式对投资性房地产进行计价。

采用公允价值模式进行计价的投资性房地产,应当同时满足下列条件:①投资性房地产所在地有活跃的房地产交易市场;②企业能够从活跃的房地产交易市场上取得同类或类似房地产的市场价格及其他相关信息,从而对投资性房地产的公允价值作出合理的估计。

企业采用公允价值模式进行后续计量的,不对投资性房地产计提折旧或进行摊销,应当以资产负债表日投资性房地产的公允价值为基础调整其账面价值,公允价值与原账面价值之间的差额计入当期损益(公允价值变动损益)。投资性房地产取得的租金收入,确认为其他业务收入。

【例 8－23】甲商贸公司一栋办公楼出租给乙企业使用,已确认为投资性房地产,采用成本模式进行后续计量。假设这栋办公楼的成本为 9 000 000 元,按照直线法计提折旧,使用寿命为 20 年,预计净残值为零。按照经营租赁合同,乙企业每月支付甲商贸公司租金 40 000 元。当年 12 月,这栋办公楼发生减值迹象,经减值测试,其可收回金额为 6 000 000 元,此时办公楼的账面价值为 7 500 000 元,以前未计提减值准备。编制会计分录如下:

(1)计提折旧:

每月计提的折旧 = 9 000 000 ÷ 20 ÷ 12 = 37 500(元)

借:其他业务成本　　37 500

　贷:投资性房地产累计折旧(摊销)　　37 500

(2)确认租金(不考虑增值税):

借:银行存款(或其他应收款)　　40 000

　贷:其他业务收入　　40 000

(3)计提减值准备:

应计提减值准备 = 7 500 000 － 6 000 000 = 1 500 000(元)

借:资产减值损失　　1 500 000

　贷:投资性房地产减值准备　　1 500 000

四、投资性房地产的转换和处置

(一)投资性房地产的转换

投资性房地产的转换涉及内容较多,以下仅对采用成本模式进行后续计量的投资性房地产转换为自用房地产的账务处理加以说明。

企业将原本用于赚取租金或资本增值的房地产改用于销售商品、提供劳务或者经营管理,投资性房地产相应地转换为固定资产或无形资产。例如,企业将出租的仓库收回,并用于保管本企业的库存产品等。

企业将投资性房地产转换为自用房地产,应当在该项投资性房地产的转换日,按投资性房地产的账面余额,借记“固定资产”或“无形资产”科目,贷记“投资性房地产”科目;按已计提的折旧或摊销,借记“投资性房地产累计折旧(摊销)”科目,贷记“累计折旧”或“累计摊销”科目;原已计提减值准备的,借记“投资性房地产减值准备”科目,贷记“固定资产减值准备”或“无形资产减值准备”科目。

【例 8－24】2 ×16 年 8 月 1 日,甲商贸企业将出租在外的仓库收回,开始用于储存本企业库存商品。该项房地产账面价值为 30 120 000 元。其中,原价 40 000 000 元,累计已提折旧 9 880 000 元。假设该企业采用成本计量模式。编制会计分录如下:

借:固定资产　　40 000 000
　投资性房地产累计折旧(摊销)　　9 880 000
　贷:投资性房地产　　40 000 000
　　累计折旧　　9 880 000

(二)投资性房地产的处置

商品流通企业出售、转让按成本模式进行后续计量的投资性房地产时,应当按实际收到的金额,借记“银行存款”等科目,贷记“其他业务收入”科目;按该项投资性房地产的账面价值,借记“其他业务成本”科目,按其账面余额,贷记“投资性房地产”科目;按照已计提的折旧或摊销,借记“投资性房地产累计折旧(摊销)”科目;原已计提减值准备的,借记“投资性房地产减值准备”科目。

【例8－25】甲商贸公司将其出租的一栋营业大厅确认为投资性房地产,采用成本模式计量。租赁期满后,甲公司将该栋营业大厅出售给乙公司,合同价款为5 000 000元,乙公司已用银行存款付清。出售时,该栋大厅成本为30 000 000 元,已计提折旧26 000 000 元。不考虑增值税,编制会计分录如下:

借:银行存款　　5 000 000
　贷:其他业务收入　　5 000 000
借:其他业务成本　　4 000 000
　投资性房地产累计折旧(摊销)　　26 000 000
　贷:投资性房地产——营业大厅　　30 000 000

思考题与练习题

一、思考题

1. 什么是固定资产?其特点主要表现在哪些方面?

2. 一项固定资产可以自行建造形成,也可以采用分期付款方式取得,请说明这两者选择计量属性有什么不同?其原因是什么?

3. 何谓固定资产折旧?简述固定资产折旧的性质。

4. 影响固定资产折旧的因素有哪些?采用平均年限法和工作量法是如何计算折旧的?

5. 什么是加速折旧法?采用加速折旧法的依据是什么?

6. 与其他资产相比,无形资产具有哪些特征?它包括哪些内容?

7. 无形资产是如何进行初始计量的?

8. 什么是无形资产摊销?如何确定无形资产的摊销方法?

9. 什么是投资性房地产?其内容包括哪些?主要特点表现在哪些方面?

二、练习题

1. 某设备原值19 000元,预计净残值1 000元,预计使用5年,可使用6 000小时。前三年设备使用时间为1 000小时、1 200小时和1 500小时。

要求:根据上述资料,计算以下指标:

(1)平均年限法年折旧额和月折旧率。

(2)工作量法下前三年折旧额累计数。

(3)年数总和法下第1、第3两年每年折旧额。

(4)双倍余额递减法下第1、第4两年每年折旧额。

2. 某商品流通企业2×12年到2×16年与固定资产有关的业务资料如下:

(1)2×12年12月12日,该企业购进一台不需要安装的冷冻设备,取得的增值税专用发票上注明的设备价款为350万元,增值税为59.5万元,另发生运输费1.5万元,款项以银行存款支付;没有发生其他相关税费。该设备于当日投入使用,预计使用年限为10年,预计净残值为15万元,采用直线法计提折旧。

(2)2×13年12月31日,企业对该设备进行检查时发现其已经发生减值,预计可收回金额为321万元;计提减值准备后,该设备原预计使用年限、预计净残值、折旧方法保持不变。

(3)2×14年12月31日,企业因生产经营方向调整,决定采用出包方式对该设备进行改良,改良工程验收合格后支付工程价款。该设备于当日停止使用,开始进行改良。

(4)2×15年3月12日,改良工程完工并验收合格,丙公司以银行存款支付工程总价款25万元。当日,改良后的设备投入使用,预计尚可使用年限8年,采用直线法计提折旧,预计净残值为16万元。20×8年12月31日,该设备未发生减值。

(5)2×16年12月31日,该设备因遭受自然灾害发生严重毁损,企业决定进行处置,取得残料变价收入10万元、保险公司赔偿款30万元,发生清理费用3万元;款项均以银行存款收付,不考虑其他相关税费。

要求:

(1)编制2×12年12月12日取得该设备的会计分录;

(2)计算2×13年度该设备计提的折旧额;

(3)计算2×13年12月31日该设备计提的固定资产减值准备,并编制相应的会计分录;

(4)计算2×14年度该设备计提的折旧额;

(5)编制2×14年12月31日该设备转入改良时的会计分录;

(6)编制2×15年3月12日支付该设备改良价款、结转改良后设备成本的会计分录;

(7)计算2×16年度该设备计提的折旧额和处置该设备实现的净损益,并编制相应的会计分录。

（答案中的金额单位用万元表示）

3. 某商品流通企业 2×12 年至 2×15 年无形资产业务有关的资料如下：

(1)2×12 年 12 月 1 日，以银行存款 300 万元购入一项无形资产（不考虑相关税费）。该无形资产预计的使用年限为 10 年，其他采用直线法摊销该无形资产。

(2)2×14 年 12 月 31 日对该无形资产进行减值测试时，该无形资产预计的未来现金流量现值是 190 万元，公允价值减去处置费用后的金额为 180 万元。减值测试后该资产的使用年限不变。

(3)2×15 年 4 月 1 日，将该无形资产对外出售，取得价款 260 万元并收存银行（不考虑相关税费）。

要求：

(1)编制购入该无形资产的会计分录；

(2)计算 2×12 年 12 月 31 日无形资产的摊销金额，并编制相应的会计分录；

(3)计算 2×13 年 12 月 31 日该无形资产的账面价值；

(4)计算该无形资产 2×14 年年底计提的减值准备金额并编制会计分录；

(5)计算该无形资产 2×15 年出售形成的净损益，并编制相应的会计分录。

（答案中的金额单位用万元表示）

第九章 商品流通企业对外投资的核算

学习要点

本章主要介绍了对外投资的核算方法。通过本章的学习,了解对外投资的类别,掌握交易性金融资产取得、持有期间股利或利息确认以及处置的核算方法;理解持有至到期投资的取得,掌握持有至到期投资确认投资收益和溢折价摊销的实际利率法,了解长期股权投资的类别,掌握不同类别下长期股权成本的确认,掌握长期股权投资成本法和权益法的核算。

商品流通企业为了合理而有效地使用资金以获取经济效益,除开展正常的商品购销活动外,有时将资金投放于债券、股票或其他资产进行投资活动,通过投资活动获得股利、利息以及对另一企业实施控制,以达到有效地利用闲置资金,影响或控制其他企业的经营业务,为扩大再生产提供或积累必要资金的目的。

第一节 交易性金融资产的核算

交易性金融资产,是指企业为近期出售所持有的、以公允价值计量且其变动计入当期损益的金融资产。例如,企业以赚取差价为目的从二级市场购入的股票、债券和基金等。

商品流通企业应设置"交易性金融资产"科目,核算其增减变动情况。该科目借方登记取得交易性金融资产的公允价值、资产负债表日交易性金融资产公允价值高于其账面余额的差额、出售交易性金融资产而转出的公允价值变动额;贷方登记资产负债表日交易性金融资产公允价值低于其账面余额的差额、出售交易性金融资产而转出的交易性金融资产账面余额及其公允价值变动额;其借方余额,反映企业持有的交易性金融资产的公允价值。其明细账应按交易性金融资产的种类和品种(如股票、债券、基金、权证等),分别"成本"和"公允价值变动"设置。

一、交易性金融资产取得的核算

商品流通企业取得交易性金融资产,按其公允价值,借记"交易性金融资产"科目(成本);按发生的交易费用,借记"投资收益"科目;按已到付息期但尚未领取的利息或已宣告但尚未发放的现金股利,借记“应收利息”或“应收股利”科目;按实际支付的金额,贷记“银行存款”等科目。

【例9-1】2×15年1月5日,某商业流通企业从二级市场购入A公司发行的债券408 000元(含已到付息期但尚未支取的债券利息8 000元),另支付交易手续费及印花税等计6 000元,款项以存入证券公司投资款付讫。该债券面值400 000元,剩余期限2年,票面年利率为4%,每半年付息一次,该企业将其划分为交易性金融资产。购入债券时,该商品流通企业应编制如下会计分录:

借:交易性金融资产——成本	400 000	
应收利息	8 000	
投资收益	6 000	
贷:其他货币资金——存出投资款		414 000

二、交易性金融资产持有期间股利、利息的核算

持有交易性金融资产期间,被投资单位宣告发放现金股利时,应确认投资收益,并作应收股利处理;对于收到的属于取得交易性金融资产支付价款中包含的已宣告发放的现金股利,应直接冲减应收股利。

在资产负债表日确认的分期付息债券利息,应作为投资收益处理,同时,确认应收利息;对于收到的属于取得交易性金融资产支付价款中包含的已宣告发放的债券利息,应直接冲减应收利息。

【例9-2】承例9-1。2×15年2月5日,该企业收到该债券2×14年下半年利息8 000元,存入银行。该企业的会计处理如下:

借:银行存款	8 000	
贷:应收利息		8 000

三、交易性金融资产的期末计价

交易性金融资产在资产负债表日,应按当日各项交易性金融资产的公允价值计价,并对交易性金融资产账面价值进行调整。

资产负债表日,交易性金融资产公允价值高于其账面价值时,应按其差额调增交易性金融资产价值,同时,反映公允价值变动收益;交易性金融资产公允价值低于其账面价值,应调低交易性金融资产价值,同时,反映公允价值变动损失。

【例9-3】承例9-1。2×15年6月30日,该企业持有A公司债券的公允价值为460 000元(不含利息),债券变动收益为60 000元。该日确认的债券投资收益为8 000元,并于次月10日收讫。该企业应编制如下会计分录:

确认债券公允价值变动:

借:交易性金融资产——公允价值变动	60 000	

贷:公允价值变动损益　　60 000

同时,确认债券投资收益:

借:应收利息　　8 000

贷:投资收益　　8 000

2×15 年 7 月 10 日收到半年利息:

借:银行存款　　8 000

贷:应收利息　　8 000

【例 9-4】承例 9-1。2×15 年 12 月 31 日,该企业持有债券的公允价值为 440 000 元(不含利息)。该日确认的债券投资收益为 8 000 元,并于次年 1 月 10 日收讫。该企业应编制如下会计分录:

(1)2×15 年 12 月 31 日确认债券公允价值变动:

借:公允价值变动损益　　20 000

贷:交易性金融资产——公允价值变动　　20 000

(2)2×15 年 12 月 31 日确认债券投资收益:

借:应收利息　　8 000

贷:投资收益　　8 000

2×16 年 1 月 10 日收到利息的会计分录同 2×15 年 7 月 10 日,略。

四、交易性金融资产出售的核算

交易性金融资产出售时,根据收到的价款增加银行存款,同时注销交易性金融资产的账面余额,如有差额计入投资收益。由于原计入公允价值变动的损益已经实现,应作为投资收益处理,并应将已计入该项交易性金融资产的公允价值变动转出。

【例 9-5】承例 9-1 至例 9-4。2×15 年 3 月 31 日,该企业将该债券出售,取得价款 472 000 元(含 1 季度利息 4 000 元)。该企业应编制会计分录如下:

(1)确认 2×15 年 1 至 3 月的利息:

借:应收利息　　4 000

贷:投资收益　　4 000

(2)出售债券:

借:银行存款　　468 000

公允价值变动损益　　40 000

贷:交易性金融资产——成本　　400 000

——公允价值变动　　40 000

投资收益　　68 000

(3)收到利息:

借:银行存款　　4 000

贷:应收利息　　4 000

第二节　持有至到期投资的核算

一、持有至到期投资的概念

持有至到期投资,是指到期日固定、回收金额固定或可确定,且企业有明确意图和能力持有至到期的非衍生金融资产。其中,到期日固定、回收金额固定或可确定,是指相关合同明确了投资者在确定的期间内获得或应收取现金流量(例如,投资利息和本金等)的金额和时间;有明确意图持有至到期,是指投资者在取得投资时意图就是明确的,除非遇到一些企业所不能控制、预期不会重复发生且难以合理预计的独立事件,否则将持有至到期;有能力持有至到期,是指企业有足够的财力资源,并不受外部因素影响将投资持有至到期。

为了反映持有至到期投资的取得、收益、处置等情况,商品流通企业应设置"持有至到期投资"科目,并设置"成本"、"利息调整"和"应计利息"等明细科目。

二、持有至到期投资取得的核算

商品流通企业取得的持有至到期投资,应按该投资的面值,借记"持有至到期投资——成本"科目;按支付的价款中包含的已到付息期但尚未领取的利息,借记"应收利息"科目;按实际支付的金额,贷记"银行存款"等科目;按其差额,借记或贷记"持有至到期投资——利息调整"科目。

【例9-6】2×11年1月1日,某商品流通企业支付价款5 000 000元(含交易费用)从活跃市场上购入某公司5年期债券,面值为6 250 000元,票面利率为4.72%,实际利率为10%,按年支付利息(即每年295 000元),本金最后一次支付。该企业将其确认为持有至到期投资。购入债券时,该企业应编制如下会计分录:

借:持有至到期投资——成本　　6 250 000

　贷:银行存款　　5 000 000

　　持有至到期投资——利息调整　　1 250 000

三、持有至到期投资利息的核算

资产负债表日,持有至到期投资为分期付息、一次还本债券投资的,应按票面利率计算确定的应收未收利息,借记"应收利息"科目;按持有至到期投资摊余成本和实际利率计算确定的利息收入,贷记"投资收益"科目;按其差额,借记或贷记"持有至到期投资——利息调整"科目。

持有至到期投资为一次还本付息债券投资的,应于资产负债表日按票面利率计算确定的应收未收利息,借记"持有至到期投资——应计利息"科目;按持有至到期投资摊余成本和实际利率计算确定的利息收入,贷记"投资收益"科目;按其差额,借记或贷记"持有至到期投资——利息调整"科目。

【例9-7】承例9-6,2×11年12月31日,根据表9-1所示,确认实际利息收入、收到票面利息。

表9-1 持有至到期投资实际利息、票面利息及摊余成本计算表 金额单位:元

年 份	期初摊余成本(a)	实际利息 (b=每期期初 a×10%)	现金流入 (c)	期末摊余成本 (d=a+b-c)
2×11年	5 000 000	500 000	295 000	5 205 000
2×12年	5 205 000	520 500	295 000	5 430 500
2×13年	5 430 500	543 050	295 000	5 678 550
2×14年	5 678 550	567 855	295 000	5 951 405
2×15年	5 951 405	593 595	6 545 000	0

该企业编制会计分录如下:

(1)确认投资收益:

借:应收利息　　295 000

　　持有至到期投资——利息调整　　205 000

　贷:投资收益　　500 000

(2)收到利息:

借:银行存款　　295 000

　贷:应收利息　　295 000

2×12年至2×14年确认持有至到期投资实际利息、票面利息的会计分录(金额不同)同2×11年,略。

四、持有至到期投资出售的核算

出售持有至到期投资,应按实际收到的金额,借记"银行存款"等科目;按其账面余额,贷记"持有至到期投资——成本、利息调整或应计利息"科目;按其差额,贷记或借记"投资收益"科目。已计提减值准备的,还应同时结转减值准备。

【例9-8】承例9-7。2×15年12月31日,确认实际利息收入、收到票面利息和本金。该企业应编制如下会计分录:

(1)确认投资收益:

借:应收利息　　295 000

　　持有至到期投资——利息调整　　298 595

　贷:投资收益　　593 595

(2)收到债券利息和本金:

借:银行存款　　6 545 000
　贷:应收利息　　295 000
　　持有至到期投资——成本　　6 250 000

第三节　长期股权投资的核算

一、长期股权投资的类型

长期股权投资,是指投资期限超过一年,并通过投资取得被投资单位股权的投资,包括股票投资和其他股权投资。这种投资的目的不仅是为了按期取得优厚的股利和股票的升值,还有参与被投资企业的经营决策、控制其经营业务的目的。

长期股权投资按投资企业对被投资单位影响力的大小,可分为以下类别:

一是对子公司投资。对子公司投资,是指企业持有的能够对被投资单位实施控制的权益性投资。

二是对合营企业投资。对合营企业投资,是指企业持有的能够与其他合营方一同对被投资单位实施共同控制的权益性投资。

三是对联营企业投资。对联营企业投资,是指企业持有的能够对被投资单位施加重大影响的权益性投资。

在我国,长期股权投资准则规定,投资企业对被投资单位具有共同控制或重大影响的长期股权投资,应当采用权益法核算;投资企业能够对被投资单位实施控制的长期股权投资,投资企业对被投资单位不具有共同控制或重大影响,并且在活跃市场中没有报价、公允价值不能可靠计量的长期股权投资,应采用成本法核算。

二、长期股权投资核算的成本法

所谓长期股权投资核算的成本法,就是长期股票投资以取得股权时的成本计价,除投资企业追加投资、收回投资等外,长期股票投资的账面价值一般保持不变。被投资单位宣告分派利润或现金股利,投资企业按应享有的份额确认为当期投资收益。此项投资收益,仅限于被投资单位接受投资后产生的累积净利润的分配额,而投资单位获得的利润或现金股利超过上述累积净利润的部分,作为投资成本的收回,冲减投资的账面价值。

(一)长期股权投资取得的核算

商品流通企业取得长期股权投资时,应按照初始投资成本计价。除企业合并形成的长期股权投资以外,以支付现金取得的长期股权投资的初始投资成本包括购买价款以及与取得长期股权投资直接相关的费用、税金及其他必要支出。

此外,商品流通企业取得长期股权投资,实际支付的价款或对价中包含的已宣告但尚未发放的现金股利或利润，作为应收项目处理，不构成长期股权投资的成本。

商品流通企业以支付现金、非现金资产等其他方式取得的长期股权投资，应按照长期股权投资初始投资成本，借记“长期股权投资”科目，贷记“银行存款”等科目。如果实际支付的价款中包含已宣告但尚未发放的现金股利或利润，借记“应收股利”科目，贷记“长期股权投资”科目。

【例9－9】2×16年5月10日，某商品流通企业以银行存款购买华夏股份有限公司的股票50 000股作为长期授权投资，每股买入价为12元，每股价格中包含0.2元的已宣告分派的现金股利，另支付相关税费5 000元。该企业应编制如下会计分录：

借：长期股权投资　　　　(50 000×12＋5 000－50 000×0.2)595 000
　　应收股利　　　　10 000
　贷：银行存款　　　　605 000

2×16年6月20日收到华夏股份有限公司分派的现金股利20 000元。该企业应编制如下会计分录：

借：银行存款　　　　20 000
　贷：应收股利　　　　20 000

（二）长期股权投资持有期间的核算

长期股权投资持有期间被投资单位宣告发放现金股利或利润时，商品流通企业按应享有的部分确认为投资收益，借记“应收股利”科目，贷记“投资收益”科目。属于被投资单位在取得本企业投资前实现净利润的分配额，应作为投资成本的收回，借记“应收股利”科目，贷记“长期股权投资”科目。

【例9－10】承例9－9，2×16年5月20日该商品流通企业收到华夏股份有限公司宣告发放2×16年度现金股利的通知，应分得现金股利20 000元，其中应确认投资收益14 000元。该企业应编制如下会计分录：

借：应收股利　　　　20 000
　贷：投资收益　　　　14 000
　　　长期股权投资　　　　6 000

（三）处置长期股权投资的核算

处置长期股权投资时，按实际取得的价款与长期股权投资账面价值的差额确认为投资损益，并应同时结转已计提的长期股权投资减值准备。其会计处理是：商品流通企业处置长期股权投资时，应按实际收到的金额，借记“银行存款”等科目；按原已计提的减值准备，借记“长期股权投资减值准备”科目；按该项长期股权投资的账面余额，贷记“长期股权投资”科目；按尚未领取的现金股利或利润，贷记“应收股利”科目；按其差额，贷记或借记“投资收益”科目。

【例9－11】承例9－9和例9－10，2×16年10月5日该商品流通企业将其作为长期投资持有的华夏股份有限公司14 000股股票，以每股15元的价格卖出，支付相关税费5 000元，取得价款205 000元，款项已由银行收妥。该长期股权投资账面价值为166 600元，假定没有计提减值准备。该企业应编制如下会计分录：

借：银行存款　　205 000

　贷：长期股权投资　　166 600

　　投资收益　　38 400

成本法以历史成本作为长期投资计价基础，将投资双方作为独立法人来反映各自的经济关系，比较符合法律规范；同时，采用成本法以实际获得利润或现金股利作为投资收益，既能反映利润或现金股利与其流入现金在时间上的同步性，避免了应纳税所得额与投资收益之间的差异，账务处理也较为简单易懂、稳健。但该法在投资企业账上未能反映该企业所占被投资企业权益的比重，所以投资双方的经济联系反映得不够充分。

三、长期股权投资核算的权益法

长期股权投资核算的权益法，是指长期股权投资按照实际成本入账后，根据被投资企业经营损益，按其持有被投资企业股份的比例以及股利的分配作出相应调整的方法。

通常情况下，企业持有的能够与其他合营方一同对被投资单位实施共同控制的对合营企业投资、企业持有的能够对被投资单位施加重大影响的对联营企业投资，应当采用权益法核算。长期股权投资核算的权益法的基本内容如下。

（一）初始投资成本调整的核算

长期股权投资的初始投资成本以及按照持股比例对投资的后续计量，应与享有被投资单位可辨认净资产公允价值的份额相一致。其中，可辨认净资产的公允价值，是指被投资单位可辨认资产的公允价值减去负债及或有负债公允价值后的余额。

当长期股权投资的初始投资成本与投资时应享有被投资单位可辨认净资产公允价值份额不一致时，应根据其差额性质分别处理：长期股权投资的初始投资成本大于投资时应享有被投资单位可辨认净资产公允价值份额的，不调整已确认的初始投资成本；长期股权投资的初始投资成本小于投资时应享有被投资单位可辨认净资产公允价值份额的，应按其差额，借记“长期股权投资——成本”科目，贷记“营业外收入”科目。

【例9－12】2×15年1月1日，某商品流通企业以银行存款8 500 000元取得联营企业甲公司25%的股权，能够对甲公司的财务和经营政策施加重大影响，采用权益法核算此项股权投资。购买日，甲公司所有者权益均为可辨认净资产，其账面价值为30 000 000元，公允价值为40 000 000元。根据上述资料，该企业应编制如下会计分录：

(1)确认长期股权投资成本：

借:长期股权投资——成本(甲公司)　　8 500 000

　贷:银行存款　　8 500 000

(2)同时,调整初始投资成本：

享有甲公司可辨认净资产公允价值份额 = 40 000 000 × 25% = 10 000 000(元)

调增长期股权投资成本 = 10 000 000 − 8 500 000 = 1 500 000(元)

借:长期股权投资——成本(甲公司)　　1 500 000

　贷:营业外收入　　1 500 000

(二)被投资单位实现净利润或发生亏损的核算

在权益法下,被投资单位当年实现的净利润或发生的净亏损均影响所有者权益变动,因此,长期股权投资的账面价值也需要作相应的调整。

属于被投资单位当年实现的净利润而影响的所有者权益的变动,应根据被投资单位实现的净利润或经调整的净利润计算应享有的份额,借记“长期股权投资——损益调整”科目,贷记“投资收益”科目。

属于被投资单位当年发生的净亏损而影响的所有者权益的变动,投资企业应当按照应享有或应分担的被投资单位实现的净利润的份额,借记“投资收益”科目,贷记“长期股权投资——损益调整”科目。

被投资单位发生亏损、分担亏损份额超过长期股权投资的账面价值,以其他实质上构成对被投资单位净投资的长期权益账面价值(如长期应收款)为限继续确认投资损失的,应借记“投资收益”科目,贷记“长期股权投资——损益调整”科目。

当被投资单位宣告分派利润或现金股利时,由于投资企业的长期股权投资已包含应享有被投资单位净资产的份额,而被投资单位分派利润或现金股利必然使净资产减少,因此,投资企业按持股比例计算的应分得的利润或现金股利,应借记“应收股利”科目,贷记“长期股权投资——损益调整”科目。

商品流通企业收到被投资单位发放的股票股利,不进行账务处理,但应在备查簿中登记。

【例9-13】2×14年1月1日,某商品流通企业以银行存款购入T公司股票100 000股,每股面值8元,市价9.20元。该商品流通企业的投资占T公司有表决权资本的35%,其投资成本与应享有T公司所有者权益份额相等,采用权益法核算长期股权投资。2×14年T公司全年实现净利润800 000元,该年未宣告分派现金股利。2×15年3月T公司宣告分派现金股利1 000 000元,2×15年该公司全年发生巨额亏损4 000 000元,截至2×15年年末,该商品流通企业拥有T公司长期应收款450 000元,属于实质上构成对T公司净投资的长期权益。2×16年T公司全年实现净利润380 000元。T公司确认上述净利润或净亏损额是以其可辨认净资产公允价值为基础确定的。该企业应编制如下会计分录：

(1)2×14 年 1 月 1 日投资时:

借:长期股权投资——成本　　920 000

　贷:银行存款　　920 000

(2)2×14 年 12 月 31 日确认投资收益:

借:长期股权投资——损益调整　　(800 000×35%)280 000

　贷:投资收益——股权投资收益　　280 000

(3)2×14 年年末“长期股权投资——损益调整”科目的账面余额:

920 000+280 000=1 200 000(元)

(4)2×15 年 T 公司宣告分派股利:

借:应收股利——T 公司　　(1 000 000×35%)350 000

　贷:长期股权投资——损益调整　　350 000

宣告分派股利后“长期股权投资”科目的账面余额:

1 200 000-350 000=850 000(元)

(5)2×15 年年末相关会计处理:

应承担投资损失=4 000 000×35%=1 400 000(元)

以股权投资账面价值和长期权益为限确认投资损失:

850 000+450 000=1 300 000(元)

根据投资合同约定,该企业仍对未确认的巨额亏损 100 000(1 400 000-1 300 000)元继续承担责任。该企业应编制如下会计分录:

借:投资收益　　1 400 000

　贷:长期股权投资——损益调整(T 公司股票)　　850 000

　　长期应收款——T 公司　　450 000

　　预计负债　　100 000

(6)2×16 年末的相关会计处理如下:

应确认投资收益=380 000×35%=133 000(元)

借:预计负债　　100 000

　长期应收款　　33 000

　贷:投资收益　　133 000

(三)长期股权投资的出售与转让的核算

有时商品流通企业可能将长期持有的股权如股票等售出,以收回资金。商品流通企业处置长期股权投资时,按所收到的处置收入与长期股权投资账面价值的差额确认为当期投资损益。

商品流通企业按实际取得的价款,借记“银行存款”等科目,如果已提长期投资减值准备,还应按已提的减值准备,借记“长期投资减值准备”科目;按该股票投资的账面余额,贷记“长期股权投资——股票投资”科目;按尚未领取的现金股利,贷记“应收股利”科目;按其差额,贷记或借记“投资收益”科目。

【例9－14】某商品流通企业将投资于H公司的50 000股股票以每股10元的价格卖出,支付相关税费6 500元,取得转让股票净额493 500元存入银行。该长期股权投资账面余额为485 000元,其中成本为400 000元,损益调整为85 000元。该企业应编制如下会计分录:

借:银行存款　　493 500

　贷:长期股权投资——成本　　400 000

　　　　　　　　——损益调整　　85 000

　　投资收益　　8 500

四、长期股权投资减值的核算

长期股权投资减值,是指长期股权投资的可收回金额低于其账面价值所发生的损失。商品流通企业应当在会计期末判断长期股权投资是否存在可能发生减值的迹象。如果长期股权投资存在减值迹象,商品流通企业应当估计其可收回金额。长期股权投资的可收回金额低于其账面价值的,应当将长期股权投资的账面价值减记至可收回金额,减记的金额确认为资产减值损失,计入当期损益,同时计提相应的资产减值准备。

企业计算长期股权投资“可收回金额”时,应当根据长期股权投资的公允价值减去处置费用后的净额与长期股权投资预计未来现金流量的现值两者之间较高者确定。处置费用包括与长期股权投资处置有关的法律费用、相关税金等直接费用。

商品流通企业在资产负债表日,根据长期股权投资减值的金额,借记“资产减值损失”科目,贷记“长期股权投资减值准备”科目。处置长期股权投资时,应同时结转已计提的长期股权投资减值准备。资产减值损失一经确认,在以后会计期间不得转回。

思考题与练习题

一、思考题

1. 交易性金融资产的初始计量原则是什么?期末交易性金融资产应如何进行计量?处置交易性金融资产时,应如何进行会计处理?

2. 什么是持有至到期投资?其特征表现在哪些方面?持有至到期投资应如何进行会计处理?

3. 商品流通企业的长期股权投资包括哪些内容?哪些长期股权投资适合用成本法核算?哪些长期股权投资适合用权益法核算?成本法与权益法核算各有什么

特点？

二、练习题

1.2×12年1月1日，某商品流通企业从二级市场支付价款1 020 000元（含已到付息日但尚未领取的利息20 000元）购入M公司发行的债券，另发生交易费用20 000元。该债券面值为1 000 000元，剩余期限为2年，票面年利率为4%，每半年付息一次，该商品流通企业将其划分为交易性金融资产。该商品流通企业的其他资料如下：

(1)2×12年1月5日，收到该债券2×11年下半年利息20 000元；

(2)2×12年6月30日，该债券的公允价值为1 150 000元（不含利息）；

(3)2×12年7月5日，收到该债券半年利息；

(4)2×12年12月31日，该债券的公允价值为1 100 000元（不含利息）；

(5)2×13年1月5日，收到该债券2×12年下半年利息；

(6)2×13年3月31日，商品流通企业将该债券出售，取得价款1 180 000元（含1季度利息10 000元）。

要求：根据上述资料编制会计分录。

2.某商品流通企业2×12年至2×14年有关投资业务如下：

(1) 2×12年1月1日以银行存款对W公司投资，初始投资成本为2 500万元，占W公司表决权资本比例的80%，并采用成本法核算，2×12年1月1日W公司所有者权益9 000万元。

(2)2×12年2月6日W公司宣告分配2×11年度现金股利1 000万元。

(3)2×12年3月6日收到现金股利。2×12年W公司实现净利润为1 600万元。

(4)2×13年4月16日W公司宣告分配2×12年度现金股利1 200万元。

(5)2×13年5月6日收到现金股利。2×13年W公司实现净利润3 000万元。

(6)2×14年1月1日以1 200万元的价格转让对W公司全部投资的50%，当日收到全部转让款。

假定取得转换时点被投资单位各资产公允价值等于账面价值，双方采用的会计政策、会计期间相同。

要求：根据上述资料编制会计分录。（单位：万元）

3.甲商品流通企业发生下列长期股权投资业务：

(1)2×12年1月3日，购入乙公司股票580万股，占乙公司有表决权股份的25%，对乙公司的财务和经营决策具有重大影响，甲商品流通企业将其作为长期股权投资核算。每股买入价8元，每股价格中包含已宣告但尚未发放的现金股利0.25元，另支付相关税费7万元。款项均以银行存款支付。当日，乙公司所有者权益的账面价值(与其公允价值不存在差异)为 18 000 万元。

(2)2×12 年 3 月 16 日,收到乙公司宣告分派的现金股利。

(3)2×12 年度,乙公司实现净利润 3 000 万元。

(4)2×13 年 2 月 16 日,乙公司宣告分派 2×12 年度股利,每股分派现金股利为 0.20 元。

(5)2×13 年 3 月 12 日,甲商品流通企业收到乙公司分派的 2×12 年度的现金股利。

(6)2×14 年 1 月 4 日,甲商品流通企业出售所持有的全部乙公司的股票,共取得价款 5 200 万元(不考虑长期股权投资减值及相关税费)。

要求:根据上述资料,编制甲商品流通企业长期股权投资的会计分录。

第十章　商品流通企业流通费用和税金的核算

学习要点

本章主要介绍商品流通企业费用和税金的核算方法。通过本章的学习，应理解商品流通费的概念、内容，掌握进货费用、职工薪酬的核算方法；了解商品流通企业缴纳税金的种类，掌握各类税金的会计处理。

第一节　商品流通费用的核算

一、商品流通费的概念

商品流通费是指企业在进行收购、运输、保管和销售等商品流通过程中所发生的活劳动和物化劳动耗费的货币表现，以及为组织商品流通所必需的货币支出。

商品流通企业在商品流通过程中的必需劳动耗费，按其经济性质不同可分为纯粹流通费用和生产性流通费用。纯粹流通费用，是指商品在购销过程中所发生的费用，包括工资、广告费、企业管理费等。此类费用不参与商品使用价值的生产，也不增加商品的价值。生产性流通费用，是指生产过程在流通领域内继续进行而发生的有关费用，也叫追加费用，包括商品的运输费、保管、包装、挑选整理等费用。这些费用具有生产性质，一定程度上增加商品的价值。商品流通费的构成除上述内容外，还包括一些虽不具有劳动耗费性质却是组织商品流通所必需的支出，如保险费、利息等支出，以及按规定在费用中列支的税金。

不论是纯粹流通费用，还是生产性流通费用，都体现了商品在流通领域中的劳动耗费，并且都要从已实现的商品价值来补偿。由此可见，节约这些费用开支，即以较少的劳动耗费，组织和扩大商品流通，对于节约人力、物力，增加企业盈利，增加国家积累都具有重要的作用。

二、商品流通费的内容

商品流通费是商品流通领域内的必要劳动消耗。凡与组织商品流通活动有密切联系的人力、财力、物力的正常消耗都属于商品流通费开支范围。商品流通费分为销售费用、管理费用和财务费用。

（一）销售费用

商品流通企业销售费用是指商品流通企业销售商品和材料、提供劳务的过程中发生的各种费用，包括保险费、包装费、展览费和广告费、商品维修费、预计产品质量保证损失、运输费、装卸费等，以及为销售本企业商品而专设的销售机构（含销售网点、售后服务网点等）的职工薪酬、业务费、折旧费等经营费用、与专设销售机构相关的固定资产修理费用等后续支出等。

（二）管理费用

商品流通企业管理费用是指商品流通企业为组织和管理企业生产经营所发生的管理费用，包括企业在筹建期间内发生的开办费、董事会和行政管理部门在企业的经营管理中发生的或者应由企业统一负担的公司经费（包括行政管理部门职工工资及福利费、物料消耗、低值易耗品摊销、办公费和差旅费等）、工会经费、董事会费（包括董事会成员津贴、会议费和差旅费等）、聘请中介机构费、咨询费（含顾问费）、诉讼费、业务招待费、技术转让费、矿产资源补偿费、研究费用、排污费等。

（三）财务费用

商品流通企业财务费用是指商品流通企业为筹集生产经营所需资金等而发生的筹资费用，包括利息支出（减利息收入）、汇兑损益以及相关的手续费、企业发生的现金折扣或收到的现金折扣等。

上述销售费用、管理费用、财务费用属于期间费用，在发生时计入当期损益。

三、商品流通费的核算方法

商品流通企业应分别设置“销售费用”、“管理费用”和“财务费用”等科目，以核算商品流通费的增减变动情况。“销售费用”、“管理费用”和“财务费用”均为损益类科目。企业发生销售费用、管理费用和财务费用时，分别借记“销售费用”、“管理费用”和“财务费用”科目；冲减本期销售费用、管理费用、财务费用和期末将“销售费用”、“管理费用”和“财务费用”的余额结转“本年利润”科目时，分别贷记“销售费用”、“管理费用”和“财务费用”科目；结转后，“销售费用”、“管理费用”和“财务费用”科目应无余额。

管理费用不多的商品流通企业，可不设置“管理费用”科目，该科目的核算内容可并入“销售费用”科目核算。

商品流通费的明细核算,是在“销售费用”、“管理费用”、“财务费用”科目下,按费用项目设置明细账,以反映各项费用的支出详细情况。明细账的账页格式主要有两种:一种是三栏式,另一种为多栏式。多栏式账页就是在账页的“借方”栏内按费用项目设置若干小栏,不设“贷方”栏,如发生贷方金额,可在“借方”栏用红字记载。月末,各小栏蓝字金额合计数与红字金额合计数之差,就是当月的费用净发生额。现例举“销售费用”多栏式明细账账页格式如表 10－1 所示。

表 10－1　销售费用明细分类账

年		凭证		摘要	借方							合计	累计
月	日	字	号		运杂费	装卸费	整理费	包装费	展览费	工资及福利费			

(一)销售费用的核算

商品流通企业发生各项销售费用时,借记“销售费用”科目,贷记“库存现金”、“银行存款”等科目;期末,将归集的销售费用全部转入本年利润时,借记“本年利润”科目,贷记“销售费用”科目。

【例 10－1】2×16 年 12 月份,某商品流通企业发生的销售费用及会计分录如下:

(1)开出转账支票,支付广告费等 6 540 元。

借:销售费用　　6 540

　贷:银行存款　　6 540

(2)结转本月专设销售机构职工工资及福利费 9 800 元。

借:销售费用　　9 800

　贷:应付职工薪酬　　9 800

(3)期末结账销售费用。编制会计分录:

借:本年利润　　16 340

　贷:销售费用　　16 340

(二)管理费用的核算

商品流通企业发生各项管理费用,借记“管理费用”科目,贷记“库存现金”、

"银行存款"、"应付职工薪酬"、"累计折旧"、"应交税费"、"无形资产"、"长期待摊费用"等科目。期末，将管理费用全部转入本年利润时，借记"本年利润"科目，贷记"管理费用"科目。

【例 10－2】2×16 年 12 月份，某商品流通企业发生的管理费用及会计分录如下：

(1)开出支票，支付本月业务招待费，共计 5 800 元。

借：管理费用　　5 800

　贷：银行存款　　5 800

(2)按规定计提行政管理部门固定资产折旧费 2 000 元，结算行政管理部门人员工资 7 000 元。

借：管理费用　　9 000

　贷：累计折旧　　2 000

　　　应付职工薪酬　　7 000

(3)期末结转管理费用。

借：本年利润　　14 800

　贷：管理费用　　14 800

（三）财务费用的核算

商品流通企业发生各项财务费用时，借记"财务费用"科目，贷记"银行存款"、"应付利息"、"未确认融资费用"、"应付债券"等科目；商品流通企业发生利息收入、汇兑收益、现金折扣时，借记"银行存款"、"应付账款"等科目，贷记"财务费用"科目。期末，将本期发生的财务费用转入本年利润时，借记"本年利润"科目，贷记"财务费用"科目。

【例 10－3】2×16 年 12 月份，某商品流通企业发生的财务费用及会计分录如下：

(1)用银行存款支付短期借款利息支出 13 600 元。

借：财务费用　　13 600

　贷：银行存款　　13 600

(2)用银行存款支付银行手续费 1 500 元。

借：财务费用　　1 500

　贷：银行存款　　1 500

(3)银行通知该企业第四季度银行存款利息收入为 460 元。

借：银行存款　　460

　贷：财务费用　　460

(4)期末结转财务费用。

借：本年利润　　1 930

贷:财务费用　　1 930

应收、应付账款附有现金折扣的,应按照扣除现金折扣前的应收、应付款总额入账。因在折扣期限内提供或获得的现金折扣增加或冲减财务费用。

【例 10－4】某百货商场于 2×16 年 4 月 2 日,购入一批家电产品并已验收入库。增值税专用发票上列明,该批家电的价款为 1 000 000 元,增值税为 170 000 元。按照购货协议的规定,乙百货商场如在 15 天内付清货款,将获得 1% 的现金折扣(假定计算现金折扣时需考虑增值税)。该百货商场编制如下会计分录:

借:库存商品　　1 000 000

　应交税费——应交增值税(进项税额)　　170 000

　贷:应付账款——某公司　　1 170 000

如果该百货商场于 2×16 年 4 月 10 日,按照扣除现金折扣后的金额,用银行存款付清了所欠货款。该百货商场编制如下会计分录:

借:应付账款——某公司　　1 170 000

　贷:银行存款　　1 158 300

　　财务费用　　11 700

(四)商品流通费重点项目的核算

商品流通费重点项目,一是指对企业经营管理有较大影响和在费用总额中占有较大比重的费用项目,如商品损耗、保管费、利息等;二是指会计核算内容较为复杂的费用项目,如利息费用、工资支出等。现选择部分项目说明其核算方法。

1. 进货费用的核算。进货费用是指商品流通企业在采购商品过程中发生的运输费、装卸费、保险费以及其他可归属于存货采购成本的费用。进货费用在商品流通费中占有较大比重,但其核算方法并不复杂。进货费用核算的主要目的在于,通过核算促进商品的合理运输和进货费用的管理,包括商品的合理流向、运输方式、运输路线和运输工具的合理选择等。

根据企业会计准则应用指南的规定,进货费用应当计入存货采购成本,也可以先进行归集,期末根据所购商品的存销情况进行分摊。对于已售商品的进货费用,计入当期损益;对于未售商品的进货费用,计入期末存货成本。

进货费用可按以下公式计算分摊:

进货费用结存额＝期初结存进货费用＋本期进货费用

进货费用分摊率＝进货费用结存额÷(期初库存商品额＋本期商品购进额)

期末库存商品应摊进货费用＝期末库存商品余额×进货费用分摊率

期末库存商品应摊进存费用额经计算后,其账务处理方法有两种:①将结存费用留在“销售费用”科目内,编制资产负债表时,将其并入库存商品项目;②设置“库存商品——结存费用”专户,月末将结存费用由“销售费用”科目转入该专户,借记“库存商品——结存费用”,贷记“销售费用”科目,次月初再由此专户转回“销售费用”科目，作相反会计分录。

【例 10-5】某商品流通企业经营煤炭的运杂费按存销比例进行分摊，月初运杂费结存为 2 040 元，该月煤炭进货运杂费为 20 120 元。月初煤炭库存商品余额为 554 000 元，全月煤炭进货额为 1 026 000 元，煤炭期末余额为 553 000 元。该企业设置“库存商品——结存费用”专户核算。

本期运杂费合计 = 2 040 + 20 120 = 22 160（元）

本期运杂费分摊率 = 22 160 ÷（554 000 + 1 026 000）= 0.014

期末库存商品应摊运杂费 = 553 000 × 0.014 = 7 742（元）

本期销售商品应摊运杂费 = 22 160 − 7 742 = 14 418（元）

根据计算结果，编制会计分录如下：

（1）将本期已销煤炭应负担的运杂费结转“本年利润”科目：

借：本年利润　　14 418

　贷：销售费用——运杂费　　14 418

（2）将本期结存煤炭应保留的运杂费转入“库存商品——结存费用”专户：

借：库存商品——结存费用　　7 742

　贷：销售费用——运杂费　　7 742

如果商品流通企业采购商品的进货费用金额较小，可以在发生时将进货费用直接计入当期损益。

2. 借款费用的核算。借款费用是指企业因借入资金所付出的代价，包括利息费用和汇兑差额，具体表现为利息、折价或者溢价的摊销、辅助费用以及因外币借款而发生的汇兑差额等。借款费用可以采取两种处理方法：一是借款费用化，即将借款费用计入财务费用；二是借款费用资本化，是指将与购置、建造资产相关的借款费用计入其成本。借款费用的核心问题是费用的资本化。

借款费用应予资本化的资产范围是指需要经过相当长时间（1 年及以上）的购建或者生产活动才能达到预定可使用或者可销售状态的固定资产、投资性房地产和存货（如商品房、大型设备、船舶）等资产；应予资本化的借款包括专门借款和一般借款。其中专门借款，是指为购建或者生产符合资本化条件的资产而专门借入的款项，通常签订有标明该用途的借款合同。

（1）借款费用的确认。借款费用确认的基本原则是：企业为购建或者生产可直接归属于符合资本化条件的资产、且在资本化期间内发生的借款费用，应当予以资本化，计入相关资产成本；其他借款费用，应当在发生时根据其发生额确认为费用，计入财务费用。借款费用的确认如图 10-1 所示。可见，借款费用资本化的前提：一是专门借款，二是在资本化期间内发生且符合资本化条件的费用。

（2）借款费用的计量：

第一：为购建或者生产符合资本化条件的资产而借入专门借款的，应当以专门

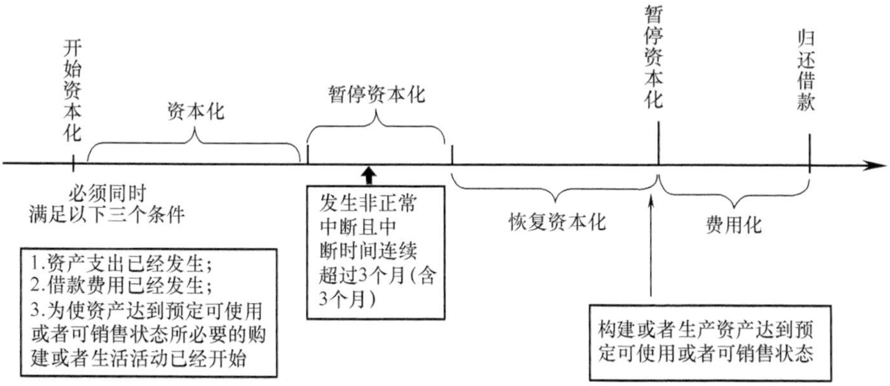

图 10－1　借款费用的确认

借款当期实际发生的利息费用,减去将尚未动用的借款资金存入银行取得的利息收入或进行暂时性投资取得的投资收益后的金额确定(利息净支出)。

第二:为购建或者生产符合资本化条件的资产而占用了一般借款的,企业应当根据累计资产支出超过专门借款部分的资产支出加权平均数乘以所占用一般借款的资本化率,计算确定一般借款应予资本化的利息金额。资本化率应当根据一般借款加权平均利率计算确定。其计算公式为:

一般借款利息资本化金额 = 累计资产支出超过专门借款的资产支出加权平均数 × 占用一般借款的加权平均利率

其中:

一般借款累计支出加权平均数 = ∑ 每笔资产支出金额 × 每笔资产支出占用的天数 / 会计期间涵盖的天数

所占用一般借款加权平均利率 = 所占用一般借款当期实际发生的利息之和 ÷ 所占用一般借款本金加权平均数

所占用一般借款本金加权平均数 = ∑(所占用每笔一般借款本金 × 每笔一般借款在当期所占用的天数 / 当期天数)

【例 10－6】M 股份商贸有限公司为上市公司(以下简称 M 公司),为了扩大经营规模,经研究决定,采用出包方式建造仓库一栋。2 ×16 年 7 月至 12 月发生的有关借款及工程支出业务资料如下;

①7 月 1 日,为建造仓库从银行借入三年期的专门借款 30 000 000 元,年利率为 7.2%,于每季度末支付借款利息。当日,该工程已开工。②7 月 1 日,以银行存款支付工程款 19 000 000 元。暂时闲置的专门借款在银行的存款年利率为1.2%,于每季度末收取存款利息。③10 月 1 日,借入半年期的一般借款 30 00 000 元,年利率为 4.8%,利息于每季度末支付。④10 月 1 日,甲公司与施工单位发生纠纷,工程暂时停工。⑤11 月 1 日,甲公司与施工单位达成谅解协议,工程恢复施工,以银行存

款支付工程款12 500 000元。⑥12月1日，借入1年期的一般借款6 000 000元，年利率为6%，利息于每季度末支付。⑦12月1日，以银行存款支付工程款11 000 000元。

假定工程支出超过专门借款时占用一般借款；仍不足的，占用自有资金。

根据上述资料，M公司编制会计分录如下：

① 2×16年第三季度：

专门借款应付利息（利息支出）=30 000 000×7.2%×3/12=540 000（元）

暂时闲置专门借款的存款利息收入=11 000 000×1.2%×3/12=33 000（元）

专门借款利息支出资本化金额=540 000-33 000=507 000（元）

借：在建工程　　507 000
　　应收利息　　33 000
　贷：应付利息　　540 000

② 2×16年第四季度：

专门借款应付利息（利息支出）=30 000 000×7.2%×3/12=540 000（元）

暂时闲置专门借款的存款利息收入=11 000 000×1.2%×1/12=11 000（元）

专门借款利息支出资本化金额=540 000-11 000=529 000（元）

借：在建工程　　529 000
　　应收利息　　11 000
　贷：应付利息　　540 000

③ 2×16年第四季度一般借款利息支出，占用一般借款工程支出的累计支出加权平均数、一般借款平均资本化率和一般借款利息支出资本化金额为：

一般借款利息支出=3 000 000×4.8%×3/12+6 000 000×6%×1/12=66 000（元）

占用一般借款工程支出的累计支出加平均数=1 500 000×2/3+7 500 000×1/3=3 500 000（元）

一般借款平均资本化率=（3 000 000×4.8%×3/12+6 000 000×6%×1/12）/（3 000000×3/3+6 000 000×1/3）
=1.32%

一般借款利息支出资本化金额=3 500 000×1.32%=46 200（元）

借：在建工程　　46 200
　　财务费用　　19 800
　贷：应付利息　　66 000

3. 职工薪酬的核算。

（1）职工薪酬的内容。职工薪酬，是指企业为获得职工提供的服务或解除劳动关系而给予的各种形式的报酬或补偿。企业提供给职工配偶、子女、受赡养人、已故员工遗属及其他受益人等的福利，也属于职工薪酬。职工薪酬主要包括以下内容：

①短期薪酬，是指企业在职工提供相关服务的年度报告期间结束后十二个月内需要全部予以支付的职工薪酬，因解除与职工的劳动关系给予的补偿除外。包括：职工工资、奖金、津贴和补贴；职工福利费；医疗保险费、工伤保险费和生育保险

费等社会保险费;住房公积金;工会经费和职工教育经费;短期带薪缺勤;短期利润分享计划;非货币性福利;其他短期薪酬。

②离职后福利,是指企业为获得职工提供的服务而在职工退休或与企业解除劳动关系后,提供的各种形式的报酬和福利,短期薪酬和辞退福利除外。离职后福利包括退休福利(如养老金和一次性的退休支付)及其他离职后福利(如离职后人寿保险和离职后医疗保障)。

③辞退福利,是指企业在职工劳动合同到期之前解除与职工的劳动关系,或者为鼓励职工自愿接受裁减而给予职工的补偿。

④其他长期职工福利,是指除短期薪酬、离职后福利、辞退福利之外所有的职工薪酬,包括长期带薪缺勤、长期残疾福利、长期利润分享计划等。

企业应当设置"应付职工薪酬"科目,核算应付职工薪酬的提取、结算、使用等情况。该科目的贷方登记已分配计入有关成本费用项目的职工薪酬的数额,借方登记实际发放职工薪酬的数额,包括扣还的款项等;期末贷方余额,反映企业应付未付的职工薪酬。

"应付职工薪酬"科目应当按照"工资"、"职工福利"、"社会保险费"、"住房公积金"、"工会经费"、"职工教育经费"、"非货币性福利"、"累积带薪缺勤"、"利润分享计划"、"设定提存计划"、"设定受益计划义务"、"辞退福利"等应付职工薪酬项目设置明细账进行明细核算。

(2)货币性职工薪酬的核算:

①职工工资、奖金、津贴和补贴等。对于职工工资、奖金、津贴和补贴等货币性职工薪酬,企业应当在职工为其提供服务的会计期间,将实际发生的职工工资、奖金、津贴和补贴等,根据职工提供服务的受益对象,将应确认的职工薪酬计入相关资产成本或当期损益,同时确认应付职工薪酬。

【例 10－7】某企业 2×16 年 4 月工资结算汇总表,如表 10－2 所示。

表 10－2　工资结算汇总表　　　　2×16 年 4 月

部　门	应付职工薪酬	代扣款项			实发工资
		房租	水电	小计	
销售人员	150 850	2 380	1 470	3 850	147 000
设备安装人员	14 200	100	150	250	13 950
管理人员	34 480	480	300	780	33 700
其他业务部门	3 840	100	40	140	3 700
合　计	203 370	3 060	1 960	5 020	198 350

根据表 10－2 编制以下会计分录:

(1)开出支票从银行提取现金,准备发放工资:

借:库存现金　　198 350
　贷:银行存款　　198 350

(2)用现金支付工资:

借:应付职工薪酬　　198 350
　贷:库存现金　　198 350

注:如果通过银行发放职工薪酬,该企业应编制如下会计分录:

借:应付职工薪酬　　198 350
　贷:银行存款　　198 350

(3)结转各种代扣款项:

借:应付职工薪酬　　5 020
　贷:其他应付款——房管局　　3 060
　　　　　　　——公用事业部门　　1 960

(4)开出支票支付代扣款项:

借:其他应付款　　5 020
　贷:银行存款　　5 020

工资的分配,即按照工资的用途分配工资费用。商品流通企业每月发生的全部工资,不论是否在当月支付,都应该按照工资的用途分配计入本月销售费用、管理费用或由其规定的资金来源列支。

例如,管理部门人员的职工薪酬计入管理费用;销售人员的职工薪酬计入销售费用;在建工程、研发项目人员的职工薪酬应分别计入在建工程、研发支出。月末,一般根据"工资分配汇总表"分配本月工资费用。

【例 10-8】资料承例 10-6。月终根据"工资结算分配表"(格式略,直接按"工资结算汇总表"应付职工薪酬数额),将本月应付职工薪酬进行分配。该企业应编制如下会计分录:

借:销售费用　　150 850
　　管理费用　　34 480
　　在建工程　　14 200
　　其他业务成本　　3 840
　贷:应付职工薪酬　　203 370

②职工福利费。对于职工福利费,企业应当根据历史经验数据和自身实际情况,确认当期应计入职工薪酬的福利费和应计入成本费用的薪酬,借记"销售费用"、"在建工程"、"管理费用"等科目,贷记"应付职工薪酬"科目;每一资产负债日,企业应当对实际发生的福利费金额和预计金额进行调整。当期实际发生金额大于预计金额的,应当补提应付职工薪酬;当期实际发生金额小于预计金额的,应当冲回多提的应付职工薪酬。

【例10－9】丙企业下设一所职工食堂，每月根据在岗职工数量及岗位分布情况、相关历史经验数据等计算需要补贴食堂的金额，从而确定企业每期因补贴职工食堂需要承担的福利费金额。2014年8月，企业在岗职工共计200人，其中管理部门30人，专设销售结构170人，企业的历史经验数据表明，每个职工每月需补贴食堂150元。丙企业应编制如下会计分录：

借：销售费用　　25 500
　　管理费用　　4 500
　贷：应付职工薪酬——职工福利　　30 000

本例中，丙企业应当提取的职工福利＝150×200＝30 000（元）

企业向职工食堂、职工医院、生活困难职工等支付职工福利费时，借记“应付职工薪酬——职工福利”科目，贷记“银行存款”、“库存现金”等科目。

③国家规定计提标准的职工薪酬。对于国家规定了计提基础和计提比例的医疗保险费、工伤保险费、生育保险费等社会保险费和住房公积金，以及按规定提取的工会经费和职工教育经费，企业应当在职工为其提供服务的会计期间，根据规定的计提基础和计提比例计算确定相应的职工薪酬金额，并确认相关负债，按照受益对象计入当期损益或相关资产成本，借记“销售费用”、“在建工程”、“管理费用”等科目，贷记“应付职工薪酬”科目。

④短期带薪缺勤。对于职工带薪缺勤，企业应当根据其性质及职工享有的权利，分为累积带薪缺勤和非累积带薪缺勤两类。企业应当对累积带薪缺勤和非累积带薪缺勤分别进行会计处理。如果带薪缺勤属于长期带薪缺勤的，企业应当作为其他长期职工福利处理。

⑤短期利润分享计划。企业制订有短期利润分享计划的，如当职工完成了规定业绩指标，或者在企业工作了特定期限后，能够享有按照企业净利润的一定比例计算的薪酬，企业应在该利润分享计划同时满足下列条件时，确认相关的应付职工薪酬：一是企业因过去事项导致现在具有支付职工薪酬的法定义务或推定义务；二是因利润分享计划所产生的应付职工薪酬义务金额能够可靠估计。

【例10－10】承例10－6。根据所在地政府规定，该企养老保险费业分别按照职工工资总额的10%，2%和10.5%计提医疗保险费、失业保险费和住房公积金，缴纳给当地社会保险经办机构和住房公积金管理机构。

应付各种社会保险费＝203 370×（10%＋2%）＝24 404.4（元）

应付住房公积金＝203 370×10.5%＝21 353.85（元）

借：销售费用　　[150 850×（10%＋2%＋10.5%）]33 941.25
　　在建工程　　[14 200×（10%＋2%＋10.5%）]3 195
　　管理费用　　[34 480×（10%＋2%＋10.5%）]7 758
　　其他业务成本　　[3 840×（10%＋2%＋10.5%）]864

贷:应付职工薪酬——社会保险费　　24 404.4
　　　　　　　——住房公积金　　21 353.85

(3)非货币性福利的核算。非货币性福利,是指企业以自产产品或外购商品发放给职工作为福利,将自己拥有的资产无偿提供给职工使用,为职工无偿提供医疗保健服务等。商品流通企业的非货币性福利应按照以下原则处理:①以外购商品作为非货币性福利提供给职工的,应当按照该商品的公允价值确定应付职工薪酬金额。②无偿向职工提供住房等资产使用的,应当根据受益对象,将住房每期应计提的折旧计入相关资产成本或费用。租赁住房等资产供职工无偿使用的,应当根据受益对象,将每期应付的租金计入相关资产成本或费用,并确认应付职工薪酬金额。③提供给职工整体使用的资产应计提的折旧、应付的租金,应当根据受益对象分期计入相关资产成本或费用;难以认定受益对象的,直接计入管理费用。

需要说明的是,在以自外购商品发放给职工作为福利的情况下,商品流通企业在进行账务处理时,应当先通过"应付职工薪酬"科目归集当期应计入成本费用的非货币性薪酬金额,以确定完整准确的企业人工成本金额。

【例 10-11】W 商品流通企业为一家电脑销售企业,有职工 100 名,其中销售人员为 85 名,总部管理人员为 15 名。2×16 年 5 月,企业决定以其电脑作为福利发放给职工。该电脑单位成本为 10 000 元,单位计税价格(公允价值)为 14 000 元,适用的增值税税率为 17%。该企业有关非货币性福利的会计处理如下:

(1)决定发放非货币性福利:

借:销售费用　　[85×14 000×(1+17%)]1 392 300
　　管理费用　　[15×14 000×(1+17%)]245 700
　贷:应付职工薪酬　　1 638 000

(2)实际发放非货币性福利:

借:应付职工薪酬　　1 638 000
　贷:主营业务收入　　1 400 000
　　　应交税费——应交增值税(销项税额)　　238 000
借:主营业务成本　　1 000 000
　贷:库存商品　　1 000 000

【例 10-12】某商品流通企业为所属各部门经理级别以上职工每人提供一辆桑塔纳汽车供其免费使用,同时为副总裁以上高级管理人员每人租赁一套住房。该企业总部共有部门经理以上职工 40 名,副总裁以上高级管理人员 10 名。假定每辆桑塔纳汽车每月计提折旧 2 000 元,每套住房月租金为 16 000 元。该企业有关非货币性福利的会计处理如下:

(1)确认应付职工薪酬:

每月应确认的应付职工薪酬 = 40×2 000 + 10×16 000 = 240 000(元)

借:管理费用　240 000
　贷:应付职工薪酬——非货币性福利　240 000
借:应付职工薪酬——非货币性福利　80 000
　贷:累计折旧　80 000

(2)每月支付住房租金:

借:应付职工薪酬——非货币性福利　160 000
　贷:银行存款　160 000

(4)离职后福利的核算。离职后福利的账务处理方法取决于离职后福利计划的制度安排。离职后福利计划,是指企业与职工就离职后福利达成的协议,或者企业为向职工提供离职后福利制定的规章或办法等。按照企业承担的风险和义务情况,离职后福利计划分类为设定提存计划和设定受益计划两种类型。其中:设定提存计划,是指企业向单独主体(如基金等)缴存固定费用后,不再承担进一步支付义务的离职后福利计划;设定受益计划,是指除设定提存计划以外的离职后福利计划。

对于设定提存计划,企业应当根据在资产负债表日为换取职工在会计期间提供的服务而应向单独主体缴存的提存金,确认为职工薪酬负债,并计入当期损益或相关资产成本,借记"管理费用"、"其他业务成本"、"在建工程"、"销售费用"等科目,贷记"应付职工薪酬——设定提存计划"科目。

【例 10-13】某商贸企业根据所在地政府规定,按照职工工资总额的 12% 计提基本养老保险费,缴存当地社会保险经办机构。2×16 年 5 月,企业缴存的基本养老保险费总额为 83 160 元,其中,应计入销售费用的金额 70 200 元;应计入管理费用的金额为 10 872 元;应计入在建工程的金额为 2 088 元。该企业应编制如下会计分录:

借:销售费用　70 200
　　管理费用　10 872
　　在建工程　2 088
　贷:应付职工薪酬——设定提存计划　83 160

(5)辞退福利的核算。辞退福利的实质是企业与职工解除或者终止劳动合同关系而向职工支付的经济补偿,其内容包括两个方面:一是在职工劳动合同尚未到期前,不论职工本人是否愿意,企业决定解除与职工的劳动关系而给予的补偿。二是在职工劳动合同尚未到期前,为鼓励职工自愿接受裁减而给予的补偿。由于被辞退的职工不再为企业带来未来经济利益,因此,对于所有辞退福利,均应当于辞退计划满足预计负债确认条件的当期一次计入费用,不计入相关资产成本,即借记"管理费用"等科目,贷记"应付职工薪酬"科目。对于企业实施的职工内部退休计划,由于这部分职工不再为企业带来经济利益,企业应当比照辞退福利处理。

第二节 税金的核算

税金是企业根据税法规定向国家缴纳并由企业经营收入负担的各种税款和教育费附加。企业上缴的各种税金既构成国家财政收入的主要来源,也形成企业的一项重要支出。商品流通企业依照税法规定及时足额交纳各种税金,对于加强企业经济核算,保证国家财政收入,促进国民经济发展有着重要的作用。目前,商品流通企业缴纳的税费主要有:增值税、城市维护建设税、土地使用税、车船税、印花税、教育费附加等。

商品流通企业应设置"应交税费"、"税金及附加"科目核算税金支出及其交纳情况。

"税金及附加"是损益类科目,反映商品流通企业应由销售商品负担的税金,包括消费税、城乡维护建设税、出口关税和教育费附加等。该科目的借方登记计算应交纳的各种税金及附加,贷方登记期末结转至"本年利润"科目的金额,结转后该科目无余额。

"应交税费"科目核算商品流通企业应交税费的形成及其交纳情况。该科目贷方登记应交纳的各种税金,借方登记实际交纳的税金。期末余额在贷方,表示企业尚未交纳的税金;期末余额在借方,表示多交或尚未抵扣的税金。其明细账应按应交税金的种类设置。

一、增值税的核算

凡是在我国境内从事销售或者进口货物,提供应税劳务的单位和个人均为增值税纳税义务人。

增值税的纳税义务人按其经营规模及会计核算水平分为一般纳税人和小规模纳税人。一般纳税人是指年应征增值税销售额超过增值税暂行条例规定的小规模纳税人标准的企业。而对于个人、非企业单位、不经常发生应税行为的企业,都视同小规模纳税人。小规模纳税人是指年销售额在规定标准以下,并且会计核算不健全,不能按规定报送有关税务资料的增值税纳税人。

一般纳税人应纳增值税税额,根据当期销项税额减去当期进项税额计算确定;小规模纳税人应纳增值税税额,按照销售额和规定的征收率计算确定。

(一)批发商业企业增值税一般纳税人的核算

1.采购商品。企业从国内采购商品,根据增值税专用发票上记载的应计入采购商品成本的金额,借记"在途物资"、"库存商品"等科目,根据增值税专用发票上注明的可抵扣的增值税税额,借记"应交税费——应交增值税(进项税额)"科目,按照应付或实际支付的总额,贷记"应付账款"、"应付票据"、"银行存款"等科目。

购入商品发生的退货，作相反的会计分录。

【例 10 - 14】M 商贸公司增值税一般纳税人，库存商品按数量进价金额核算。2×16 年 8 月 10 日购入库存商品一批，增值税专用发票上注明货款 120 000 元，增值税税额 20 400 元，商品尚未到达，货款和进项税额已用银行存款支付。编制会计分录如下：

借：在途物资　　120 000
　　应交税费——应交增值税（进项税额）　　20 400
　贷：银行存款　　140 400

【例 10 - 15】承例 10 - 12，该公司 2×16 年 8 月 10 日购入库存商品，另外用银行存款支付运输公司运输费用 5 000 元，运输费用的进项税额为 550 元。编制会计分录如下：

借：在途物资　　125 000
　　应交税费——应交增值税（进项税额）　　20 950
　贷：银行存款　　145 950

按照增值税暂行条例，购入农产品，可以按照买价和规定的扣除率计算进项税额，并准予从企业的销项税额中抵扣。企业购入农产品，按照买价和规定的扣除率计算进项税额，借记"应交税费——应交增值税（进项税额）"科目，按买价扣除按规定计算的进项税额后的差额，借记"在途物资"、"库存商品"等科目，按照应付或实际支付的价款，贷记"应付账款"、"银行存款"等科目。

【例 10 - 16】2×16 年 8 月 15 日，M 商贸公司购入农产品一批，价款 100 000 元，规定的扣除率为 13%，农产品已入库，货款用银行存款支付。编制会计分录如下：

借：库存商品　　87 000
　　应交税费——应交增值税（进项税额）　　（100 000×13%）13 000
　贷：银行存款　　100 000

2. 接受应税劳务。企业接受应税劳务等，根据增值税专用发票上记载的应计入加工、修理修配等商品、物资成本的金额，借记"库存商品"、"委托加工物资"、"管理费用"等科目，根据增值税专用发票上注明的可抵扣的增值税税额，借记"应交税费——应交增值税（进项税额）"科目，按照应付或实际支付的总额，贷记"应付账款"、"应付票据"、"银行存款"等科目。

【例 10 - 17】2×16 年 8 月 20 日，M 商贸公司委托 N 企业维修专设销售机构设备，N 企业增值税专用发票上注明修理费用 20 000 元，增值税税额 3 400 元，款项已用银行存款支付。编制会计分录如下：

借：销售费用　　20 000

应交税费——应交增值税(进项税额) 3 400

贷:银行存款 23 400

3. 进项税额转出。企业购进的货物发生非正常损失,以及将购进货物改变用途(如用于非应税项目、集体福利或个人消费等),其进项税额应通过"应交税费——应交增值税(进项税额转出)"科目转入有关科目,借记"待处理财产损溢"、"在建工程"、"应付职工薪酬"等科目,贷记"应交税费——应交增值税(进项税额转出)"科目;属于转作待处理财产损失的进项税额,应与遭受非常损失的购进商品的成本一并处理。

【例10-18】2×16年8月25日,M商贸公司库存商品因管理不善发生火灾毁损一批,有关增值税专用发票确认的成本为10 000元,增值税税额1 700元。编制会计分录如下:

借:待处理财产损溢——待处理流动资产损溢 11 700

贷:库存商品 10 000

应交税费——应交增值税(进项税额转出) 1 700

4. 销售商品。商品企业销售货物或者提供应税劳务,按照营业收入和应收取的增值税税额,借记"应收账款"、"应收票据"、"银行存款"等科目,按专用发票上注明的增值税税额,贷记"应交税费——应交增值税(销项税额)"科目,按照实现的营业收入,贷记"主营业务收入"、"其他业务收入"等科目。发生的销售退回,作相反的会计分录。

【例10-19】2×16年8月28日,M商贸公司销售产品一批,价款500 000元,按规定应收取增值税税额85 000元,提货单和增值税专用发票已交给买方,款项尚未收到。编制会计分录如下:

借:应收账款 585 000

贷:主营业务收入 500 000

应交税费——应交增值税(销项税额) 85 000

5. 视同销售业务。企业有些交易和事项从会计角度看不属于销售行为,不能确认销售收入,但是按照税法规定,应视同对外销售处理,计算应交增值税。视同销售需要交纳增值税的事项,如企业将库存商品用于非应税项目、集体福利或个人消费、对外投资、分配给股东或投资者、无偿赠送他人等。在这些情况下,企业应当借记"在建工程"、"长期股权投资"、"营业外支出"等科目,贷记"应交税费——应交增值税(销项税额)"科目等。

【例10-20】2×16年8月28日,M商贸公司将库存商品用于自行建造职工俱乐部。该批商品的成本为300 000元,进项税额为51 000元。编制会计分录如下:

借:在建工程 251 000

贷:库存商品 200 000

应交税费——应交增值税(销项税额) 51 000

6. 期末,结算应交增值税。

【例 10－21】2×16 年 8 月初,M 商贸公司“应交税费——应交增值税”科目的余额为零。8 月 31 日经计算:本月发生销项税额合计 136 000(85 000 + 51 000)元、进项税额转出 1 700 元、进项税额合计 57 750(20 400 + 20 950 +13 000 +3 400)元。

期末,“应交税费——应交增值税”科目余额(贷方) = 136 000 +1 700 － 57 750 =79 950(元)。

该公司用银行存款交纳增值税时,编制如下会计分录:

借:应交税费——应交增值税(已交税金) 79 950

贷:银行存款 79 950

(二)零售商业企业增值税一般纳税人的核算

零售商业企业采用“售价核算,实物负责制”核算,其增值税核算具有以下特点:

1.“库存商品”按含税零售价记账。

2. 进货商品进价与含税售价的差额,作为商品进销差价处理。

3. 商品销售时按含税售价记账,商品销售成本按含税售价成本结转。

4. 算出销项税后,将商品销售收入调整为不含税的收入。

5. 月末,按含税的商品进销差价率计算已销商品应分摊的进销差价,根据计算出来的已销商品应分摊的进销差价调整商品销售成本。

【例 10－22】某零售商店为增值税一般纳税人,适用增值税税率为 17%。2×16 年 6 月 10 日,购进商品一批,不含税进价成本为 40 000 元,支付进项税额6 800元,全部款项通过银行转账付讫;该商品含税售价为 70 200 元(增值税为 10 200 元),6 月 25 日该商品售出 50% 并收到货款。假定本月无期初存货。编制会计分录如下:

(1)购进商品支付款项:

借:在途物资 40 000

应交税费——应交增值税(进项税额) 6 800

贷:银行存款 46 800

(2)库存商品验收入库:

借:库存商品 70 200

贷:商品采购 40 000

商品进销差价 30 200

(3)销售商品收到货款:

借:银行存款 35 100

贷:主营业务收入 35 100

同时,结转销售成本:

借:主营业务成本　　35 100

　贷:库存商品　　35 100

(4)月终,按规定方法,计算不含税销售额及销项税额:

$$不含税销售额=\frac{含税销售额}{1+增值税税率}=\frac{35\ 100}{1+17\%}=30\ 000(元)$$

$$销项税额=不含税销售额\times税率=30\ 000\times17\%=5\ 100(元)$$

借:主营业务收入　　5 100

　贷:应交税费——应交增值税(销项税额)　　5 100

(5)结转已销商品负担的进销差价:

$$已销商品负担的进销差价=已销商品含税收入\times\frac{进销差价总额}{全部含税销售收入}\times100\%$$

$$=35\ 100\times\frac{30\ 200}{70\ 200}=15\ 100(元)$$

借:商品进销差价　　15 100

　贷:主营业务成本　　15 100

该商店本期应交增值税税额 = 5 100 - 6 800 = -1 700(元),即本期不交增值税,抵扣下期应交增值税 1 700 元。

(三)零售商业企业增值税小规模纳税人的核算

零售商业企业增值税小规模纳税人实行简便办法计算应纳税额。计算方法如下:

$$应纳税额=销售额\times征收率$$

按照现行税法规定,商业企业小规模纳税企业的征收率为3%。

小规模纳税企业增值税核算具有以下特点:

1. 小规模纳税企业销售货物或者提供应税劳务,一般情况下只能开具普通发票,不能开具增值税专用发票;并按照销售额的一定比例计算应纳税额。

采用销售额和应纳税额合并定价方法的小规模纳税企业,应按照公式"销售额 = 含税销售额 ÷(1 + 征收率)"还原为不含税销售额。

2. 小规模纳税企业购入货物无论是否具有增值税专用发票,其支付的增值税额应计入购入货物的成本,不得由销项税额抵扣。

3. 小规模纳税企业"应交税费——应交增值税"账户,应采用三栏式账户。

【例 10 - 23】某商店为小规模纳税企业,库存商品采用进价金额核算。2 × 15 年 6 月购入库存商品一批,其所取得的专用发票中注明不含税价款 20 000 元,增值税 3 400 元,款项以银行存款支付,商品已验收入库。该商店本期共销售商品含税价格为 25 750 元,货款尚未收到。该商店编制会计分录如下:

(1)购进商品时:

借:库存商品　　23 400

贷:银行存款 23 400

(2)销售商品时:

不含税价格 = 25 750 ÷ (1 + 3%) = 25 000(元)

应交增值税 = 25 000 × 3% = 750(元)

借:银行存款 25 750

贷:主营业务收入 25 000

应交税费——应交增值税 750

二、消费税的核算

消费税是指在我国境内生产、委托加工和进口应税消费品的单位和个人,按其流转额交纳的一种税。其应税消费品包括烟、酒及酒精、化妆品、护发护肤品、贵重首饰及珠宝玉石、鞭炮和烟火、汽油、柴油、汽车轮胎、摩托车、小汽车等。消费税的征收方法采取从价定率和从量定额两种方法。其中,实行从价定率办法的应纳税额为销售额乘以适用的消费税税率(销售额包括向购买方收取的全部价款和价外费用,但不含增值税);实行从量定额办法的应纳税额为销售数量乘以单位税额。下面对商品流通企业涉及消费税的核算加以介绍。

(一)随同商品出售单独计价的包装物应交纳消费税

包装物随货出售有单独计价和不单独计价两种情况。单独计价随货出售的包装物应在发货票上分别列示商品、包装物的价格以及应收取的增值税,一并向购货的单位进行结算。同时,如果按税法规定,随同商品出售单独计价的包装物收入应交纳消费税的,还应交纳消费税。

随同商品出售单独计价的包装物,按规定应交纳的消费税,借记“税金及附加”科目,贷记“应交税费——应交消费税”科目 。

【例 10 - 24】某商品流通企业出售商品一批,售价 30 000 元,随货出售包装物的账面净值为 420 元,售价为 450 元,应收取的增值税为 5 176.5 元,价税款已向银行办妥托收手续。按规定,随货出售包装物收入应交纳消费税,假定税率为 10%。根据有关凭证,编制如下会计分录:

(1)确认商品销售收入、包装物收入:

借:应收账款——某购货单位 35 626.50

贷:主营业务收入 30 000

其他业务收入 450

应交税费——应交增值税(销项税额)[(30 000 + 450) × 17%]

5 176.50

(2)结转包装物成本:

借:其他业务成本 420

贷:包装物　　420

(3)计算出售包装物收入应纳消费税:

借:税金及附加　　45

贷:应交税费——应交消费税　　45

(二)金银首饰零售业务

1.销售金银首饰。有金银首饰零售业务以及采用以旧换新方式销售金银首饰的企业,在实现营业收入时,按照应交消费税额,借记“税金及附加”科目,贷记“应交税费——应交消费税”科目。

【例10-25】某商厦金银首饰专柜6月份零售额117 000元,连同首饰一起销售的高级首饰盒单独计价,销售金额为2 340元,计算柜台应交的消费税与增值税及会计处理。

【解析】

金银首饰销售额=117 000÷(1+17%)=100 000(元)

包装物销售额=2 340÷(1+17%)=2 000(元)

应纳消费税=(100 000+2 000)×5%=5 100(元)

应纳增值税(销项税额)=(100 000+2 000)×17%=17 340(元)

会计分录如下:

(1)金银首饰及包装物销售:

借:银行存款　　119 340

贷:主营业务收入　　100 000

其他业务收入　　2 000

应交税费——应交增值税(销项税额)　　17 340

(2)计提消费税:

借:税金及附加　　5 100

贷:应交税费——应交消费税　　5 100

【例10-26】某金银首饰商店3月以旧换新回收24K金戒指,作价50 000元,换出的24K金戒指零售价为96 000元,实际收取价款46 000元。则

应纳消费税=46 000÷(1+17%)×5%=39 316.24×5%=1 965.81(元)

应纳增值税(销项税额)=39 316.24×17%=6 683.76(元)

作会计分录如下:

(1)以旧换新方式销售实现时:

借:库存现金　　46 000

库存商品　　50 000

贷:主营业务收入　　89 316.24

应交税费——应交增值税(销项税额)　　6 683.76

(2)计提金银首饰消费税时:

借:税金及附加　　1 965.81

　　贷:应交税费——应交消费税　　1 965.81

2. 受托代销金银首饰。有金银首饰零售业务的企业因受托代销金银首饰按规定应交纳消费税,其交纳的消费税,借记“税金及附加”科目,贷记“应交税费——应交消费税”科目。

3. 馈赠、赞助、广告、职工福利、奖励等金银首饰。有金银首饰批发、零售业务的企业将金银首饰用于馈赠、赞助、广告、职工福利、奖励等方面的,应于物资移送时,按照应交的消费税,借记“营业外支出”、“销售费用”、“应付职工薪酬”等科目,贷记“应交税费——应交消费税”科目。

三、城市维护建设税的核算

城市维护建设税是为了加强城市的维护与建设征收的一种税。它是对缴纳增值税、消费税的单位和个人以其实际缴纳的税额为计税依据,专门用于城市的公用事业和公共设施的维护建设而征收的一种税,是一种附加税。

城市维护建设税税率按纳税单位的所在地不同实行地区差别比例税率,属于市区的税率7%,县镇的税率5%,其他地区的税率为1%。城市维护建设税的应纳税额按以下公式计算:

$$应纳税额=(应交增值税+应交消费税)\times 适用税率$$

商品流通企业按规定计算出应交纳的城市维护建设税时,借记“税金及附加”科目,贷记“应交税费——城市维护建设税”科目;计算出应交纳的城市维护建设税时,借记“应交税费——城市维护建设税”科目,贷记“银行存款”科目。

【例10-27】某商品流通企业20×15年6月份购进商品进项税额350 000元,销项税额950 000元,增值税税率为17%。城市维护建设税税率为7%,未发生其他相关税费。

$$应交增值税=(950\,000-350\,000)\times 17\%=102\,000(元)$$

$$应交城市维护建设税=102\,000\times 7\%=7\,140(元)$$

该企业编制如下会计分录:

(1)计提应交城市维护建设税:

借:税金及附加　　7 140

　　贷:应交税费——应交城市维护建设税　　7 140

(2)上交城市维护建设税:

借:应交税费——应交城市维护建设税　　7 140

　　贷:银行存款　　7 140

四、教育费附加的核算

教育费附加不是正式税种,但考虑到商品流通企业所缴纳的教育费附加是在营业收入中支付，并且是以实际缴纳的增值税、消费税的税额为计征依据，以一定的附加率，分别与增值税、消费税同时缴纳。所以，在会计上把它视同销售税金处理，记入“税金及附加”科目核算。商品流通企业收到教育部门拨来教育费附加返还款时，借记“银行存款”科目，贷记“营业外收入——返还教育费附加”科目。

【例 10－28】承例 10－26。该商品流通企业教育费附加率为 3%。该企业应编制如下会计分录：

教育费附加 = 102 000 × 3% = 3 060（元）

（1）计算应交纳的教育费附加：

借：税金及附加　　3 060

　贷：应交税费——应交教育费附加　　3 060

（2）实际缴纳教育费附加：

借：应交税费——应交教育费附加　　3 060

　贷：银行存款　　3 060

五、房产税、土地使用税、车船税的核算

（一）房产税

房产税是以房产为征税对象，依据房产价格或房产租金收入向房产所有人或经营人征收的一种税。房产税的纳税义务人是房屋的产权所有人，包括产权所有人、经营管理单位、承典人、房产代管人或者使用人。房产税的计税依据是房产的计税价值或房产的租金收入。从价计征，按房产原值一次减除 10% ~30% 后的余值计算缴纳；从租计征，以房产租金收入为计税依据。房产税的税率有两种，从价计征的，即按房产原值一次减除 10% ~30% 的余值计征的，税率为 1.2%；按房产出租的租金收入计征的，税率为 12%。

（二）城镇土地使用税

城镇土地使用税（以下简称“土地使用税”）是以城镇土地为征税对象，对拥有土地使用权的单位和个人征收的一种税。城镇土地使用税的纳税人，是指承担缴纳城镇土地使用税义务的所有单位和个人。以纳税人实际占用的土地面积为计税依据，土地面积计量标准是“平方米”。

城镇土地使用税采用地区幅度定额税率，即采用有幅度的差别税额，按大、中、小城市和县城、建制镇、工矿区分别规定每平方米土地使用税年应纳税额。具体标准如下：大城市 1.5 ~30 元；中等城市 1.2 ~24 元；小城市外 0.9 ~18 元；县城、建制镇、工矿区 0.6 ~12 元。

（三）车船税

车船税是对在我国境内拥有并使用车船的单位和个人，按照车船种类、数量、

吨位等实行定额征收的一个税种。车船税对拥有但不使用的车船不征税。车船税根据不同类型的车船及其适用的计税标准分别计算应纳税额。其中,机动车(载货汽车除外)和非机动车应纳税额的计算公式如下:

应纳税额 = 应税车辆数量 × 单位税额

车船税税目税额如表 10 – 3 所示。

表 10 – 3　车船税税目税额表

税　目	计税单位	每年税额(元)	备　注
载客汽车	每辆	60 ~ 660	包括电车
载货汽车专项作业车	按自重每吨	16 ~ 120	包括半挂牵引车、挂车
三轮汽车低速货车	按自重每吨	24 ~ 120	
摩托车	每辆	36 ~ 180	
船舶	按净吨位每吨	3 ~ 6	拖船和非机动驳船分别按船舶税额的 50% 计算

商品流通企业按规定计算应交的房产税、土地使用税、车船税,借记“税金及附加——车船税”科目,贷记“应交税费——应交房产税或土地使用税或车船税”科目;上交时,借记“应交税费——应交房产税或土地使用税或车船税”科目,贷记“银行存款”科目。

【例 10 – 29】2 × 16 年 M 商贸公司发生与房产税、城镇土地使用税、车船税相关业务及编制的会计分录如下:

(1)该公司有机动客车 5 辆,净吨位为 20 吨的机动载货汽车 3 辆,机动三轮摩托车 1 辆。该企业所在地的省人民政府规定,客车每辆全年税额 90 元,货车每吨全年税额 50 元,三轮摩托车每辆全年税额 35 元。该企业应编制如下会计分录:

按规定计算车船税:

应纳税额 = (5 × 90) + (3 × 20 × 50) + 35 = 3 485(元)

借:税金及附加——车船税　　3 485

　贷:应交税费——应交车船税　　3 485

上交车船税:

借:应交税费——应交车船税　　3 485

　贷:银行存款　　3 485

(2)该公司本期应交纳房产税 160 000 元、城镇土地使用税 83 000 元。编制会计分录如下:

计算应交纳上述税金:

借:税金及附加　　243 000

贷:应交税费——应交房产税　160 000

——应交城镇土地使用税　83 000

用银行存款交纳上述税金:

借:应交税费——应交房产税　160 000

——应交城镇土地使用税　83 000

贷:银行存款　243 000

六、印花税的核算

印花税是对企业在经济活动和经济往来中书立、领受的凭证征收的一个税种。因纳税人主要是通过在应税凭证上粘贴印花税票来完成税收义务,故名印花税。凡发生书立、使用、领受应税凭证的行为,就必须依照印花税法的有关规定履行纳税义务。应纳税凭证包括:购销、加工承揽、建设工程承包、财产租赁、货物运输、仓储保管、借款、财产保险、技术合同或者具有合同性质的凭证;产权转移书据;营业账簿;权利、许可证照等。纳税人根据应纳税凭证的性质,分别按比例税率或者按件定额计算应纳税额。

按比例税率计算应纳印花税税额的计算公式为:

$$应纳税额 = 计税金额 \times 适用税率$$

按定额税率计算应纳印花税税额的计算公式为:

$$应纳税额 = 凭证数量 \times 单位税额$$

商品流通企业交纳印花税,不会发生应付未付税款的情况,不需要预计应纳税金额,同时也不存在与税务机关结算或清算的问题,因此,商品流通企业交纳的印花税不需要通过"应交税费"科目核算。购买印花税票时,直接借记"税金及附加"科目,贷记"银行存款"科目。

【例 10-30】某商品流通企业 2×16 年 2 月与供应商订立商品购销合同两件,所载金额为 150 万元,税率为 0.03%;与银行订立借款合同一份,所载金额为40 万元,税率为 0.005%。税款以银行存款付讫。则:

$$订立购销合同应纳税额 = 1\ 500\ 000 \times 0.03\% = 450(元)$$

$$订立借款合同应纳税额 = 400\ 000 \times 0.005\% = 20(元)$$

编制如下会计分录:

借:税金及附加——印花税　470

贷:银行存款　470

七、所得税的核算

企业所得税是对企业、事业单位和社会团体以及其他组织取得的生产经营所得和其他所得征收的一种税。商品流通企业所得税的计算和会计处理将在本书第十一章讲述。

八、个人所得税的核算

企业职工按规定应交纳的个人所得税通常由单位代扣代缴。企业按规定代扣代缴职工个人所得税，借记“应付职工薪酬”科目，贷记“应交税费——应交个人所得税”科目；企业交纳个人所得税时，借记“应交税费——应交个人所得税”科目，贷记“银行存款”等科目。

【例 10－31】某企业结算本月应付职工工资总额 300 000 元，按税法规定代扣代缴职工个人所得税共计 3 000 元，实发工资 297 000 元。该企业应编制如下会计分录：

(1)代扣个人所得税：

借：应付职工薪酬——工资　　3 000

　贷：应交税费——应交个人所得税　　3 000

(2)交纳个人所得税：

借：应交税费——应交个人所得税　　3 000

　贷：银行存款　　3 000

思考题与练习题

一、思考题

1. 什么是商品流通费？商品流通费包括哪些内容？

2. 商品流通企业如何核算进货费用？

二、练习题

1. 2×16 年 12 月份，M 商贸公司发生了如下与期间费用相关的业务：

(1)开出转账支票，支付供电费、装卸费、广告费等 6 540 元；根据发料凭证汇总表，登记产品销售领用包装材料 4 800 元。

(2)年末确认短期借款利息。该年 10 月 1 日，因生产经营的临时性需要，向工商银行借入金额为 280 000 元，期限 5 个月，年利率 6% 的短期借款。按月预提利息费用，按季付息，到期一次还本。假定所有利息均不符合资本化条件。

(3)企业筹建期间发生办公费、差旅费等开办费 50 000 元，用银行存款支付；为拓展产品销售市场，发生业务招待费 25 000 元；就一项产品的设计方案向有关专家进行咨询，以现金支付咨询费 20 000 元；计提行政部专用办公设备折旧费 50 000元，报销行政人员差旅费 25 000 元(假定报销人均未预借差旅费)；当月生产车间发生设备大修理费用 50 000 元(以银行存款支付)，行政管理部门发生设备日常修理费用 3 000 元(以现金支付),均不满足固定资产确认条件。

(4)当月按规定计算确定的应交房产税为 3 000 元、应交车船使用税为 2 500 元、应交土地使用税为 2 300 元。

要求:根据上述资料,编制相关会计分录。

2. 华南商贸有限责任公司(简称"华南"公司)委托华伟公司于 20×4 年 1 月 1 日开始建造一座仓库,工期预计为 1 年零 6 个月,工程采用出包方式,分别于 20×4年 1 月 1 日、20×4 年 7 月 1 日和 20×5 年 1 月 1 日向施工方华伟公司支付工程进度款。

公司为建造该仓库于 20×4 年 1 月 1 日专门借款 30 000 000 元,借款期限为 3 年,年利率为 6%,按年支付利息。公司将暂时未动用的专门借款全部用于固定收益债券短期投资,该短期投资的月收益率为 0.4%。

在仓库建造过程中,使用了两笔一般借款。一般借款的具体情况如下:

(1)向甲银行取得长期借款 20 000 000 元,期限为 20×3 年 10 月 1 日至 20×6 年 10 月 1 日,年利率为 6%,按年支付利息。(2)发行总面值为 80 000 000 元的公司债券,于 20×3 年 1 月 1 日发行,期限为 5 年,票面年利率为 8%,按年支付利息。该债券的实际利率与票面利率相同。仓库于 20×5 年 6 月 30 日完工,达到预定可使用状态。公司为建造该仓库的支出如表所示。

表 9－6 单位:万元

资产支出时间	每期资产支出金额	累计资产支出金额	闲置借款资金用于短期投资金额
20×4 年 1 月 1 日	2 000	2 000	1 000
20×4 年 7 月 1 日	3 000	5 000	
20×5 年 1 月 1 日	2 000	7 000	
总计	7 000	—	

要求:根据上述资料,编制华南公司以下业务的会计分录:

(1)20×4 年 1 月 1 日借入专门借款。

(2)20×4 年 1 月 1 日、20×4 年 7 月 1 日和 20×5 年 1 月 1 日向施工方华伟公司支付工程进度款。

(3)20×4 年 12 月 31 日和 20×5 年 6 月 30 日确认利息费用。

3. 甲商贸公司为增值税一般纳税企业,适用的增值税税率为 17%,库存商品采用数量进价金额核算。该公司 2×16 年 4 月 30 日"应交税费——应交增值税"科目借方余额为 40 000 元,该借方余额均可用下月的销项税额抵扣。5 月份发生如下涉及增值税的经济业务:

(1)购买库存商品一批,增值税专用发票上注明价款为 600 000 元,增值税额为 102 000 元,公司已开出承兑的商业汇票。该批商品已验收入库。

(2)用库存商品对外投资。该批商品计税价格为 410 000 元,其进货成本为 350 000 元,应交纳的增值税额为 69 700 元。

(3)销售库存商品一批,销售价格为 200 000 元(不含增值税额),实际成本为 160 000 元,提货单和增值税专用发票已交购货方,货款尚未收到。该销售符合收入确认条件。

(4)在建工程领用库存商品一批,该批商品实际成本为 300 000 元,应由该批商品负担的增值税额为 51 000 元。

(5)月末盘亏商品一批,该批商品的实际成本为 100 000 元,增值税额为 17 000元。

(6)用银行存款交纳本月增值税 25 000 元。

(7)月末将本月应交未交增值税转入未交增值税明细科目。

要求:

(1)编制上述经济业务相关的会计分录。

(2)计算甲商贸公司 5 月份发生的销项税额、应交增值税额和应交未交的增值税额。

4. 2×15 年 12 月份 M 商贸有限责任公司有关职工薪酬业务如下:

(1)按照工资总额的标准分配工资费用,其中销售部门 1 500 000 元,行政管理部门人员工资为 100 000 元,在建工程人员工资为 50 000 元,内部开发人员工资为 350 000 元(符合资本化条件)。

(2)按照所在地政府规定,按照工资总额的 10%、12%、2% 和 10.5% 计提医疗保险费、养老保险费、失业保险费和住房公积金。

(3)根据上年实际发放的职工福利情况,该公司预计 2×15 年应承担职工福利费义务金额为工资总额的 4%;

(4)按照工资总额的 2% 和 2.5% 计提工会经费和职工教育经费。

要求:(1)计算各项职工薪酬。

(2)编制会计分录。

第十一章　商品流通企业利润的核算

学习要点

本章主要介绍了商品流通企业利润的核算。通过本章的学习，应理解营业利润、利润总额和净利润的构成，掌握利润总额的形成方法，理解利润分配的内容，掌握净利润的结算方法。

在市场经济条件下，追求利润最大化已成为商品流通企业生产经营活动的主要目标之一。利润指标直接反映了商品流通企业盈利水平和获利能力，它是进行投资和信贷决策必不可少的重要信息。

第一节　利润概述

一、利润的概念

利润，是企业一定会计期间的经营成果，即企业一定期间经营业绩和获利能力的综合反映。通过利润指标，可以评价商品流通企业管理层的经营业绩，并为投资者、债权人等财务报告使用者进行决策提供重要的依据。利润包括收入减去费用后的净额、直接计入当期利润的利得和损失等。对于商品流通企业而言，收入减去费用后的净额，是指商品流通企业从事日常活动取得的收入扣减其费用后的差额；直接计入当期利润的利得，是指由商品流通企业非日常活动所形成的、会导致所有者权益增加的、与所有者投入资本无关的经济利益的流入。直接计入当期利润的损失，是指商品流通企业非日常活动所发生的、会导致所有者权益减少的、与向所有者分配利润无关的经济利益的流出。商品流通企业当期确认的投资收益或投资损失、处置固定资产、债务重组利得或损失等，均属于直接计入当期利润的利得和损失。

二、利润的作用

在市场经济条件下，追求利润最大化已成为商品流通企业生产经营活动的主要目标之一。利润是商品流通企业生存与发展的必要条件，也是考核和分析企业管理水平高低的一项综合性指标，其作用表现在以下方面：

其一，利润是所得税的基础，是国家财政收入的保障。因此，利润计量的正确与否，直接关系到国家的利益和社会的发展。

其二，利润是反映商品流通企业经营成果、评价企业管理层绩效的一个重要指标。利润指标是收入与费用确认和配比的结果，而收入和费用又是企业经营活动的主要表现。通过对利润的计量，能够全面反映商品流通企业的经营过程及其成果，反映商品流通企业经营管理者的工作业绩和经营效率。

其三，利润是商品流通企业的投资者、债权人等相关利益者进行决策的重要依据。例如，企业的现有股东是否继续持股、是否追加投资，债权人是否继续向企业提供信用，潜在投资者手中持有的资本能否流入企业。这些决策的重要依据就取决于企业的获利能力。利润指标正是企业获利能力的一个重要显示器，直接反映企业盈利水平和获利能力，是进行投资和信贷决策必不可少的重要信息。

三、利润的构成

商品流通企业的利润，既有通过生产经营活动获得的，也有通过投资活动取得的，还包括那些与生产经营活动无直接关系的有关事项所引起的盈亏。商品流通企业利润可按营业利润、利润总额和净利润三个层次核算。

（一）营业利润

商品流通企业营业利润，是指商品流通企业从事商品经营活动所产生的利润，是企业经营活动的主要经营成果，也是企业利润总额的主要组成部分。它是营业收入减去营业成本，减去销售费用、管理费用和财务费用等期间费用，再扣除上交国家的各种流转税金（税金及附加）、资产减值损失以及加减公允价值变动损益、投资损益后的余额。其计算方法如下：

营业利润 = 营业收入 − 营业成本 − 税金及附加 − 销售费用 − 管理费用 −
财务费用 − 资产减值损失 ± 公允价值变动损益 ± 投资损益

营业利润指标可以较为恰当地反映企业管理者的经营业绩，有助于投资者、债权人进行盈利预测，并作出正确决策。

（二）利润总额

商品流通企业利润总额，是商品流通企业经营成果的综合反映，是企业会计核算的重要组成部分。商品流通企业在经营过程中，通过销售过程将商品卖给购买方实现收入，收入扣除当初的投入成本以及其他一系列费用，再加减非经营性质的收支及投资收益（或损失），即为企业的利润总额或亏损总额。其计算方法如下：

利润总额 = 营业利润 + 营业外收入 − 营业外支出

（三）净利润

商品流通企业净利润（或净亏损）为利润总额减去所得税后的余额，其计算公式如下：

$$净利润=利润总额-所得税$$

净利润是企业重大权益，企业有权按照国家有关法律、法规以及企业章程，将净利润在企业与企业所有者之间、企业内部的有关部门之间、企业所有者相互之间进行分配。

第二节　营业利润的核算

一、营业利润的性质

商品流通企业营业利润，是指商品流通企业从事经营活动所产生的利润，是企业经营活动的主要经营成果。它是营业收入减去营业成本，减去销售费用、管理费用和财务费用等期间费用，再扣除上交国家的各种流转税金（税金及附加）、资产减值损失以及加减公允价值变动损益、投资损益后的余额。商品流通企业营业利润是商品流通企业利润总额的主要组成部分，也是其主要来源。营业利润的多少，主要受到商品流通企业的经营规模、市场占有率、开展多元化经营的程度以及成本费用控制水平等因素的影响。通常情况下，营业利润越大，代表企业的总体经营管理水平越高，效益越好。因此，通过营业利润指标，可以较为恰当地反映商品流通企业管理者的经营业绩，有助于投资者、债权人进行盈利预测，并作出正确决策。

二、营业利润的组成内容及会计处理方法

（一）营业收入

商品流通企业营业收入，是指商品流通企业在生产经营活动中由于销售商品、提供劳务等所取得的货币收入。营业收入一般分为主营业务收入和其他业务收入。

1. 主营业务收入，是指商品流通企业从事商品购销活动取得的收入。主营业务收入一般占商品流通企业收入的比重较大，对商品流通企业的经济效益产生较大的影响。

商品流通企业销售商品实现的销售收入，应按照实际收到或应收的价款，借记“银行存款”、“应收账款”、“应收票据”等科目；按销售收入的金额，贷记“主营业务收入”科目；按专用发票上注明的增值税额，贷记“应交税费——应交增值税（销项税额）”科目。期末，将主营业务收入余额转入本年利润时，借记“主营业务收入”科目，贷记“本年利润”科目。

2. 其他业务收入，是指商品流通企业各类主营业务以外不独立核算的其他业务或附营业务所发生的收入，如材料销售、技术转让、固定资产出租和包装物出租收入等。其他业务收入具有发生的次数不多、每笔收入金额不大、收入不稳定、服

务对象不固定以及占营业收入比重低的特点。

商品流通企业确认的其他业务收入，借记“银行存款”、“应收账款”等科目，贷记“其他业务收入”、“应交税费——应交增值税(销项税额)”等科目。

期末，将其他业务收入余额转入本年利润时，借记“其他业务收入”科目，贷记“本年利润”科目。

(二)营业成本

营业成本，是指商品流通企业在一定的期间为取得一定的主营业务收入和其他业务收入所发生的物化劳动和必要的活劳动的货币支出。与营业收入分类相对应，商品流通企业营业成本一般分为主营业务成本和其他业务成本。

1. 主营业务成本。与主营业务收入相关的主营业务成本，在商品流通企业是指已销商品的进价成本。期末，商品流通企业应根据本期销售各种商品、提供的各种劳务等实际成本，计算应结转的主营业务成本，借记“主营业务成本”科目，贷记“库存商品”、“劳务成本”科目。期末，将主营业务成本余额转入本年利润时，借记“本年利润”科目，贷记“主营业务成本”科目。

2. 其他业务成本。其他业务成本，是指商品流通企业在从事其他业务过程中为取得收入而发生的各项业务成本，如出租包装物的价值摊销额、出租固定资产的折旧额等。

商品流通企业发生其他业务成本时，借记“其他业务成本”科目，贷记“包装物”、“低值易耗品”、“累计折旧”、“累计摊销”、“应付职工薪酬”、“银行存款”等科目。

期末，将其他业务成本余额转入本年利润时，借记“本年利润”科目，贷记“其他业务成本”科目。

(三)税金及附加

税金及附加，是指应由营业收入(包括主营业务收入和其他业务收入)补偿的各种税金及附加费，主要包括城市维护建设税和教育费附加等。

商品流通企业按规定计算确定的与经营活动相关的税费，借记“税金及附加”科目，贷记“应交税费”科目；期末，将税金及附加转入本年利润时，借记“本年利润”科目，贷记“税金及附加”科目。

(四)销售费用、管理费用和财务费用

商品流通企业销售费用是商品流通企业销售商品、提供劳务的过程中发生的各种费用；管理费用是指商品流通企业行政管理部门为组织和管理经营活动而发生的各项费用；财务费用是商品流通企业为筹集生产经营所需资金等而发生的筹资费用。

商品流通企业发生销售费用、管理费用和财务费用时，应借记“销售费用”、“管理费用”和“财务费用”科目，贷记“银行存款”等科目。期末，将销售费用、管

理费用和财务费用转入本年利润时,借记“本年利润”科目,贷记“管理费用”、“销售费用”和“财务费用”科目。

（五）资产减值损失

资产减值损失,是指商品流通企业计提各项资产减值准备所形成的损失,包括应收账款、存货、长期股权投资、持有至到期投资、固定资产、在建工程、工程物资、无形资产、商誉等资产发生减值确认的减值损失。

商品流通企业根据资产减值等准则确定资产发生的减值的,按应减记的金额,借记“资产减值损失”科目,贷记“坏账准备”、“存货跌价准备”、“长期股权投资减值准备”、“持有至到期投资减值准备”、“固定资产减值准备”、“在建工程——减值准备”、“工程物资——减值准备”、“无形资产减值准备”、“商誉——减值准备”等科目。商品流通企业计提坏账准备、存货跌价准备、持有至到期投资减值准备等后,相关资产的价值又得恢复,应在原已计提的减值准备金额内,按恢复增加的金额,借记“坏账准备”、“存货跌价准备”、“持有至到期投资减值准备”等科目,贷记“资产减值损失”科目。

期末,将资产减值损失转入本年利润时,借记“本年利润”科目,贷记“资产减值损失”科目。

（六）公允价值变动损益

公允价值变动损益,是指商品流通企业交易性金融资产以及其他以公允价值计量的资产和负债由于公允价值变动形成的损益。

有关资产的公允价值高于或低于其账面价值时,应确认公允价值变动损益,借记或贷记有关资产科目,贷记或借记“公允价值变动损益”科目。期末,将公允价值变动损益转入本年利润时,借记或贷记“公允价值变动损益”科目,贷记或借记“本年利润”科目。

（七）投资收益

投资收益,是指商品流通企业以各种方式对外投资所取得的收益(或发生的损失)。其中包括:企业根据长期股权投资准则确认的投资收益或投资损失;企业确认的采用公允价值模式计量的投资性房地产的租金收入和处置损益;企业处置以公允价值计量且其变动计入当期损益的金融资产、可供出售金融资产实现的损益;企业的持有至到期投资和买入返售金融资产在持有期间取得的投资收益和处置损益。

【例 11－1】M 商贸公司为增值税一般纳税人,适用的增值税税率为 17%,商品销售价格不含增值税;确认销售收入时逐笔结转销售成本。年末确定的坏账提取比例为 10%。

2×16 年 12 月份,M 公司发生经济业务及编制的会计分录如下:

(1)向甲公司销售商品一批,按商品标价计算的金额为 2 000 000 元,由于是成批销售，M 公司给予客户 10% 的商业折扣并开具了增值税专用发票，款项尚未收回。该批商品实际成本为 1 500 000 元。

借：应收账款　　2 106 000
　贷：主营业务收入　　1 800 000
　　应交税费——应交增值税（销项税额）　　306 000
借：主营业务成本　　1 500 000
　贷：库存商品　　1 500 000

（2）向本公司行政管理人员发放库存商品作为福利，该批商品的实际成本为 80 000 元，市场售价为 100 000 元。

借：管理费用　　117 000
　贷：应付职工薪酬　　117 000
借：应付职工薪酬　　117 000
　贷：主营业务收入　　100 000
　　应交税费——应交增值税（销项税额）　　17 000
借：主营业务成本　　80 000
　贷：库存商品　　80 000

（3）向乙公司转让一项软件的使用权，一次性收取使用费 20 万元并存入银行，且不再提供后续服务，不考虑增值税因素。

借：银行存款　　200 000
　贷：其他业务收入　　200 000

（4）确认一项其他业务，其收入 800 000 元，应交税费 136 000 元，款项收到并存入银行；以银行存款支付业务成本 590 000 元。

借：银行存款　　936 000
　贷：其他业务收入　　800 000
　　应交税费——应交增值税（销项税额）　　136 000
借：其他业务成本　　590 000
　贷：银行存款　　590 000

（5）将以前会计期间确认的与资产相关的政府补助在本月分配计入当月收益 3 000 000 元。

借：递延收益　　3000 000
　贷：营业外收入　　300 000

（6）确认本月设备安装劳务收入。该设备安装劳务合同总收入为 1 000 000 元，预计合同总成本为 700 000 元，合同价款在前期签订合同时已收取。采用完工百分比法确认劳务收入。截至本月末，该劳务的累计完工进度为 60%，前期已累计确认劳务收入 500 000 元、劳务成本 350 000 元。不考虑增值税因素。

劳务收入 = 1 000 000 × 60% − 500 000 = 100 000(元)

劳务成本 = 700 000 × 60% − 350 000 = 70 000(元)

借:预收账款 100 000

　贷:主营业务收入 100 000

借:主营业务成本 70 000

　贷:劳务成本 70 000

(7)M公司长期持有乙公司10%的股权并采用成本法核算。2×16年1月1日,该项投资账面价值为13 000 000元。2×16年度乙公司实现净利润2 000 000元,宣告发放现金股利1 200 000元。

确认投资收益 = 1 200 000 × 10% = 120 000(元)

借:应收股利——乙公司 120 000

　贷:投资收益 120 000

(8)M公司"坏账准备"科目年初余额为500 000元。当年,不能收回的应收账款200 000元确认为坏账损失。"应收账款"和"其他应收款"科目的年末余额分别为1 800 000元和200 000元。

年末应提取的坏账准备 = (1 800 000 + 200 000) × 10% − (500 000 − 200 000) = −100 000(元)

借:坏账准备 100 000

　贷:资产减值损失 100 000

(9)以银行存款支付管理费用200 000元,财务费用100 000元,营业外支出50 000元。

借:管理费用 200 000

　　财务费用 100 000

　　营业外支出 50 000

　贷:银行存款 350 000

除上述资料,不考虑其他因素。M公司2×16年12月份营业收入、营业成本、营业利润计算过程如下:

营业收入 = 1 800 000 + 100 000 + 200 000 + 800 000 + 100 000 = 3 000 000(元)

营业成本 = 1 500 000 + 80 000 + 590 000 + 70 000 = 2 240 000(元)

营业利润 = 3 000 000 − 2 240 000 − 117 000 − 200 000 − 100 000 + 120 000 − 100 000 = 363 000(元)

第三节　利润总额的核算

一、利润总额的组成

商品流通企业的利润总额是由营业利润和营业收支组成,其计算公式可表述如下：

利润总额 = 营业利润 + 营业外收入 - 营业外支出

利润总额公式中，有关营业利润在本章第二节有详细说明，下面对营业外收支作重点介绍。

二、营业外收入的核算

（一）营业外收入的内容

商品流通企业营业外收入，是商品流通企业发生的与其经营活动无直接关系的各项净收入。其主要包括以下内容。

1. 处置非流动资产利得。非流动资产处置利得包括固定资产处置利得和无形资产出售利得。固定资产处置利得，是指企业出售固定资产所取得价款或报废固定资产的材料价值和变价收入等，扣除处置固定资产的账面价值、清理费用、处置相关税费后的净收益；无形资产出售利得，是指企业出售无形资产所取得价款，扣除出售无形资产的账面价值、出售相关税费后的净收益。

2. 非货币性资产交换利得。非货币性资产交换利得，是指以固定资产、无形资产为对象的非货币性资产交换，这种交换具有商业实质且公允价值能够可靠地计量时，换出资产的公允价值与换出资产账面价值的差额。

3. 债务重组利得。债务重组利得，是指重组债务的账面价值与重组后债务的入账价值和预计负债金额之和的差额。

4. 罚没利得。罚没利得，是指企业取得的滞纳金和各种形式的罚款收入，在弥补由于对方违反制度或协议而造成的经济损失后的罚款净收入。商品流通企业在经济交往中，因供应单位不履行合同而向其收取的赔款，因购买单位不履行合同、协议支付货款而向其收取的赔偿金、滞纳金等各种形式的罚款收入，都是对对方违反制度或协议的一种经济制裁，并不是企业本身主观努力而取得的收入。因此，商品流通企业取得的罚款收入，在弥补由于对方违反制度或协议而造成的经济损失后，其多余部分作为企业营业外收入处理。

5. 政府补助利得。商品流通企业取得的政府补助之所以确认为营业外收入，是因为企业在日常活动中取得的政府补助，形成了经济利益流入的组成部分，但由于是无偿的，又不符合销售收入或提供服务收入的确认条件，因此作为营业外收入。

6. 无法支付的应付款项。无法支付的应付款项，是指企业的应付款项由于债权人破产、消亡等原因无法偿还的款项。这种款项并不是企业在生产经营活动中取得的收入，而是无法支付给债权人的款项。因此，这部分款项转作营业外收入。

7. 捐赠利得。捐赠利得，是指企业接受捐赠产生的利得。

8. 盘盈利得。盘盈利得，主要指对于现金等资产清查盘点中盘盈的部分，报经批准后计入营业外收入的金额。

商品流通企业应设置“营业外收入”科目对营业外收入进行核算。“营业外收入”科目核算企业发生的与其生产经营无直接关系的各项收入。该科目贷方登记企业发生的营业外收入;借方登记期末转入“本年利润”科目的营业外收入;结转后“营业外收入”科目无余额。其明细账应按营业外收入的项目设置。

商品流通企业确认营业外收入时,增加“营业外收入”。期末,将营业外收入转入“本年利润”科目,减少“营业外收入”。

【例 11－2】2×16 年 10 月份,某商品流通企业发生如下营业外收入事项:

(1)将固定资产报废清理的净收益 6 000 元转作营业外收入。

(2)应付 M 公司货款 14 000 元,因该公司撤销而无法偿付,经批准予以转账。

(3)期末,将营业外收入 20 000 元转入本年利润。

根据上述资料,该商品流通企业会计处理如下:

借:固定资产清理	6 000	
应付账款	14 000	
贷:营业外收入		20 000
借:营业外收入	20 000	
贷:本年利润		20 000

(二)政府补助的核算

政府补助,是指企业从政府无偿取得货币性资产或非货币性资产。政府补助分为与资产相关的政府补助和与收益相关的政府补助。

与资产相关的政府补助,是指企业取得的、用于购建或以其他方式形成长期资产的政府补助。企业取得与资产相关的政府补助,不能直接确认为当期损益,应当确认为递延收益,自相关资产达到预定可使用状态时起,在该资产使用寿命内平均分配,分次计入以后各期的损益(营业外收入)。相关资产在使用寿命结束前被出售、转让、报废或发生毁损的,应将尚未分配的递延收益余额一次性转入资产处置当期的损益(营业外收入)。

与收益相关的政府补助,是指除与资产相关的政府补助之外的政府补助。包括两方面内容:①用于补偿企业以后期间的相关费用或损失的,确认为递延收益,并在确认相关费用的期间,计入当期损益。②用于补偿企业已发生的相关费用或损失的,直接计入当期损益。

对于综合性项目的政府补助,需要将其分解为与资产相关的部分和与收益相关的部分,分别进行会计处理;难以区分的,将政府补助整体归类为与收益相关的政府补助,视情况不同计入当期损益,或者在项目期内分期确认为当期收益。

1. 与资产相关政府补助的核算。与资产相关的政府补助一般是以银行转账的方式拨付,商品流通企业应当在实际收到款项时按照到账的实际金额入账。如果政府补助为非货币性资产的,商品流通企业应当按照公允价值计价入账;公允价值不能可靠取得的,按照名义金额计价入账。

商品流通企业应设置"递延收益"科目,核算企业根据政府补助准则确认的应在以后期间计入当期损益的政府补助金额。其贷方登记应收或收到的与资产相关的或与收益相关的政府补助;借方登记分配的递延收益;期末贷方余额,反映企业应在以后期间计入当期损益的政府补助金额。其明细账应当按照政府补助的种类设置。

商品流通企业收到或应收的与资产相关的政府补助,借记"银行存款"、"其他应收款"等科目,贷记"递延收益"科目。在相关资产使用寿命内分配递延收益,借记"递延收益"科目,贷记"营业外收入"科目。

商品流通企业与收益相关的政府补助,用于补偿企业以后期间相关费用或损失的,按收到或应收的金额,借记"银行存款"、"其他应收款"等科目,贷记"递延收益"科目。在发生相关费用或损失的未来期间,按应补偿的金额,借记"递延收益"科目,贷记"营业外收入"科目。用于补偿企业已发生的相关费用或损失的,按收到或应收的金额,借记"银行存款"、"其他应收款"等科目,贷记"营业外收入"科目。

【例 11-3】2×16 年 3 月 1 日,某商品流通企业收到政府拨付的财政拨款 9 000 000元(同日到账),要求购置环境治理设备 1 台。2×16 年 3 月 31 日,该企业购入不需安装的设备一台,其实际成本为 9 600 000 元,其中 600 000 元以自有资金支付,使用寿命 10 年,采用直线法计提折旧(假设无残值)。该企业应编制如下会计分录:

(1)实际收到财政拨款,确认政府补助:

借:银行存款　　9 000 000

　贷:递延收益　　9 000 000

(2)购入设备:

借:固定资产　　9 600 000

　贷:银行存款　　9 600 000

(3)自 2×16 年 4 月起每个资产负债表日计提折旧,同时分摊递延收益:

计提折旧:

借:管理费用　　80 000

　贷:累计折旧　　80 000

分摊递延收益:

借:递延收益　　75 000

　贷:营业外收入　　75 000

2. 与收益相关政府补助的核算。与收益相关的政府补助,是指除与资产相关的政府补助之外的政府补助。与收益相关的政府补助通常以银行转账的方式拨付,应当在实际收到款项时按照到账的实际金额确认和计量。只有存在确凿证据表明该项补助是按照固定的定额标准拨付的,才可以在这项补助成为应收款时予以确认并按照应收的金额计量。

与收益相关的政府补助用于补偿企业已发生费用或损失的,取得时直接计入当期营业外收入。用于补偿企业以后期间费用或损失的,在取得时先确认为递延收益,然后在确认相关费用的期间计入当期营业外收入。

有些情况下,商品流通企业可能不容易分清与收益相关的政府补助是用于补偿已发生费用,还是用于补偿以后将发生的费用。根据重要性原则,企业通常可以将与收益相关的政府补助直接计入当期营业外收入;对于金额较大的补助,可以分期计入营业外收入。

三、营业外支出的核算

营业外支出,是指企业发生的与其经营活动无直接关系的各项净支出。营业外支出虽然不属于经营资金的垫支耗费,但不能作为产品补偿价的组成部分,而只是对企业经营成果的扣减。在会计核算中,不应混淆经营费用与营业外支出的界限。

(一)营业外支出的内容

营业外支出包括以下内容。

1. 处置非流动资产损失。这是指企业将多余的、闲置的和不需要用的固定资产、无形资产等非流动资产处理或变卖给其他单位,其收入的价款低于账面价值所发生的损失。

2. 非货币性资产交换损失。这是指以固定资产、无形资产为对象的非货币性资产交换,这种交换具有商业实质且公允价值能够可靠地计量时,换出资产的公允价值与换出资产账面价值的差额。

3. 债务重组损失。这是指重组债务的账面价值与重组后债务的入账价值和预计负债金额之和的差额。

4. 盘亏损失。这主要是指固定资产清查盘点中盘亏的固定资产,在查明原因处理时按确定的损失计入营业外支出的金额。

5. 罚款支出。这是指企业由于违反税收法规、经济合同等而支付的各种滞纳金和罚款。

6. 捐赠支出。这是指企业对外进行公益性捐赠发生的支出。

7. 非常损失。这是指企业由于特殊原因,如自然灾害等造成的损失。企业遭受自然灾害所发生的损失,分为流动资产损失和固定资产损失。所造成的固定资产毁损价值扣除残值后净损失以及固定资产修复费用,经批准后列作营业外支出;自然灾害所造成的流动资产损失,包括被毁坏的流动资产的价值扣除废料残值后的数额、自然灾害造成的停工费用和善后清理费用，经批准后在营业外支出列支。

（二）营业外支出的核算

营业外支出应当按照实际发生的数额进行核算。发生营业外支出时，在相对应的会计期间，应当冲减企业当期的利润总额。

“营业外支出”科目核算企业发生的与其生产经营无直接关系的各项支出。该科目借方登记发生的各项营业外支出数额；贷方登记期末转入“本年利润”科目的营业外支出；结转后“营业外支出”科目无余额。其明细账应按支出项目设置。

商品流通企业发生营业外支出时，借记“营业外支出”科目，贷记“待处理财产损溢”、“库存现金”、“银行存款”、“固定资产清理”等科目。期末，应将营业外支出转入本年利润，借记“本年利润”科目，贷记“营业外支出”科目。

期末，将营业外支出抵减本年利润时，减少本年利润，转销营业外支出。

【例 11－4】2×16 年 10 月份，某商品流通企业发生如下营业外支出事项：

（1）将已经发生的固定资产意外灾害损失 350 000 元转账；

（2）以银行存款 50 000 元支付税款滞纳金；

（3）期末，将营业外收入 50 000 元转入本年利润。

根据上述资料，该商品流通企业会计处理如下：

借：营业外支出	400 000	
贷：固定资产清理		350 000
银行存款		50 000
借：本年利润	400 000	
贷：营业外支出		400 000

四、利润总额形成的方法

为了进行本年利润总额的核算，商品流通企业应设置“本年利润”科目，核算企业本年度实现的利润（或亏损）。该科目的贷方登记从收入科目余额转入数；借方登记从支出科目余额转入数。结转以后，“本年利润”科目余额如在借方，则表示企业发生的亏损总额；余额如在贷方，则反映企业本年度累计实现的利润总额。

商品流通企业应按月度、年度计算利润总额。会计实务中，利润总额形成的方法有“账结法”和“表结法”。每月月末，商品流通企业可根据其实际情况自行选择；年终，应采用“账结法”。

（一）利润总额形成的账结法

账结法，是通过编制记账凭证来完成损益结转工作的方法。采用账结法确定本年利润，应在期末将该期间各损益类科目的余额转入“本年利润”科目，通过“本年利润”科目算出本期的利润总额或亏损总额。

结转收入类科目时，借记“主营业务收入”、“其他业务收入”、“投资收益”、“公允价值变动损益”、“营业外收入”等科目，贷记“本年利润”科目。

结转费用类科目时，借记“本年利润”科目，贷记“主营业务成本”、“税金及附加”、“其他业务成本”、“销售费用”、“管理费用”、“财务费用”、“资产减值损失”、“投资收益”、“公允价值变动损益”、“营业外支出”、“所得税费用”等科目。结转后，期末各损益类科目应无余额。“本年利润”科目如为贷方余额，反映企业自年初至期末累计实现的净利润；如为借方余额，反映企业自年初至期末累计发生的净亏损。

账结法的优点是各月均可通过“本年利润”科目提供其利润额，记账业务程序完整。但从实用角度讲，采用账结法编制结转损益分录的工作量较大。

【例 11 －5】光明商业贸易公司每月采用账结法核算利润。2 ×16 年 12 月 31 日，该企业转账前各损益类科目余额如表 11 －1 所示。

表 11 －1　转账前各损益类科目余额

科　目	贷方余额	借方余额
主营业务收入	30 000 000	
其他业务收入	500 000	
投资收益	80 000	
营业外收入	20 000	
主营业务成本		22 000 000
税金及附加		300 000
其他业务成本		20 000
管理费用		1 200 000
销售费用		700 000
财务费用		300 000
资产减值损失		500 000
营业外支出		40 000

根据表 11 －1 资料，该企业月终应编制如下会计分录：

(1)结转收入类科目：

借：主营业务收入　　30 000 000

　　其他业务收入　　500 000

投资收益	80 000
营业外收入	20 000
贷:本年利润	30 600 000

(2)结转支出科目:

借:本年利润	25 060 000	
贷:主营业务成本		22 000 000
税金及附加		300 000
其他业务成本		20 000
管理费用		1 200 000
销售费用		700 000
财务费用		300 000
资产减值损失		500 000
营业外支出		40 000

经过以上结转后,该公司 12 月份“本年利润”科目增加贷方余额 5 540 000 (30 600 000 - 25 060 000)元,即 12 月份实现的利润总额。

(二)利润总额形成的表结法

表结法,是通过“利润表”来完成损益结转工作的方法。采用表结法,月末结账时各损益类科目的本期发生额不转入“本年利润”科目,通过“利润表”计算出从年初到本月止的本年累计利润,然后减去上月止本表中的本年累计利润,就是本月份的利润或亏损。年终将各损益类科目的全年累计余额一次转入“本年利润”科目,同时结平各损益类科目。

需要说明的是,即使企业平时采用表结法确定其利润或亏损,但年终时仍需采用账结法,将损益类各科目的全年累计余额转入“本年利润”科目,在“本年利润”科目集中反映本年的全年利润及其构成情况。

第四节　净利润的核算

净利润,是指企业利润总额扣减所得税费用后的余额。其计算公式为:

净利润 = 利润总额 - 所得税费用

利润总额的核算上节已讲,本节我们讲述所得税费用的核算。

一、所得税费用

(一)所得税费用的核算方法

根据《企业会计准则第 18 号——所得税》规定,企业所得税费用的核算采用“资产负债表债务法”。

资产负债表债务法，指企业从资产负债表出发，通过比较资产负债表上列示的资产、负债，按照会计准则规定确定的账面价值与按照税法规定确定的计税基础，对于两者之间的差异分别应纳税暂时性差异与可抵扣暂时性差异，确认相关的递延所得税负债与递延所得税资产，并在此基础上确定每一会计期间利润表中的所得税费用。所得税费用可用公式表示如下：

所得税费用（或收益）= 当期所得税 + 递延所得税

其中，当期所得税，是指企业按照税法规定计算确定的针对当期发生的交易和事项，应交纳给税务部门的所得税金额，即应交所得税。它是按照应纳税所得额与适用所得税税率计算确定，其中，应纳税所得额是在企业税前会计利润（即利润总额）的基础上进行调整加以确定的。计算公式为：

应纳税所得额 = 税前会计利润 + 纳税调整增加额 − 纳税调整减少额

纳税调整增加额主要包括税法规定允许扣除项目中，企业已计入当期费用但超过税法规定扣除标准的金额（如超过税法规定标准的工资支出、业务招待费支出），以及企业已计入当期损失但税法规定不允许扣除项目的金额（如税收滞纳金、罚款、罚金）。

纳税调整减少额主要包括按税法规定允许弥补的亏损和准予免税的项目，如前五年内的未弥补亏损和国债利息收入等。

企业当期所得税的计算公式为：

应交所得税 = 应纳税所得额 × 所得税税率

递延所得税，是指企业在某一期间确认的递延所得税资产及递延所得税负债的综合结果。

（二）资产负债表债务法的一般程序

采用资产负债表债务法进行所得税核算，一般应遵循以下程序：

1. 确定资产和负债项目的账面价值。按照企业会计准则的规定，确定资产负债表中（递延所得税负债和递延所得税资产除外）资产和负债项目的账面价值。资产、负债的账面价值，是指企业按照相关会计准则的规定进行核算后在资产负债表中列示的金额。对于计提了减值准备的各项资产，是指其账面余额减去已计提的减值准备后的金额。例如，固定资产账面价值是指固定资产初始入账成本扣除计提的折旧、固定资产减值准备后的净值。

2. 确定资产、负债项目的计税基础。按照企业会计准则中对于资产和负债计税基础的确定方法，以适用的税收法规为基础，确定资产负债表中有关资产、负债项目的计税基础。其中：

（1）资产的计税基础。资产的计税基础是指按照税法规定，该项资产在未来使用或最终处置时，允许作为成本或费用可在税前列支的金额，即资产的计税基础等于未来可税前列支的金额。

资产账面价值与其计税基础有时相同，但有时也存在一定差异。例如，虽然企业固定资产取得方式不同，但取得时其账面价值一般等于计税基础。固定资产在持有期间进行后续计量时，会计准则规定按照“原始成本 - 累计折旧 - 固定资产减值准备”进行计量，税收是按照“原始成本 - 按照税法规定已在以前期间税前扣除的折旧额”进行计量。由于会计与税收处理规定的不同，固定资产的账面价值与计税基础可能存在差异。

【例 11 -6】2 ×15 年 12 月 31 日，M 公司购入一台环保设备，原价为 10 000 000 元，使用年限为 20 年，会计处理按照直线法计提折旧，税收处理按双倍余额递减法计列折旧，净残值为 0。2 ×16 年 12 月 31 日，M 公司对该项设备计提 800 000 元的资产减值准备，该时点：

环保设备账面价值 = 10 000 000 - 500 000 - 500 000 - 800 000 = 8 200 000（元）

计税基础 = 10 000 000 - 1 000 000 - 900 000 = 8 100 000（元）

可见，账面价值大于计税基础，差异为 100 000 元，将于未来期间计入企业的应纳税所得额，被称为“应纳税暂时性差异”。

（2）负债的计税基础。负债的计税基础，是指负债的账面价值减去未来期间计算应纳税所得额时按照税法规定可予抵扣（或称为可予税前列支）的金额。用公式表示如下：

负债的计税基础 = 账面价值 - 未来可税前列支的金额

一般情况下，负债的确认与偿还不会影响到损益或应纳税所得额的计算，但某些情况下，如果构成负债的金额能够全部或部分税前扣除，则构成会计与税法之间的差异。例如，某些情况下，因不符合会计准则规定的收入确认条件，未确认为收入的预收款项，按照税法规定应计入当期应纳税所得额时，有关预收账款的计税基础为零，即因其产生时已经计算交纳所得税，未来期间可全额税前扣除。

【例 11 -7】2 ×16 年 12 月 20 日，M 公司自客户收到一笔合同预付款，金额为 2 500 万元，作为预收账款核算。按照适用税法规定，该款项应计入取得当期的应纳税所得额，计算交纳所得税。

该预收账款在 M 公司 2 ×16 年 12 月 31 日资产负债表中的账面价值为 25 000 000元。

该预收账款的计税基础 = 账面价值 25 000 000 元 - 未来期间计算应纳税所得额时按照税法规定可予抵扣的金额 25 000 000

= 0

该项负债的账面价值 25 000 000 与其计税基础 0 之间产生的 25 000 000 元称为“可抵扣暂时性差异”，该差异会减少企业于未来期间的应纳税所得额。

3. 计算资产、负债的账面价值与其计税基础之间的差异，确定递延所得税负债和递延所得税资产的金额或应予转销的金额。就账面价值与其计税基础之间的数量关系而言，两者之间存在以下关系：

(1)资产的账面价值 > 其计税基础；

(2)负债的账面价值 < 其计税基础。

(3)资产的账面价值 < 其计税基础；

(4)负债的账面价值 > 其计税基础。

关系 1(如例 11 – 6)、关系 2 中，每种关系之间的差异，反映了企业在确定未来收回资产或清偿负债期间的应纳税所得额时，将导致产生应税金额，它们之间的差异称为应纳税暂时性差异。应纳税暂时性差异将导致在销售或使用资产或偿付负债的未来期间内增加应纳税所得额。应纳税暂时性差异乘以适用的所得税税率为“递延所得税负债”。

关系 3(如例 11 – 7)、关系 4 中，每种关系之间的差异，反映了企业在确定未来收回资产或清偿负债期间的应纳税所得额时，将导致资产可抵扣金额，它们之间的这种暂时性差异，称为可抵扣暂时性差异。可抵扣暂时性差异将导致在销售或使用资产或偿付负债的未来期间内减少应纳税所得额。可抵扣暂时性差异乘以适用的所得税税率为“递延所得税资产”。构成利润表中所得税费用的递延所得税可按下列公式计算：

递延所得税 =（递延所得税负债的期末余额 – 递延所得税负债的期初余额）–（递延所得税资产的期末余额 – 递延所得税资产的期初余额）

(三)确定利润表中的所得税费用

利润表中的所得税费用包括当期所得税和递延所得税，其中，当期所得税是指当期发生的交易或事项按照适用的税法规定计算确定的当期应交所得税；递延所得税是当期确认的递延所得税资产和递延所得税负债金额或予以转销的金额。企业在计算确定了当期所得税和递延所得税后，两者之和(或之差)是利润表中的所得税费用，即：

所得税费用 = 当期所得税 + 递延所得税

【例 11 – 8】承例 11 – 5，光明商品贸易公司 2 × 16 年 1 ~ 11 月累计实现利润总额 24 460 000 元，12 月份实现利润总额 5 540 000 元。该公司适用的所得税税率为 25%。递延所得税资产及递延所得税负债不存在期初余额。与所得税核算有关的情况如下：

(1)2 × 16 年发生的有关交易和事项中，会计处理与税收处理存在差别的有：

①2 × 16 年 1 月开始计提折旧的一项固定资产，成本为 7 500 000 元，使用年限为 10 年，净残值为 0，会计处理按双倍余额递减法计提折旧，税收处理按直线法计提折旧。假定税法规定的使用年限及净残值与会计规定相同。

②向关联企业捐赠现金 2 500 000 元。假定按照税法规定，企业向关联方的捐赠不允许税前扣除。

③期末持有的交易性金融资产成本为 4 000 000 元，公允价值为 6 000 000 元。

税法规定,以公允价值计量的金融资产持有期间市价变动不计入应纳税所得额。

④违反环保规定应支付罚款 1 250 000 元。

⑤期末对持有的存货计提了 375 000 元的存货跌价准备。

(2)2×16 年度应交所得税

应纳税所得额 =(24 460 000 +5 540 000) +750 000 +2 500 000 -
2 000 000 +1 250 000 +375 000 =32 875 000(元)

应交所得税 =32 875 000 ×25% =8 218 750(元)

(3)2×16 年度递延所得税。该公司 2×16 年资产负债表相关项目金额及其计税基础如表 11 -2 所示。

表 11 -2　　单位:元

项　　目	账面价值	计税基础	差　异	
			应纳税暂时性差异	可抵扣暂时性差异
存货	10 000 00	10 375 000		375 000
固定资产:				
固定资产原价	7 500 000	7 500 000		
减:累计折旧	1 500 000	750 000		
减:固定资产减值准备	0	0		
固定资产账面价值	6 000 000	6 750 000		750 000
交易性金融资产	6 000 000	4 000 000	2 000 000	
其他应付款	1 250 000	1 250 000		
总计			2 000 000	1 125 000

递延所得税资产 =1 125 000 ×25% =281 250(元)

递延所得税负债 =2 000 000 ×25% =500 000(元)

递延所得税 =500 000 -281 250 =218 750(元)

(4)利润表中应确认的所得税费用:

所得税费用 =8 218 750 +218 750 =8 437 500(元)

借:所得税费用　　8 437 500
　递延所得税资产　　281 250
　贷:应交税费——应交所得税　　8 218 750
　　递延所得税负债　　500 000

【例 11 -9】承例 11 -8,假定光明商品贸易公司 2×17 年当期应交所得税为 5 775 000元。资产负债表中有关资产、负债的账面价值与其计税基础相关资料如表 11 -3 所示,除所列项目外,其他资产、负债项目不存在会计和税收的差异。

表 11－3

单位:元

项　　目	账面价值	计税基础	差　异	
			应纳税暂时性差异	可抵扣暂时性差异
存货	20 000 000	21 000 000		1 000 000
固定资产:				
固定资产原价	7 500 000	7 500 000		
减:累计折旧	2 700 000	1 500 000		
减:固定资产减值准备	250 000	0		
固定资产账面价值	4 550 000	6 000 000		1 450 000
交易性金融资产	8 375 000	5 000 000	3 375 000	
预计负债	1 250 000	0		1 250 000
总计			3 375 000	3 700 000

【解析】

(1)当期所得税＝当期应交所得税＝5 775 000(元)

(2)递延所得税＝[期末递延所得税负债 843 750(3 375 000×25%)－
期初递延所得税负债 500 000]－
[期末递延所得税资产 925 000(3 700 000×25%)－
期初递延所得税资产 281 250]＝－300 000(元)(收益)

其中:递延所得税负债增加 343 750(843 750－500 000)元,递延所得税资产增加 643 750(925 000－281 250)元。

(3)所得税费用:

所得税费用＝5 775 000－300 000＝5 475 000(元)

借:所得税费用　　5 475 000
　　递延所得税资产　　643 750
　贷:应交税费——应交所得税　　5 775 000
　　　递延所得税负债　　343 750

二、年终净利润的结转

年终,企业按上述步骤和方法算出“本年利润”余额后,应将“本年利润”科目的最终余额(即净利润)转入“利润分配”科目。若为贷方余额,编制借记“本年利润”科目、贷记“利润分配——未分配利润”科目的会计分录;若为借方余额,则编制借记“利润分配——未分配利润”科目、贷记“本年利润”科目的会计分录。结转后,“本年利润”科目应无余额;同时,将利润分配各项目转入未分配利润。

【例 11－10】承例 11－8。年末，将所得税费用转入本年利润。该企业应编制如下会计分录：

借：本年利润　　8 437 500

　贷：所得税费用　　8 437 500

经计算，2×16 该公司实现净利润为 21 562 500（24 460 000＋5 540 000－8 437 500）元。

第五节　净利润分配的核算

一、净利润分配的程序

投资者投入企业的资本，通过企业的生产经营活动，不仅要保持原投资的完整，而且要力求超出原投资的价值，即获得盈利。企业盈利扣除所得税后净额，一般称之为净利润。净利润既是企业最终经营成果的综合反映，同时也是企业利润分配的基础。

按照我国《公司法》的规定，商品流通企业税后利润（即净利润），除国家另有规定者外，应按下列顺序分配：①弥补亏损，法定公积金不足弥补前期亏损的，应先用当年利润弥补；②提取法定盈余公积金；③提取任意盈余公积金；④向投资人分配利润（企业以前年度未分配的利润，可以并入本年度内向投资人分配）。

二、盈余公积的核算

（一）盈余公积的性质和内容

盈余公积，是指企业按照规定从净利润中提取的积累资金。获取盈利既是企业的经营目标，也是企业生存和发展的基础。一个企业取得盈利后，首先应当根据国家税法的规定按时足额地交纳所得税，扣除所得税后的净利润，需要按照企业的章程、规定提取盈余公积。一般来说，商品流通企业出于以下原因，需要按规定或自愿提取盈余公积：①任何一个企业都不可以将获取的净利润一次性全部分配给股东，企业应根据生产发展的需要，按照一定的比例从净利润中提取相应的积累资金，用于满足企业进行扩大再生产的资金需要。②在面临着激烈竞争的环境下，企业经营也必然会随着市场的变化出现波动。有时，企业会受到各种因素的影响，出现不景气，甚至严重亏损。提取盈余公积，建立储备资金，企业可以在必要时，通过动用这部分盈余公积来保证企业的正常生产经营，弥补企业经营中的亏损。③在企业没有净收益的会计期内，保证发放一定数额的股利，以稳定股东，维护企业的形象。

盈余公积按取得方式和用途不同，可分为法定盈余公积和任意盈余公积。

1. 法定盈余公积。法定盈余公积，是指企业按照规定比例从净利润中提取的盈余公积。这里的“法定”，指国家《公司法》就提取基数和提取比例两方面都有硬性规定，企业必须遵照执行。企业计提的盈余公积累计达到注册资本的50%时可以不再提取。按照《公司法》有关规定，公司制企业应当按照净利润（减弥补以前年度亏损，下同）的10%提取法定盈余公积；非公司制企业法定盈余公积的提取比例可超过净利润的10%。值得注意的是，在计算提取法定盈余公积的基数时，不应包括企业年初未分配利润。

2. 任意盈余公积。任意盈余公积是指企业根据股东会或股东大会的决议提取的盈余公积。非公司制企业经类似权力机构批准，可提取任意盈余公积。提取任意盈余公积既不会使公司留存收益减少，也不会使其增加，其目的在于在获利较多的年度，多提公积，积蓄财力，以便用于发生特殊情况或亏损的年度，使各期股利水平不致差距过大。

法定盈余公积和任意盈余公积的区别在于：法定盈余公积的计提是按照国家有关法律、法规进行的，计提的标准也要符合有关的规定；但任意盈余公积是否计提、计提多少完全取决于公司股东会的决定。

（二）盈余公积的用途

商品流通企业提取的盈余公积主要有以下方面的用途：

1. 弥补亏损。根据有关法规的规定，商品流通企业发生亏损，可以用发生亏损后五年内实现的税前利润来弥补，当发生的亏损在五年内仍不足弥补的，应使用随后所实现的所得税后利润弥补。通常，当企业发生的亏损在所得税后利润仍不足弥补的，可以用所提取的盈余公积来加以弥补，但是，用盈余公积弥补亏损应当由董事会提议，股东大会批准，或者由类似的机构批准。

2. 转增资本（股本）。当商品流通企业提取的盈余公积累积比较多时，可以将盈余公积转增资本（股本），但是必须经股东大会或类似机构批准，并按股东原有股份（或投资）比例结转，用盈余公积转增资本（股本）后，留存的盈余公积不得少于注册资本的25%。

3. 发放现金股利或利润。商品流通企业无利润，原则上不得分配现金利润或股利。但当企业累积的盈余公积比较多，而未分配利润比较少时，为了维护企业形象，给投资者以合理的回报，对于符合规定条件的企业，也可以用盈余公积分派现金利润或股利。

三、盈余公积提取、使用的核算

（一）盈余公积提取的核算

商品流通企业应设置“盈余公积”科目核算盈余公积提取和使用情况。该科目贷方登记企业提取盈余公积的数额；借方登记企业盈余公积使用的数额；期末贷方余额反映企业提取盈余公积的结余额。其明细账按盈余公积的种类设置。

商品流通企业按规定提取盈余公积时，应通过“利润分配”和“盈余公积”等科目处理。

企业按规定提取法定盈余公积，借记“利润分配——提取法定盈余公积”科目，贷记“盈余公积——法定盈余公积”科目。

【例11-11】承例11-8，该公司2×16年实现净利润为21 562 500(30 000 000-8 437 500)元，年初未分配利润为0。经股东大会批准，该企业按当年净利润的10%提取法定盈余公积。假定不考虑其他因素。编制如下会计分录：

本年提取盈余公积金额=21 562 500×10%=2 156 250(元)

借：利润分配——提取法定盈余公积　　2 156 250

　贷：盈余公积——法定盈余公积　　2 156 250

企业根据股东大会决议提取任意盈余公积，借记“利润分配——提取任意盈余公积”科目，贷记“盈余公积——任意盈余公积”科目。

使用任意盈余公积的会计处理，可参照法定盈余公积的相应办法进行。

（二）盈余公积使用的核算

1. 弥补亏损的核算。商品流通企业发生亏损，应由企业自行弥补。弥补亏损的资金来源主要有三方面：一是用以后年度税前利润弥补。按照规定，企业发生亏损，可以用以后年度实现利润进行弥补，但弥补期限不得超过五年；二是用以后年度税后利润弥补。超过了税收规定的税前利润弥补期限，未弥补的以前年度亏损可用所得税后利润弥补；三是用盈余公积弥补。

商品流通用盈余公积弥补亏损时，借记“盈余公积”科目，贷记“利润分配——盈余公积转入”科目。

【例11-12】某商品流通企业2×16年经营亏损1 500 000元，经股东大会批准，用以前年度提取的盈余公积弥补当年的亏损。编制如下会计分录：

借：盈余公积——法定(或任意)盈余公积　　1 500 000

　贷：利润分配——盈余公积转入　　1 500 000

2. 转增资本(或股本)的核算。经股东会决议，商品流通企业可以将盈余公积转为资本(或股本)。在转增资本时，一是要先办理增资手续；二是要按股东原有股份比例结转，股份有限公司可采用发放新股等方法增加股本；三是法定盈余公积转增资本(或股本)时，转增后留存的盈余公积不得少于注册资本的25%。用盈余公积转增资本，增加实收资本，减少盈余公积。

【例11-13】2×16年1月，某商品流通企业因扩大经营规模需要，经股东大会批准，将盈余公积350 000元转增股本。假定不考虑其他因素，编制如下会计分录：

借：盈余公积——法定(或任意)盈余公积　　350 000

　贷：实收资本　　350 000

3. 分派现金股利或利润的核算。根据规定，对于符合条件的企业可以动用盈余公积分派现金利润或股票股利。

企业按照规定，以盈余公积分配现金股利时，借记“盈余公积”科目，贷记“应付股利”科目；支付现金股利时，借记“应付股利”科目，贷记“库存现金”、“银行存款”科目。

经股东大会决议，用盈余公积派送新股，按派送新股计算的金额，借记“盈余公积”科目，按股票面值和派送新股总数计算的股票面值总额，贷记“股本”科目。

【例11－14】承例11－8，该公司股东大会批准了2×16年度利润分配方案，以2×16年12月31日为登记日，按每股0.2元发放现金股利。该公司共需要分派20 000 000元现金股利，其中动用可供分配利润10 000 000元、盈余公积10 000 000元。假定不考虑其他因素，应编制会计分录如下：

(1)宣告分派现金股利时：

借：利润分配——应付现金股利	10 000 000	
盈余公积	10 000 000	
贷：应付股利		20 000 000

(2)支付现金股利时：

借：应付股利	20 000 000	
贷：银行存款		20 000 000

四、股利分派的核算

(一)股利的性质

股利，是公司按股东所持有股份比例分配给股东的留存收益。分配股利通常是在企业经营获利、具备一定留存收益时，由公司董事会根据本公司营业展望及未来计划决定股利分发形式、金额和时间。

股份有限公司原则上应从累计盈利中分派股利，无盈利不得支付股利，即所谓“无利不分”的原则。但若公司用盈余公积金抵补亏损以后，为维护其股票信誉，经股东大会特别决议，也可用盈余公积金支付股利，不过这样支付股利后留存的法定盈余公积金不得低于注册资本的25%。

股利支付方式有多种，常见的有现金股利和股票股利。

(二)股利分派的核算

1.现金股利的核算。商品流通企业分派现金股利，属于重大财务事项，何时分派、分派多少均应由董事会作出分配预案，经股东大会批准后，由公司正式宣告。一般来说，董事会和股东大会可根据企业是否有足额的可供分配利润、是否有较为充裕的营运资金的条件，决定和宣告发放现金股利。现金股利的宣告构成了公司对股东应履行的偿付责任，在现金股利发放完毕之前，此项流动负债不应解除。

商品流通企业经股东大会或类似机构决议，分配给股东或投资者的现金股利或利润,借记"利润分配——应付现金股利或利润"科目,贷记"应付股利"科目。

【例 11－15】2×16 年 5 月 25 日,某商业股份公司公布 2×15 年度利润分配实施公告:以 2×15 年年末公司总股本 95 000 000 股为基数,向所有股东每 10 股派发 5 元现金红利(含税)。股权登记日为 2×16 年 6 月 5 日,除息日为 2×16 年 6 月6 日,现金红利发放日为 2×16 年 6 月 10 日。该公司会计处理如下:

(1)股利宣布日:

借:利润分配——支付股利　　47 500 000

　贷:应付股利　　47 500 000

(2)股权登记日和除息日,不作任何会计分录。

(3)股利发放日:

借:应付股利　　47 500 000

　贷:库存现金　　47 500 000

2. 股票股利的核算。股票股利,是指公司以增发股票作为股利分配给股东,以替代现金股利或作为现金股利的补充。股票股利实质上是发行公司将其应分配给股东的盈利资本化,即将留存收益转为投入资本。由于股票股利未涉及公司任何资产的分配,也未影响公司各个股东权益的变动,并使公司在不增加现金支出的情况下按规定进行股利分配,因而对公司的发展起到了促进作用。在多数国家中,股票不被认为是一种所得,股东可因此而免缴所得税,使其获得税收上的优惠。股票股利有多种形式,其中以普通股股票分配给普通股股东最为常见。

经股东大会或类似机构决议,企业分配给股东的股票股利应在办理增资手续后,借记"利润分配——转作股本的股利"科目,贷记"股本"科目。

【例 11－16】某商贸公司 2×15 年改组为股份有限公司,招股发行 50 000 000 股新股(发行后总股本 200 000 000 股),每股面值 1 元,每股发行价 2.1 元,发行前账面资本公积 45 000 000 元。2×15 年末可供分配利润 212 000 000 元,经股东大会批准,公司于 2×16 年 5 月以 2×15 年年末总股本 200 000 000 股为基数实施 2×15年年度利润分配:每 10 股送 1 股并派发现金红利 0.8 元(含税)。公司2×17 年 8 月以 2×16 年年末总股本 220 000 000 股为基数实施 2×16 年度利润分配:每 10 股送 1.5 股转增 3.5 股。编制会计分录如下:

(1)2×15 年招股发行新股:

借:银行存款　　105 000 000

　贷:股本　　50 000 000

　　资本公积——股本溢价　　55 000 000

(2)2×15 年末宣告分配预案时,不作账务处理。2×16 年经股东大会批准利润分配方案后:

借:利润分配——应付普通股股利　　16 000 000
　贷:应付利润　　16 000 000

(3)实施 2×15 年利润分配时(现金股利发放,股票股利办理增资手续后):

借:利润分配——转作股本的普通股股利　　20 000 000
　　应付利润　　16 000 000
　贷:股本　　20 000 000
　　　银行存款　　16 000 000

(4)2×17 年经股东大会批准实施 2×16 年利润分配时(办理增资手续后):

借:利润分配——转作股本的普通股股利　　33 000 000
　　资本公积——股本溢价　　77 000 000
　贷:股本　　110 000 000

第六节　未分配利润的核算

一、未分配利润的概念

未分配利润,是指未进行分配的净利润。它是企业所有者权益的组成部分,是企业扩充生产经营规模,准备应付意外事项所需资金的资金来源。

商品流通企业在制定利润分配方案时,出于多方面之考虑,往往不能把净利润全部分配,于是形成了未分配利润。未分配利润有两层含义,一是这部分净利润没有分给企业投资者;二是这部分净利润未指定用途,企业可以随时支配使用。在数量上,未分配利润是期初未分配利润,加上本期实现的净利润,减去提取的各种盈余公积和已分配利润的余额。

二、未分配利润形成的核算

商品流通企业的未分配利润是个结余数字,在会计期末,企业将会计期间内所实现的所有收入和成本、费用、支出项目都归集到“本年利润”科目下,计算出净利润(或净亏损)之后,转入“利润分配——未分配利润”科目,然后对实现的净利润进行分配。分配之后,“利润分配——未分配利润”科目的余额如果在贷方,即为累积未分配利润;如果在借方,即为累积未弥补亏损。

为了反映商品流通企业历年累计的未分配利润的情况,在“利润分配”科目中,专门设置了“未分配利润”明细科目。年度终了,商品流通企业将全年的财务成果,自“本年利润”科目转入“利润分配——未分配利润”科目。如为盈利,应借记“本年利润”科目,贷记“利润分配——未分配利润”科目;如为亏损,则作相反的会计分录。同时,将利润分配科目下的其他明细科目余额,转入“未分配利润”明细科目。结转后,“未分配利润”科目如为贷方余额,为未分配利润;如为借方余额,则为未弥补亏损。

【例 11－17】承例 11－8、例 11－11、例 11－14,某商贸股份有限公司 2×16 年实现的净利润和利润分配情况如表11－4所示。

表 11－4

科　目	借方余额	贷方余额
本年净利润		21 562 500
利润分配		
提取法定盈余公积	2 156 250	
提取任意盈余公积	2 000 000(给定)	
应付股利	10 000 000	

根据表 11－4 资料,编制如下会计分录:

(1)结转净利润:

借:本年利润　　21 562 500

　贷:利润分配——未分配利润　　21 562 500

(2)结转提取的法定盈余公积:

借:利润分配——未分配利润　　2 156 250

　贷:利润分配——提取法定盈余公积　　2 156 250

(3)结转提取的任意盈余公积:

借:利润分配——未分配利润　　2 000 000

　贷:利润分配——提取任意盈余公积　　2 000 000

(4)结转应付股利:

借:利润分配——未分配利润　　10 000 000

　贷:利润分配——应付股利　　10 000 000

(5)期末,将“利润分配”科目有关明细科目转入“利润分配——未分配利润”科目。

借:利润分配——未分配利润　　14 156 250

　贷:利润分配——提取法定盈余公积　　2 156 250

　　　　　　——提取任意盈余公积　　2 000 000

　　　　　　——应付现金股利　　10 000 000

经计算,该公司年末“利润分配——未分配利润”科目贷方余额为 7 406 250(21 562 500－14 156 250)元。

思考题与练习题

一、思考题

1. 利润作为考核和分析企业管理水平高低的一项综合性指标,其作用表现在哪些方面?

2. 利润由哪些内容所组成?其公式如何计算?

3. 什么是营业外收入?营业外收入是由哪些内容所组成?

4. 什么是政府补助?其形式有哪些?如何确认和计量政府补助?

5. 什么是留存收益?留存收益包括哪些主要内容?

6. 盈余公积包括哪些内容?它们是如何核算的?

7. 什么是股利?股利按支付手段又可分为哪几种?

二、练习题

1. 某商品流通企业 2×16 年有关损益类科目的年末余额如表 11－5 所示(该企业采用表结法年末一次结转损益类科目,所得税率 25%)。

表 11－5

科目名称	借方余额	贷方余额
主营业务收入		6 000 000
其他业务收入		700 000
公允价值变动损益		150 000
投资收益		600 000
营业外收入		50 000
主营业务成本	4 000 000	
其他业务成本	400 000	
税金及附加	80 000	
销售费用	500 000	
管理费用	770 000	
财务费用	200 000	
资产减值损失	100 000	
营业外支出	250 000	

要求:

(1)计算以下指标:①营业利润;②利润总额;③净利润。

(2)将各损益类科目年末余额转入"本年利润"科目。

(3)假定应纳税所得为1 000 000元,确认所得税费用,编制会计分录。

(4)将"本年利润"科目年末余额转入"利润分配——未分配利润"科目。

2. 某商品流通企业2×16年年初未分配利润为1 000 000元,本年利润总额为390 000元,适用的企业所得税税率为25%。按税法规定本年度准予扣除的业务招待费为200 000万元,实际发生业务招待费300 000元。除此之外,不存在其他纳税调整因素。年末按税后利润的10%和5%提取法定盈余公积和任意盈余公积。向投资者宣告分配现金股利400 000元。

要求:

(1)计算该企业本期所得税费用,并编制相应的会计分录。

(2)编制该企业提取法定盈余公积的会计分录。

(3)编制该企业提取任意盈余公积的会计分录。

(4)编制该企业向投资者宣告分配现金股利的会计分录。

(5)计算该企业年末未分配利润。

第十二章 商品流通企业财务报表

学习要点

本章主要介绍了商品流通企业财务报表的内容与编制方法。通过本章的学习，应当熟悉财务报表的构成和分类、财务报表编制的要求；掌握利润表、资产负债表、现金流量表、所有者权益变动表的编制方法；熟悉财务报表附注的内容。

财务会计的基本目标是向企业外部有关方面提供有用的会计信息，有助于投资者等会计信息使用者了解企业当前的财务状况、经营成果和现金流量等情况，从而预测未来的发展趋势，作出各种相关的经济决策。而具备提供财务会计信息功能、承担信息主要载体的是财务报表。财务报表是对会计要素的确认、计量和记录结果的最终体现和综合的描述，它是向投资者等财务报表使用者提供决策有用信息的媒介和渠道，是沟通投资者、债权人等使用者与企业管理层之间信息的桥梁和纽带。编制财务报表是商品流通企业会计工作的最后环节。

第一节 财务报表概述

一、财务报表的种类

财务报表，是对企业财务状况、经营成果和现金流量的结构性表述。商品流通企业编制财务报表的目标，是向财务报表使用者提供与企业财务状况、经营成果和现金流量等有关的会计信息，反映企业管理层受托责任履行情况，有助于财务报表使用者作出经济决策。

一套完整的财务报表至少应当包括资产负债表、利润表、所有者权益（或股东权益）变动表、现金流量表和附注。资产负债表反映企业在某一特定日期所拥有的资产、需要偿还的债务以及股东（投资者）拥有的净资产情况。利润表反映企业在一定会计期间实现的利润或发生亏损的情况。现金流量表反映企业在一定会计期间现金和现金等价物流入和流出的情况。所有者权益变动表反映构成所有者权益的各组成部分当期的增减变动情况。各种财务报表的关系如图 12－1 所示。附注是财务报表的有机组成部分，是对在资产负债表、利润表、现金流量表和所有者权益变动表等报表中列示项目的文字描述或明细资料，以及对未能在这些报表中列示项目的说明等。

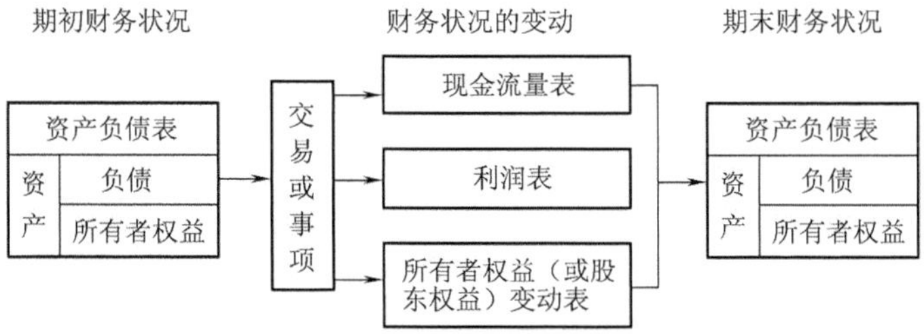

图 12－1

二、财务报表编制的基本要求

为了充分发挥财务报表的作用，保证财务报表提供的信息能够满足有关各方的需要，商品流通企业编制的财务报表必须满足下列要求。

（一）以持续经营为基础

持续经营是会计的基本假设之一，商品流通企业应当以持续经营为基础，根据实际发生的交易和事项，按照《企业会计准则——基本准则》和其他相关会计准则的规定进行确认计量，在此基础上编制财务报表。

在编制财务报表时，商品流通企业应当对持续经营的能力进行估计。如果商品流通企业经营出现非持续经营现象，企业应当采用其他基础编制财务报表，并在附注中披露这一事实。例如，已经决定进行清算或停止营业的商品流通企业，或者已明确在下一个会计期间将被迫进行清算或停止营业，则不应再以持续经营为基础编制财务报表。另外，如果某些不确定的因素导致对企业能否持续经营产生重大怀疑时，则应当在财务报表附注中披露这些不确定因素。

（二）遵循一致性列报原则

一致性列报原则是会计信息质量的一项重要特征，其目的是使会计信息在同一企业的不同时期具有可比性。财务报表项目的列报应当在各个会计期间保持一致，不得随意变更，但下列情况除外：

1. 会计准则要求改变财务报表项目的列报；

2. 企业经营业务的性质发生重大变化后，变更财务报表项目的列报能够提供更可靠、更相关的会计信息。

（三）在编制财务报表的过程中，要考虑报表项目的重要性

重要性，是指财务报表某项目的省略或错报会影响使用者据此作出经济决策

的,该项目具有重要性。也就是说,在财务报表列报时,对那些相对比较重要的项目予以全面和尽可能详细的披露;相反,不重要或与决策无关的项目则可以采取简要的方式,甚至不予披露。判断项目性质的重要性,应当考虑该项目的性质是否属于企业日常活动、是否对企业的财务状况和经营成果具有较大影响等因素。判断项目金额大小的重要性,应当通过单项金额占资产总额、负债总额、所有者权益总额、营业收入总额、净利润等直接相关项目金额的比重加以确定。

(四)正确认识财务报表项目的抵消含义

财务报表所涉及的资产和负债、收益和费用在列报时不能相互抵消,而以总额列报。因为资产和负债、收益和费用是性质不同的会计事项,将其抵消处理,会使财务报表所反映的信息误导会计信息使用者,不利于会计信息使用者作出正确决策。但下列情况不属于抵消,可以净额列示:一是资产项目按扣除减值准备后的净额列示,不属于抵消。因为资产按扣除减值准备后的净额列示,能够反映资产给企业带来的经济利益,不属于抵消。二是非日常活动产生的损益,以收入扣减费用后的净额列示,不属于抵消。非日常活动产生的损益以收入扣减费用后的净额列示,更有利于财务报表使用者的经济决策,不属于抵消。

(五)遵循可比性编报原则

本期财务报表的列报,至少应当提供所有列报项目上一可比会计期间的比较数据,以及与理解当期财务报表相关的说明。如果财务报表项目的列报发生变更,应当对上期比较数据按照当期的列报要求进行调整,并在附注中披露调整的原因和性质以及调整的各项目金额。

(六)其他编制要求

除上述外,在编制财务报表时还应该注意以下要求:

1. 表头要素。商品流通企业应当在财务报表中以显著的方式列示:编报企业的名称、资产负债表日或财务报表涵盖的会计期间、人民币金额单位,财务报表是合并财务报表的,应当予以标明。

2. 报表期间。商品流通企业至少应当按年编制和列示本会计准则所要求的全部财务报表,并在规定的期间内对外提供。如果年度财务报表涵盖的期间短于1年,则企业应当披露:①财务报表涵盖的期间。②年度财务报表涵盖期间短于1年的原因。

第二节　资产负债表

一、资产负债表的作用

资产负债表,也称“财务状况表”,是反映企业某一特定日期财务状况的会计报表。它是根据“资产 = 负债 + 所有者权益”这一会计等式，按照一定分类标准和次序，将企业一定日期的资产、负债和所有者权益项目适当排列，并对日常核算资料进行高度浓缩整理后而形成的。资产负债表是特定日期企业所控制的资产、承担的债务责任以及投资人对净资产求偿权的静态反映，利用资产负债表可以为投资者、债权人和经营管理层等方面评价企业偿债能力、预测未来财务状况和发展潜力提供重要的信息。

二、资产负债表的结构

商品流通企业资产负债表的结构由表头和基本内容组成。

（一）表头

表头，包括报表名称、编制单位、编制日期、货币种类和金额单位等内容。

（二）基本内容

基本内容部分，是资产负债表的核心，它以“账户式”或“报告式”分项列示企业的资产、负债和所有者权益。我国采用“账户式” 资产负债表。

所谓“账户式”资产负债表，是指报表用左右排列成“T”字形科目基本结构的形式，反映资产、负债和所有者权益的基本状况。资产项目列示在报表的左方，负债和所有者权益项目列示在报表的右方，左方资产总额等于右方负债和所有者权益总额之和。“账户式”资产负债表的简明格式如表 12 －1 所示。

表 12 －1　账户式资产负债表

资　产	负债和所有者权益
流动资产　×××	流动负债　×××
非流动资产　×××	非流动负债　×××
资产总计　×××	负债和所有者权益总计　×××

根据财务报表列报准则的规定，商品流通企业需要提供比较资产负债表，以便报表使用者通过比较不同时点资产负债表的数据，掌握企业财务状况的变动情况及发展趋势。所以，资产负债表还就各项目再分为“年初余额”和“期末余额”两栏，以反映和比较不同时期资产、负债和所有者权益增减变化的状况。

商品流通企业的资产负债表采用科目式结构，为适应会计报表使用者的需要，根据各项资产、负债、所有者权益在经营中的作用以及管理要求归类排列，以便取得经营管理所需的资料。

1. “资产”方。资产负债表的“资产”方分别流动资产和非流动资产列示。

（1）流动资产。流动资产，是指可以在一年或者超过一年的一个营业周期内变现或者耗用的资产。资产满足下列条件之一的，应当归类为流动资产：

①预计在一个正常营业周期中变现、出售或耗用。

②主要为交易目的而持有。

③预计在资产负债表日起一年内(含一年,下同)变现。

④在资产负债表日起一年内,交换其他资产或清偿负债的能力不受限制的现金或现金等价物。

资产负债表中列示的流动资产项目通常包括货币资金、以公允价值计量且其变动计入当期损益的金融资产、应收票据、应收账款、预付款项、应收利息、应收股利、其他应收款、存货和一年内到期的非流动资产等。流动资产各项目按流动性和变现能力的大小顺序排列。流动性较高、变现能力较强的资产项目排列在先,流动性及变现能低的资产项目排列在后。

由于流动资产在企业经营活动中不断周转、直接影响企业经营活动,所以在资产方排为第一类。

(2)非流动资产。非流动资产,是指流动资产以外的资产。资产负债表中列示的非流动资产项目通常包括长期股权投资、固定资产、在建工程、工程物资、固定资产清理、无形资产、开发支出、长期待摊费用以及其他非流动资产等。

2."负债及所有者权益"方。在资产负债表的"负债及所有者权益"方可分为以下三个类别:

(1)流动负债。流动负债,是指需在一年或者超过一年的一个营业周期内偿还的债务。负债满足下列条件之一的,应当归类为流动负债:

①预计在一个正常营业周期中清偿。

②主要为交易目的而持有。

③自资产负债表日起1年内到期应予以清偿。

④企业无权自主地将清偿推迟至资产负债表日后1年以上。

资产负债表中列示的流动负债项目通常包括:短期借款、应付票据、应付账款、预收款项、应付职工薪酬、应交税费、应付利息、应付股利、其他应付款、一年内到期的非流动负债等。流动负债是在债权人提出要求时,或预期在资产负债表日后1年内需要清偿的债务。

(2)非流动负债。非流动负债,是指偿还期在1年或者超过1年的一个营业周期以上的债务。非流动负债项目通常包括:长期借款、应付债券、长期应付款、专项应付款、预计负债、递延所得税负债以及其他非流动负债等。长期负债通常是不需要即期支付的债务。

需要说明的是,流动负债与非流动负债的划分是否正确,直接影响到对企业短期和长期偿债能力的判断。如果混淆了负债的类别,将歪曲企业的实际偿债能力,误导报表使用者的决策。

(3)所有者权益。所有者权益,是指企业资产扣除负债后的剩余权益,反映企业在某一特定日期股东(投资者)拥有的净资产的总额。所有者权益项目通常包括实收资本、资本公积、盈余公积和未分配利润。

资产负债表的"负债及所有者权益"方项目是按照需要偿还出资额的先后顺序排列。流动负债需要在一年内或一个营业周期内偿还,排在最先;所有者权益只有在企业解散时才需要偿还,排在最后。负债部分也是按照债务清偿缓急排列的,先流动负债,后长期负债。

在资产负债表中,资产各项目年初总计数和期末总计数,应分别与负债、所有者权益方各项目年初总计数和期末总计数相等。

三、资产负债表的编制

资产负债表的编制,主要是通过对日常会计核算资料的归类、整理,使之成为有用的信息。

(一)"年初余额"的编制方法

"年初余额"栏内各项目数字,应根据上年末资产负债表"期末余额"栏内所列数字填列。如果本年度资产负债表规定的各个项目的名称和内容同上年度不相一致,应对上年年末资产负债表各项目的名称和数字按本年度的规定进行调整,按调整后的数字填入本表"年初余额"栏内。

(二)"期末余额"的编制方法

资产负债表"期末余额"的编制方法如下:

1. 根据总账科目余额直接填列。例如,交易性金融资产、固定资产清理、长期待摊费用、递延所得税资产、短期借款、交易性金融负债、应付票据、应付职工薪酬、应交税费、应付利息、应付股利、其他应付款、递延所得税负债、实收资本、资本公积、库存股、盈余公积等项目,应当根据相关总账科目的余额直接填列。

2. 根据几个总账科目的余额计算填列。例如,"货币资金"项目,应当根据"库存现金"、"银行存款"、"其他货币资金"等科目期末余额合计填列。

3. 根据有关明细科目的余额计算填列。例如,"应付账款"项目,应当根据"应付账款"、"预收账款"等科目所属明细科目期末贷方余额合计填列。

4. 根据总账科目和明细科目的余额分析计算填列。例如,"长期应收款"项目,应当根据"长期应收款"总账科目余额,减去"未实现融资收益"总账科目余额,再减去所属相关明细科目中将于一年内到期的部分填列;"长期借款"项目,应当根据"长期借款"总账科目余额扣除"长期借款"科目所属明细科目中将于一年内到期的部分填列;"应付债券"项目,应当根据"应付债券"总账科目余额扣除"应付债券"科目所属明细科目中将于一年内到期的部分填列;"长期应付款"项目,应当根据"长期应付款"总账科目余额,减去"未确认融资费用"总账科目余额,再减去所属相关明细科目中将于一年内到期的部分填列。

5. 根据总账科目与其备抵科目抵消后的净额填列。例如,“存货”项目,应当根据“库存商品”、“发出商品”、“周转材料”等科目期末余额,减去“存货跌价准备”科目期末余额后的金额填列;“持有至到期投资”项目,应当根据“持有至到期投资”科目期末余额,减去“持有至到期投资减值准备”科目期末余额后的金额填列;“固定资产”项目,应当根据“固定资产”科目期末余额,减去“累计折旧”、“固定资产减值准备”等科目期末余额后的金额填列。

【例 12－1】华茂商业贸易公司 2×16 年度发生的经济业务及编制的会计分录如下:

(1)购入库存商品一批,进价 150 000 元,增值税额为 25 500 元,该商品售价为 180 000 元,款项以银行存款付讫,商品已验收入库。编制会计分录:

借:在途物资　　150 000
　　应交税费——应交增值税(进项税)　　25 500
　贷:银行存款　　175 500

借:库存商品　　180 000
　贷:在途物资　　150 000
　　　进销差价　　30 000

(2)长期借款发生利息费用 75 000 元。按借款费用资本化的规定,计算出工程应负担的长期借款利息为 30 000 元,计入财务费用的利息费用 45 000 元,利息尚未支付。编制会计分录:

借:在建工程　　30 000
　　财务费用　　45 000
　贷:长期借款　　75 000

(3)出售交易性金融资产获得价款 300 000 元,确认投资收益 150 000 元,价款已存入银行。交易性金融资产中成本为 140 000 元,公允价值变动 10 000 元。编制会计分录:

借:银行存款　　300 000
　贷:交易性金融资产——成本　　140 000
　　　　　　　　　　——公允价值变动　　10 000
　　　投资收益　　150 000

同时:

借:公允价值变动损益　　10 000
　贷:投资收益　　10 000

(4)购入食品制冷设备一台,价款及增值税共计 450 000 元,全部款项均已用银行存款支付,设备直接交付使用。编制会计分录:

借:固定资产　　450 000

　贷:银行存款　　450 000

(5)假定该企业按年计提折旧,本年计提固定资产折旧225 000元,其中,计入销售费用的厂房及设备折旧150 000元,计入管理费用的办公用房及设备折旧75 000元。编制会计分录:

借:销售费用　　150 000

　　管理费用　　75 000

　贷:累计折旧　　225 000

(6)实际发放职工工资300 000元,并将其分配计入相关成本费用项目(其中,计入销售费用人员工资150 000元,计入管理费用的人员工资75 000元,计入在建工程为75 000元)。编制会计分录:

借:销售费用　　150 000

　　管理费用　　75 000

　　在建工程　　75 000

　贷:应付职工薪酬　　300 000

借:应付职工薪酬　　300 000

　贷:库存现金　　300 000

(7)本年销售商品收入1 500 000元,应收取的增值税额为255 000元。其中货款750 000元,增值税127 500元为现款结算,余款尚未收取;同时,结转商品销售成本。编制会计分录:

借:银行存款　　877 500

　　应收账款　　877 500

　贷:主营业务收入　　1 500 000

　　　应交税费——应交增值税(销项税额)　　255 000

借:主营业务成本　　1 500 000

　贷:库存商品　　1 500 000

借:商品进销差价　　900 000

　贷:主营业务成本　　900 000

(8)结转已销商品实现的进销差价900 000元。编制会计分录:

借:商品进销差价　　900 000

　贷:主营业务成本　　900 000

(9)计算利润总额,计提并交纳所得税(假定无递延所得税)。编制会计分录:

$$1\ 500\ 000+150\ 000-(600\ 000+300\ 000+150\ 000+45\ 000)=555\ 000(\text{元})$$

$$\text{应交所得税}=555\ 000\times25\%=138\ 750(\text{元})$$

借:所得税费用　　138 750

贷:应交税费——应交所得税　　138 750

借:应交税费——应交所得税　　138 750

贷:银行存款　　138 750

(10)将各收支科目转入“本年利润”科目。编制会计分录:

借:主营业务收入　　1 500 000

投资收益　　160 000

贷:本年利润　　1 660 000

借:本年利润　　1 243 750

贷:主营业务成本　　600 000

销售费用　　300 000

管理费用　　150 000

财务费用　　45 000

公允价值变动损益　　10 000

所得税费用　　138 750

(11)分别按净利润的10%,5%提取法定盈余公积和任意盈余公积。编制会计分录:

借:利润分配——提取法定盈余公积　　41 625.0

——提取任意盈余公积　　20 812.5

贷:盈余公积　　62 437.5

(12)将“本年利润”科目余额转入“利润分配——未分配利润”科目。编制会计分录:

借:本年利润　　416 250

贷:利润分配——未分配利润　　416 250

(13)将“利润分配”科目中已分配的利润转入“利润分配——未分配利润”科目。编制会计分录:

借:利润分配——未分配利润　　62 437.5

贷:利润分配——提取法定盈余公积　　41 625.0

——提取任意盈余公积　　20 812.5

(14)以银行存款偿还长期借款25 000元。编制会计分录:

借:长期借款　　25 000

贷:银行存款　　25 000

根据上述的经济业务登记账簿(本书略),编制“资产负债表”、“利润表”、“现金流量表”和“所有者权益变动表”,分别见表12-2、表12-3、表12-4和表12-6。

表 12－2　资产负债表　　　　会企 01 表

编制单位：华茂商业贸易公司　　　2×16 年 12 月 31 日　　　单位：元

资　产	期末余额	年初余额	负债及所有者权益（或股东权益）	期末余额	年初余额
流动资产			流动负债		
货币资金	388 250	300 000	短期借款	20 000	20 000
以公允价值计量且其变动计入当期损益的金融资产	0	150 000	以公允价值计量且其变动计入当期损益的金融负债	0	0
应收票据	60 000	60 000	应付票据	0	0
应收账款	1 177 500	300 000	应付账款	30 000	30 000
预付账款	40 000	40 000	预收账款	35 000	35 000
应收利息	0	0	应付职工薪酬	5 000	5 000
应收股利	0	0	应交税费	529 500	300 000
其他应收款	0	0	应付利息	0	0
存货	2 150 000	2 600 000	应付股利	0	0
一年内到期的流动资产	0	0	其他应付款	10 000	10 000
其他流动资产	0	0	一年内到期的非流动负债	0	0
流动资产合计	3 815 750	3 450 000	其他流动负债	0	0
非流动资产			流动负债合计	629 500	400 000
可供出售的金融资产	0	0	非流动负债		
持有至到期的投资	0	0	长期借款	1 100 000	1 050 000
长期应收款	0	0	应付债券	0	0
长期股权投资	0	0	长期应付款	0	0
投资性房地产	0	0	专项应付款	0	0
固定资产	975 000	750 000	预计负债	0	0
在建工程	855 000	750 000	递延所得税负债	0	0
工程物资	0	0	其他非流动负债	0	0
固定资产清理	0	0	非流动负债合计	1 100 000	1 050 000
生产性生物资产	0	0	负债合计	1 729 500	1 450 000
油气资产	0	0	所有者权益		
无形资产	0	0	实收资本	1 900 000	1 900 000
开发支出	0	0	资本公积	0	0
商誉	0	0	减：库存股	0	0
			其他综合收益	0	0

续表

资　产	期末余额	年初余额	负债及所有者权益(或股东权益)	期末余额	年初余额
长期待摊费用	0	0	盈余公积	662 437.50	600 000
递延所得税资产	0	0	未分配利润	1 353 812.50	1 000 000
其他非流动资产	0	0	所有者权益合计	3 916 250	3 500 000
非流动资产合计	1 830 000	1 500 000			
资产总计	5 645 750	4 950 000	负债及所有者权益(或股东权益)总计	5 645 750	4 950 000

第三节　利润表

一、利润表的作用

利润表又称损益表,是反映企业一定会计期间经营成果的报表。商品流通企业利润表可从经营情况和财务成果两方面综合反映商品流通企业一定期间的收入实现情况、费用耗费情况,一定期间实现利润(或发生亏损)的总量、构成、影响利润形成的各项因素等状况。由于它所提供的各项指标是商品流通企业一定时期经济活动的过程和结果,因此,它所提供的资料称为动态资料。根据这些资料,①可以了解商品流通企业盈利水平,判断商品流通企业经营成果;②可以考核商品流通企业经营业绩和评价商品流通企业经营目标的实现;③预测商品流通企业未来经营与盈利趋势;④为分析利润增减变化的原因,编制下期利润预算,改进经营管理提供重要的科学依据。同时,将利润表中的信息与资产负债表中的信息相结合,还可以提供进行财务分析的基本资料。

二、利润表的结构

企业利润表的结构包括表头和基本内容。

表头部分反映报表的会计主体、编制期间(某月份或某年度)和货币种类及单位。

基本内容部分是利润表的核心部分,分为“项目”栏和“金额”栏。“项目”栏反映商品流通企业全部收支相抵后经营成果各项指标的构成、分类和排列;“金额”栏则反映商品流通企业不同时期(月份、年份)各项收支及经营成果达到的水平(见表12-3)。利润表基本内容的结构有两种形式:一种是单步式,一种是多步式。单步式利润表是将报告期所有收入和所有费用支出加在一起,相互抵减，一次计算出该报告期损益的报表。如果收大于支，为实现利润；反之，为实现的亏损。

多步式利润表如表 12－3 所示，是按照商品流通企业净利润的构成因素，根据净利润计算层次排列的损益计算表。该表相关项目内容如下：

（1）营业收入，由主营业务收入和其他业务收入组成。

（2）营业利润，营业收入减去营业成本（主营业务成本、其他业务成本）、税金及附加、销售费用、管理费用、财务费用、资产减值损失，加上公允价值变动收益、投资收益，即为营业利润。

（3）利润总额，营业利润加上营业外收入，减去营业外支出，即为利润总额。

（4）净利润，利润总额减去所得税费用，即为净利润。

（5）每股收益，普通股或潜在普通股已公开交易的企业，以及正处于公开发行普通股或潜在普通股过程中的企业，应当在利润表中列示每股收益信息，包括基本每股收益和稀释每股收益两项指标。

（6）综合收益，包括其他综合收益和综合收益总额。其中，其他综合收益反映企业根据企业会计准则规定未在损益中确认的各项利得和损失扣除所得税影响后的净额；综合收益总额是企业净利润与其他综合收益的合计金额。

三、利润表的编制

其一，表头部分的填列。表头部分应填明编制单位、报表指标、会计期间、货币种类与金额单位。

其二，基本内容的填列。利润表基本内容各项目的填列方法主要有两种：一是根据损益类科目的本期发生净额直接填列，如表内项目的“加”项和“减”项。二是根据表内有关项目计算后填列，如利润表中“营业利润”项目是以营业收入减营业成本、营业销售税金及附加以及销售费用、管理费、财务费用等项目计算求得，还有“利润总额”项目是以营业利润加营业外收入，再减去营业外支出项目计算求得。

总体来说，利润表应当根据损益类科目的本期发生额来编制，其中，收入项目根据损益类有关科目的本期贷方发生额填列；成本费用项目根据损益类有关科目的本期借方发生额填列。

（1）根据各科目本期内贷方发生净额填列的项目有：营业收入（包括主营业务收入、其他业务收入）、营业外收入、投资收益、公允价值变动收益。其中：投资收益项目按“投资收益”科目贷方累计发生额减去借方累计发生额后的贷方净额填列，如出现投资净损失（即计算出的为借方净额），应以负数填列；公允价值变动收益项目应根据“公允价值变动损益”科目贷方累计发生额减去借方累计发生额后的贷方净额填列，如为净损失（即计算出的为借方净额），应以负数填列。

(2)根据各科目本期内借方发生净额填列的项目有:营业成本(包括主营业务成本、其他业务成本)、税金及附加、销售费用、管理费用、财务费用、资产减值损失、营业外支出、所得税费用等。

(3)“本年累计数”栏各项目的填列方法。“本年累计数”栏各项目反映企业利润形成各项目自年初起至本月止的累计实际发生数,月度利润表应当根据上月利润表的“本年累计数”栏的数字,加上本月利润表的“本月数”栏的数字,计算出各项目的“本年累计数”填列;编制年度利润的“本年累计数”就是12月份利润表的“本年累计数”,可以直接转抄。

(4)“上年数”栏各项目的填列方法。“上年数”栏各项目反映企业上年全年累计实际发生数,在编制年度利润表时填列,目的是便于与“本年累计数”栏各项目进行比较。如果上年度利润表与本年度利润表的各项目的名称和数字一致,可以直接将上年度利润表各项目的数字转抄在本年度利润表的各项目中;反之,应对上年度利润表各项目的名称和数字按本年度的规定进行调整后,填入“上年数”栏。

这里特别介绍利润表中“每股收益”栏目的填列方法。每股收益,是本期净利润与流通在外普通股股数的比值。它反映了普通股股东每持有一股所能享有的企业利润或需承担的企业亏损。它又分为基本每股收益和稀释每股收益。

(1)基本每股收益,是按照归属于普通股股东的当期净利润除以当期实际发行在外普通股的加权平均数计算确定的每股收益。基本每股收益的计算公式为:

基本每股收益 = 归属于普通股股东的当期净利润 ÷ 当期发行在外普通股的算术加权平均数

【例12-2】2×16年1月1日,某商品流通企业发行在外的普通股为10 000万股;2月28日新发行普通股21 600万股;12月1日回购普通股9 600万股,以备将来奖励职工之用。该公司当年度实现净利润为3 250万元。20×7年度基本每股收益计算如下:

发行在外普通股加权平均数为:

$$10\ 000 \times 12 \div 12 + 21\ 600 \times 10 \div 12 - 9\ 600 \times 1 \div 12 = 27\ 200(\text{万股})$$

$$\text{基本每股收益} = 3\ 250 \div 27\ 200 = 0.12(\text{元})$$

(2)稀释每股收益,是指以基本每股收益为基础,假设企业所有发行在外的稀释性潜在普通股均已转换为普通股,从而分别调整归属于普通股股东的当期净利润以及发行在外普通股的加权平均数计算确定的每股收益。

【例12-3】资料承例12-1,华茂商业贸易公司编制利润表见表12-3。

表 12－3　利润表

会企 02 表

编制单位:华茂商业贸易公司　　2×16 年度　　单位:元

项　　目	本期金额	上期金额
一、营业收入	1 500 000	
减:营业成本	600 000	
税金及附加	0	
销售费用	300 000	
管理费用	150 000	
财务费用	45 000	
资产减值损失	0	
加:公允价值变动净收益(损失以－号列示)	－10 000	
投资收益(损失以－号列示)	160 000	
其中:对联营企业和合营企业的投资	0	
二、营业利润(亏损以"－"号填列)	555 000	
加:营业外收入	0	
减:营业外支出	0	
其中:非流动资产处置净损失	0	
三、利润总额(亏损总额以"－"号填列)	555 000	
减:所得税费用	138 750	
四、净利润(净亏损以"－"号填列)	416 250	
五、其他综合收益的税后净额	(略)	
六、综合收益总额	(略)	
七、每股收益:		
(一)基本每股收益	0	
(二)稀释每股收益	0	

第四节　现金流量表

一、现金流量表的作用

现金流量表是反映企业一定时期内现金流入与流出情况的报表。它是企业继资产负债表、利润表后需要对外公布的第三张报表。

商品流通企业的财务目标主要有两个:一是经营获利,即通过企业的经营活动增加所有者权益;二是保持偿债能力,即保证能够及时偿还企业到期的债务。与之相关的信息是企业管理人员、投资者、债权人以及政府监管部门关注的重要内容。一定程度上，与此有关的情况通过利润表和资产负债表予以反映。但除此之外，人们还非常重视商品流通企业现金流动的情况。这是因为无论商品流通企业的债务偿付能力、股利分配能力、支付能力还是今后的发展，均取决于能否及时地获取足够的现金和合理使用现金。在激烈的市场竞争中，现金取得与使用的重要性有时甚至超过获利能力，成为关系企业生死攸关的大事。商品流通企业编制现金流量表的目的，是向报表的使用者提供企业一定时期内现金流入与流出的信息，以便他们了解和评价企业获取现金的能力，并据以预测企业未来的现金流量。

现金流量表的作用，具体体现在以下三方面：①有助于评价企业支付能力、偿债能力和周转能力；②有助于预测企业未来现金流量；③有助于分析企业收益质量及影响现金净流量的因素。

二、现金及现金流量的概念

现金流量表是以现金为基础编制的，这里的现金是指企业库存现金、可以随时用于支付的存款以及现金等价物。其中，现金等价物是指企业持有的期限短、流动性高、易于转换为已知金额现金、价值变动风险很小的短期投资。现金等价物虽然不是现金，但其支付能力与现金的差别不大，可视为现金。现金等价物通常是指购买在 3 个月或更短时间内即到期或即可转换为现金的投资。

现金流量是一定时期内企业现金流入和流出量的数量。当企业从各种经济业务收进现金，我们称为现金流入；当企业为各种经济业务付出现金，我们称为现金流出。现金流入量减现金流出量的差额，叫做净现金流量（或现金净流量）。

按照企业经营业务发生的性质，将企业一定期间内产生的现金流量归为“经营活动产生的现金流量”、“投资活动产生的现金流量”和“筹资活动产生的现金流量”三类。

三、现金流量表的结构

商品流通企业现金流量表的结构分主表和补充资料两部分。

（一）主表

商品流通企业现金流量表主表，见表 12－4，由表头和基本内容两部分组成。

表头部分包括报表名称、编制单位、编制日期和货币种类、金额单位等内容。

基本内容部分是现金流量表的核心，按照经济活动的性质分为经营活动产生的现金流量、投资活动产生的现金流量和筹资活动产生的现金流量三部分。现金流量一般应分别按现金流入和现金流出总额反映。

（二）补充资料

商品流通企业现金流量表的补充资料包括以下三方面内容。

1. 间接法计算的经营活动现金流量。编制现金流量表时，经营活动现金流量的列报方法有两种，一是直接法，二是间接法。直接法是通过现金收入和支出的主要类别，反映来自企业经营活动的现金流量。一般是以利润表中的营业收入为起算点，调整与经营活动有关的项目的增减变动，然后计算出经营活动的现金流量。间接法是以本期净利润为起算点，调整不涉及现金的收入、费用、营业外收支以及有关项目的增减变动，据此计算出经营活动的现金流量。

2. 不涉及现金收支的投资和筹资活动。有时商品流通企业会发生不形成现金收支的投资和筹资活动，如债务转为资本、一年内到期的可转换公司债券以及融资租入固定资产等，这些投资和筹资活动虽然不涉及现金收支，但对以后各期的现金流量有重大影响，对此应在报表附注中披露。

3. 现金及现金等价物净增加情况。现金及现金等价物净增加情况是对现金流量表主表中最后一项“现金及现金等价物净增加额”的数字来源、计算方法所作的详细说明，两者存在钩稽关系，金额相等。

四、商品流通企业现金流量表的编制方法

（一）经营活动产生的现金流量

经营活动产生的现金流量的列报方法有两种。正表部分采用直接法按现金收入和现金支出的主要类别，反映来自商品流通企业经营活动的现金流量；补充资料部分采用间接法，将净利润调节为经营活动的现金流量。正表中主要项目的具体填报方法如下：

1. “销售商品、提供劳务收到的现金”项目。该项目的计算公式为：

销售商品、提供劳务收到的现金 = 本期销售商品、提供劳务的收入 + 与收入业务有关的增值税销项税额 + 应收账款（期初账面净额 − 期末账面净额）+ 应收票据（期初余额 − 期末余额）+ 预收账款（期末余额 − 期初余额）− 本期计提的坏账准备 − 实际发生的现金折扣等特殊调整项目

值得注意的是，如果企业当期发生债务重组、非货币性交易等特殊事项时，还要作进一步的分析调整。

2. “购买商品、接受劳务支付的现金”项目。该项目的计算公式为：

购买商品、接受劳务支付的现金 = 本期的销售成本 + 与购买业务有关的增值税进项税额 + 存货（期末余额 − 期初余额）+ 预付账款（期末余额 − 期初余额）+ 应付账款（期初余额 − 期末余额）+ 应付票据（期初余额 − 期末余额）+ 未实现销售的存货减少数等特殊调整项目 − 非购买业务的存货增加数等特殊调整项目

3. “支付给职工以及为职工支付的现金”项目。该项目的计算公式为：

支付给职工以及为职工支付的现金 = 管理费用、销售费用的应付职工薪酬等费用 + 应付职工薪酬(期初余额 - 期末余额) - 应付职工薪酬[在建工程、无形资产明细(期初余额 - 期末余额)] + 其他应收款[代垫款项明细(期末余额 - 期初余额)]等

4.“支付的各项税费”项目。该项目的计算公式为:

支付的各项税费 = 所得税费用 + 税金及附加 + 计入管理费用、存货、其他业务成本等的税费 + 交纳的增值税 + 除增值税外的应交税费(期初余额 - 期末余额)

【例 12 - 4】甲股份有限公司为商品流通企业,它 2 × 16 年度财务报表的有关资料如下:

(1)2 × 16 年 12 月 31 日甲公司资产负债表有关项目年初、年末数如表 12 - 4 所示。

表 12 - 4　资产负债表有关项目年初、年末数　　单位:元

资产	年初数	年末数	负债和股东权益	年初数	年末数
应收票据	30 000	20 000	应付账款	40 000	25 000
应收账款	49 500	69 300	应交税费	3 700	4 600
预付账款	10 000	15 000	其中:应交增值税	1 000	600
存货	100 000	70 000	应交其他税金	2 700	4 000
			教育费附加	300	400

(2)2 × 16 年度利润表有关项目本年累计数如表 12 - 5 所示。

表 12 - 5　利润表有关项目本年累计数　　单位:元

项　目	本年累计数
主营业务收入	800 000
主营业务成本	450 000
税金及附加	6 460
销售费用	200 000
所得税费用	40 000

(3)其他有关资料如下:①本期增值税销项税额为 136 000 元,进项税额为71 400 元,已交增值税为 65 000 元;②其他应付款为收取的出借包装物押金;③2 × 16 年度没有实际发生坏账,2 × 15 年和 2 × 16 年两年年末均没有计提存货跌价准备;④未单独设置“管理费用”科目;营业费用中包含折旧费 2 000 元、计提应收账款坏账准备 200 元、水电费 10 000 元、差旅费 20 000 元、会议费 8 000 元、办公费 20 000

元、咨询费 15 000 元、业务招待费 5 800 元及摊销的预付保险费 5 000 元；⑤上述资产负债表和利润表项目均与投资活动、筹资活动无关。

根据上述资料，甲公司 2×16 年“现金流量表”下列项目计算方法如下：

(1)“销售商品、提供劳务收到的现金”项目计算方法如下：

销售商品、提供劳务收到的现金 = 800 000 + 136 000 + (30 000 − 20 000) + (49 500 − 69 300) − 200 = 926 000(元)

(2)“购买商品、接受劳务支付的现金”项目计算方法如下：

购买商品、接受劳务支付的现金 = 450 000 + 71 400 − (100 000 − 70 000) + (40 000 − 25 000) + (15 000 − 10 000) = 511 400(元)

(3)“支付的各项税费” 项目计算方法如下：

支付的各项税费 = 40 000 + 6 460 + 65 000 + (2 700 − 4 000) + (300 − 400) = 110 060(元)

【例 12 −5】某商品流通企业 2×16 年度有关职工薪酬资料如表 12 −6 所示。

表 12 −6　职工薪酬资料　　　　单位:元

项　目		年初数	本期分配或计提数	期末数
应付职工薪酬	经营人员	140 000	1 500 000	110 000
	行政管理人员	60 000	800 000	45 000
	在建工程人员	20 000	300 000	15 000

本期用银行存款支付离退休人员工资 500 000 元。假定应付职工薪酬本期减少数均以银行存款支付，应付职工薪酬为贷方余额。假定不考虑其他事项。现金流量表中“支付给职工以及为职工支付的现金”项目计算方法如下：

支付给职工以及为职工支付的现金 = (140 000 + 60000) + (1 500 000 + 800 000) − (110 000 + 45000) = 2 345 000(元)

注意：支付的离退休人员的各项费用，包括支付的统筹退休金以及未参加统筹的退休人员的费用，在“支付的其他与经营活动有关的现金”项目中反映；支付的在建工程人员的工资，在“购建固定资产、无形资产和其他长期资产所支付的现金”项目中反映。

(二)投资活动产生的现金流量的编制方法

1.“收回投资所收到的现金”项目，反映收回除现金等价物以外的投资而收到的现金，不包括长期债权投资收回的利息以及收回的非现金资产。本项目可根据“库存现金”、“银行存款”、“交易性金融资产”、“持有至到期投资”、“长期股权投资”等科目的记录分析填列。

2.“取得投资收益所收到的现金”项目，反映商品流通企业因投资而取得的现金股利、利息以及分派利润收到的现金，不包括股票股利。本项目可以根据“投资收益”、“应收股利”、“应收利息”、“库存现金”、“银行存款”等科目的记录分析填列。

3.“处置固定资产、无形资产和其他长期资产所收回的现金净额”项目,反映商品流通企业处置上述资产取得的现金,减去为处置这些资产而支付的有关费用后的净额。因自然灾害所造成的固定资产等长期资产损失而收到的保险赔偿收入,也在本项目反映。本项目可以根据“固定资产清理”、“库存现金”、“银行存款”等科目的记录分析填列。

4.“收到的其他与投资活动有关的现金”项目,反映商品流通企业除了上述各项以外,收到的其他与投资活动有关的现金流入。本项目可以根据“库存现金”、“银行存款”和其他有关科目的记录分析填列。

5.“购建固定资产、无形资产和其他长期资产所支付的现金”项目,反映企业购买、建造固定资产、取得无形资产和其他长期资产支付的现金。本项目可以根据“固定资产”、“无形资产”、“专项工程支出”、“库存现金”、“银行存款”、“其他货币资金”等科目的记录分析填列。为购建固定资产而发生的借款利息资本化的部分,以及融资租入固定资产支付的租赁费、借款利息和融资租入固定资产支付的租赁费,在筹资活动产生的现金流量中反映。

6.“投资所支付的现金”项目,反映商品流通企业进行除现金等价物以外的权益性投资和债权性投资支付的现金。本项目可以根据“交易性金融资产”、“长期股权投资”、“持有至到期投资”、“库存现金”、“银行存款”等科目的记录分析填列。

商品流通企业购买股票和债券时,实际支付的价款中包含的已宣告但尚未领取的现金股利或已到付息期但尚未领取的债券利息,应在投资活动的“支付的其他与投资活动有关的现金”项目反映;收回购买股票和债券时支付的已宣告但尚未领取的现金股利或已到付息期但尚未领取的债券利息,在投资活动的“收到的其他与投资活动有关的现金”项目反映。

7.“支付的其他与投资活动有关的现金”项目,反映商品流通企业除了上述各项目外,支付的其他与投资活动有关的现金流出。本项目可以根据有关科目的记录分析填列。

(三)筹资活动产生的现金流量的编制方法

1.“吸收投资收到的现金”项目,反映商品流通企业收到的投资者投入的现金,包括以发行股票、债券等方式筹集的资金实际收到的款项净额(发行收入减去支付的佣金等发行费用后的净额)。以发行股票、债券等方式筹集资金而由商品流通企业直接支付的审计、咨询等费用,在“支付的其他与筹资活动有关的现金”项目反映,不从本项目内扣除。本项目可以根据“实收资本(或股本)”、“库存现金”、“银行存款”等科目的记录分析填列。

2.“借款收到的现金”项目,反映商品流通企业举借各种短期、长期借款所收到的现金。本项目可以根据“短期借款”、“长期借款”、“应付债券”、“库存现金”、

"银行存款"等科目的记录分析填列。

3."收到的其他与筹资活动有关的现金"项目,反映商品流通企业除上述各项目外,收到的其他与筹资活动有关的现金流入,如接受现金捐赠等。本项目可以根据有关科目的记录分析填列。

4."偿还债务所支付的现金"项目,反映商品流通企业以现金偿还债务的本金。本项目可以根据"短期借款"、"长期借款"、"应付债券"、"库存现金"、"银行存款"等科目的记录分析填列。商品流通企业偿还的借款利息、债券利息,在"分配股利、利润或偿付利息所支付的现金"项目反映。

5."分配股利、利润或偿付利息所支付的现金"项目,反映商品流通企业实际支付的现金股利,支付给其他投资单位的利润以及支付的借款利息、债券利息等。本项目可以根据"应付股利"、"财务费用"、"长期借款"、"库存现金"、"银行存款"等科目的记录分析填列。

6."支付的其他与筹资活动有关的现金"项目,反映商品流通企业除了上述各项目外,支付的其他与筹资活动有关的现金流出,如捐赠现金支出、融资租入固定资产支付的租赁费等。本项目可以根据有关科目的记录分析填列。

(四)"汇率变动对现金的影响额"项目填列方法

"汇率变动对现金的影响额"项目,反映商品流通企业外币现金流量及境外子公司的现金流量折算为人民币时,所采用的按现金流量发生日的汇率或平均汇率折算的人民币金额与"现金及现金等价物净增加额"中外币现金净增加额按期末汇率折算的人民币金额之间的差额。

五、现金流量表的编制方法

在具体编制现金流量表主表时,商品流通企业可根据业务量的大小及复杂程度,采用工作底稿法、T形账户法,或直接根据有关科目的记录分析填列。其中,分析填列法是直接根据资产负债表、利润表和有关会计科目明细账的记录,分析计算出现金流量表各项目的金额,并据以编制现金流量表的一种方法。下面以分析填列法为例说明现金流量表的编制方法。

【例12-6】资料承例12-1。采用分析填列法,该公司编制现金流量表如表12-7所示。

表12-7　现金流量表

会企03表

编制单位:华茂商业贸易公司　　　　2×16年度　　　　单位:元

项　　目	本期金额	上期金额
一、经营活动产生的现金流量:		
销售商品或提供劳务收到的现金	877 500	

续表

项目	本期金额	上期金额
收到的税费返还	0	
收到其他与经营活动有关的现金	0	
经营活动现金流入小计	877 500	
购买商品、接受劳务支付的现金	175 500	
支付给职工以及为职工支付的现金	225 000	
支付的各项税费	138 750	
支付其他与经营活动有关的现金	0	
经营活动现金流出小计	539 250	
经营活动产生的现金流量净额	338 250	
二、投资活动产生的现金流量:		
收回投资所收到的现金	0	
取得投资收益收到的现金	300 000	
处置固定资产、无形资产和其他长期资产收回的现金净额	0	
处置子公司及其他营业单位收到的现金净额	0	
收到其他与投资活动有关的现金	0	
投资活动现金流入小计	300 000	
购建固定资产、无形资产和其他长期资产支付的现金	525 000	
投资支付的现金	0	
取得子公司及其他营业单位支付的现金净额	0	
支付其他与投资活动有关的现金	0	
投资活动现金流出小计	525 000	
投资活动产生的现金流量净额	-225 000	
三、筹资活动产生的现金流量:		
吸收投资收到的现金	0	
取得借款收到的现金	0	
收到其他与筹资活动有关的现金	0	
筹资活动现金流入小计		
偿还债务支付的现金	25 000	
分配股利、利润或偿付利息支付的现金	0	
支付其他与筹资活动有关的现金	0	
筹资活动现金流出小计	25 000	
筹资活动产生的现金流量净额	-25 000	
四、汇率变动对现金及现金等价物的影响		
五、现金及现金等价物净增加额	88 250	
加:期初现金及现金等价物余额	300 000	
六、期末现金及现金等价物余额	388 250	

表中一些项目的计算过程如下：

(1)　销售商品、提供劳务收到的现金 = 1 500 000 + 255 000 + (300 000 - 1 177 500)
= 877 500(元)

(2)购买商品、接受劳务支付的现金 = 600 000 + 25 500 - (600 000 - 150 000) = 175 500(元)

(3)　支付给职工以及为职工支付的现金 = 75 000 + 150 000 = 225 000(元)

(4)　支付的各项税费 = 138 750(元)

(5)　收回投资收到的现金 = 150 000 + 150 000 = 300 000(元)

(6)　购建固定资产所支付的现金 = 450 000 + 75 000 = 525 000(元)

(7)　偿还债务所支付的现金 = 25 000(元)

六、现金流量表补充资料的编制方法

(一)将净利润调节为经营活动的现金流量

"将净利润调节为经营活动的现金流量"项目，实际上是经营活动产生的现金流量的另一种列报方法，即间接法的运用(表 12 - 5)。在间接法下，首先要列出净利润，然后对净利润进行调整(增加或减少)，即调整被包括在净利润中但是不涉及经营活动现金流入或现金流出的某些数额(如，折旧费用)，以及调整经营循环涉及的非现金流动资产和流动负债的各种变化，可将利润调节为经营活动的现金流量。调节公式如下：

经营活动产生的现金流量净额 = 净利润 + 资产减值准备 + 当期计提的固定资产折旧 + 无形资产摊销 + 长期待摊费用摊销 + 处置固定资产、无形资产和其他长期资产的损失(减:收益) + 固定资产报废损失(减:收益) + 公允价值变动损失(减:收益) + 财务费用(减:收益) + 投资损失(减:收益) + 递延所得税资产减少(减:增加) + 递延所得税负债增加(减:减少) + 存货的减少(减:增加) + 经营性应收项目的减少(减:增加) + 经营性应付项目的增加(减:减少) + 其他

【例 12 - 7】资料承例 12 - 1、例 12 - 2。公司将净利润调节为经营活动的现金流量，各项目计算结果及过程如下：

固定资产折旧 = 150 000 + 75 000 = 225 000(元)

财务费用 = 45 000 (元)

投资损失(减:收益) = - 150 000(元)

存货的减少 = 450 000(元)

经营性应收项目的减少(减增加) = - 877 500 (元)

将上述计算结果填入现金流量表补充资料，如表 12 - 8 所示。

表 12 - 8　现金流量表补充资料

补充资料	本期金额	上期金额
1. 将净利润调节为经营活动现金流量：		(略)

续表

补充资料	本期金额	上期金额
净利润	416 250	
加:资产减值准备	0	
固定资产折旧、油气资产折耗、生产性生物资产折旧	225 000	
无形资产摊销	0	
长期待摊费用摊销	0	
处置固定资产、无形资产和其他长期资产的损失(收益以"-"号填列)	0	
固定资产报废损失(收益以"-"号填列)	0	
公允价值变动损失(收益以"-"号填列)	0	
财务费用(收益以"-"号填列)	45 000	
投资损失(收益以"-"号填列)	-150 000	
递延所得税资产减少(增加以"-"号填列)	0	
递延所得税负债增加(减少以"-"号填列)	0	
存货的减少(增加以"-"号填列)	450 000	
经营性应收项目的减少(增加以"-"号填列)	-877 500	
经营性应付项目的增加(减少以"-"号填列)	229 500	
其他	0	
经营活动产生的现金流量净额	338 250	
2. 不涉及现金收支的重大投资和筹资活动:		
债务转为资本	0	
一年内到期的可转换公司债券	0	
融资租入固定资产	0	
3. 现金及现金等价物净变动情况:	0	
现金的期末余额	388 250	
减:现金的期初余额	300 000	
加:现金等价物的期末余额	0	
减:现金等价物的期初余额	0	
现金及现金等价物净增加额	88 250	

(二)不涉及现金收支的重大投资和筹资活动

一定期间内影响资产或负债但不形成该期现金收支的所有投资和筹资活动的

信息，应在报表附注中披露。这些投资和筹资活动虽然不涉及现金收支，但对以后各期的现金流量有重大影响。如融资租赁设备，记入“长期应付款”账户，当期并不支付设备款及租金，但以后各期必须为此支付现金，从而在一定期间内形成了一项固定的现金支出。“不涉及现金收支的投资和筹资活动”的业务主要有：债务转为资本、一年内到期的可转换公司债券和融资租赁固定资产。

（三）现金及现金等价物净增加额

“现金及现金等价物净增加额”项目与现金流量表中的“现金及现金等价物净增加额”项目的金额应当相等。

第五节　所有者权益变动表

一、所有者权益变动表的作用

所有者权益变动表，是反映构成所有者权益各组成部分当期的增减变动情况的报表。商品流通企业所有者权益变动表全面反映了商品流通企业一定时期所有者权益变动的情况，不仅包括所有者权益总量的增减变动，还包括所有者权益增减变动的重要结构性信息，特别是直接计入所有者权益的利得和损失等方面的情况，为会计信息使用者分析企业所有者权益的增减、准确判断企业资本保值增值等情况，提供了对决策有用的信息。

二、所有者权益变动表的结构

所有者权益变动表的结构分为表头和基本内容两部分，其格式如表 12－9 所示。表头主要包括报表名称、编制单位、编制时期和金额单位等。

表 12－9　所有者权益变动表　　　　会企 04 表

编制单位：华茂商业贸易公司　　　　2×16 年度　　　　单位：元

项　目	本年金额						
	实收资本	资本公积	减库存股	其他综合收益	盈余公积	未分配利润	所有者权益合计
一、上年年末余额	1 900 000				600 000	1 000 000	3 500 000
加：会计政策变更							
前期差错更正							
二、本年年初余额	1 900 000				600 000	1 000 000	3 500 000

续表

项　目	本年金额						
	实收资本	资本公积	减库存股	其他综合收益	盈余公积	未分配利润	所有者权益合计
三、本年增减变动金额（减少以“－”号填列）							
（一）综合收益总额					416 250	416 250	
（二）所有者投入和减少资本							
1. 所有者投入资本							
2. 股份支付计入所有者权益的金额							
3. 其他							
（三）利润分配							
1. 提取盈余公积					62 437.5	－62 437.5	0
2. 对所有者（或股东）的分配							
3. 其他							
（四）所有者权益内部结转							
1. 资本公积转增资本（或股本）							
2. 盈余公积转增资本（或股本）							
3. 盈余公积弥补亏损							
4. 其他							
四、本年年末余额	1 900 000				662 437.5	1 353 812.50	3 916 250

根据财务报表列报准则的规定，所有者权益变动表各项目分为“本年金额”和“上年金额”两栏，各项目应根据所有者权益各相应科目的发生额分析填列。

第六节　财务报表附注

一、财务报表附注的概念及作用

财务报表附注，是对在资产负债表、利润表、所有者权益变动表和现金流量表等报表中列示项目的文字描述或明细资料，以及对未能在这些报表中列示项目的说明等。

财务报表由于受格式、反映形式等因素的限制，有时所提供的信息不能完全满足报表使用者的需要。对此，需要用财务报表附注的形式完善财务会计报告，为会计信息的使用者理解财务报表提供帮助。财务报表附注既是对财务报表的补充说明，也是财务报表不可缺少的内容。很多情况只有通过报表附注，才能对财务会计报告有全面、准确的理解，一些在报表中以表格形式难以表达的内容，也需要通过报表附注加以反映。可见，财务报表附注在保持报表正文简练的基础上提供一些与报表的数据相关的信息，它不仅能增进会计信息的可理解性，突出会计信息的重要性，提高会计信息的可比性，而且还可以反映作为整个财务报表组成部分的非数量信息以及其他比报表本身更为详细的信息，说明报表中个别项目的质量和条件限制等。财务报表的使用者通过阅读财务报表及其相关的附注，能为其决策提供更充分的信息。

二、财务报表附注的内容

财务报表附注提供的信息十分广泛，一般商品流通企业报表附注主要包括以下内容。

（一）企业的基本情况

1. 企业注册地、组织形式和总部地址。
2. 企业的业务性质和主要经营活动。
3. 母公司以及集团最终母公司的名称。
4. 财务报表的批准报出者和财务报表批准报出日。

（二）财务报表的编制基础

一般商品流通企业编制的财务报表都应该以会计主体、会计分期、持续经营和货币计量四项会计基本假设为基本前提。但是当商品流通企业鉴于某些特定情况，编制的财务报表不能满足上述基本前提中的某一个或者若干个时，则必须在财务报表附注（尾注）中对此作出详细说明。

（三）遵循企业会计准则的声明

商品流通企业应当声明编制的财务报表符合企业会计准则的要求，真实、完整地反映了企业的财务状况、经营成果和现金流量等有关信息。如果企业编制的财务报表未能全部遵循企业会计准则,附注中不得作出这种表述。

（四）重要会计政策和会计估计

商品流通企业应当披露采用的重要会计政策和会计估计,不重要的会计政策和会计估计可以不披露。在披露重要会计政策和会计估计时,应当披露重要会计政策的确定依据和财务报表项目的计量基础,以及会计估计中所采用的关键假设和不确定因素。

（五）会计政策和会计估计变更以及差错更正的说明

商品流通企业应当按照《企业会计准则第 28 号——会计政策、会计估计变更和差错更正》及其应用指南的规定,披露会计政策和会计估计变更以及差错更正的有关情况。

（六）报表重要项目的说明

商品流通企业对报表重要项目的说明,应当按照资产负债表、利润表、现金流量表、所有者权益变动表及其项目列示的顺序,采用文字和数字描述相结合的方式进行披露。报表重要项目的明细金额合计,应当与报表项目金额相衔接。

（七）其他需要说明的重要事项

其他需说明的重要事项主要包括或有事项和承诺事项、资产负债表日后非调整事项、关联方关系及其交易等,具体的披露要求须遵循相关准则的规定,分别参见相关章节的内容。

思考题与练习题

一、思考题

1. 什么是财务报表？商品流通企业财务会计报告有哪些种类？

2. 我国企业资产负债表是科目式还是报告式？科目式结构的内在含义是什么？资产和负债应当如何分别列示？

3. 我国企业利润表是多步式还是单步式？编制多步式利润表分为哪几个步骤？从利润表能否直接得出营业利润、利润总额和净利润的金额？

4. 资产负债表反映了现金的结存,利润表又表达了利润的形成,为什么还要单独编制现金流量表？商品流通企业现金流量分为哪几类？

5. 所有者权益变动表与其他财务报表之间有着怎样的关系？

二、练习题

1. 某商品流通企业为增值税一般纳税人,适用的增值税税率为 17%。库存商品按数量进价金额核算,商品售价不含增值税,其销售成本随销售同时结转。20×16

年1月1日资产负债表(简表)资料如表12－10所示。

表12－10　资产负债表(简表)

编制单位:某商品流通企业　　　　2×16年1月1日　　　　金额单位:万元

资　产	年初余额	负债和所有者权益	年初余额
货币资金	320.4	短期借款	200
交易性金融资产	0	应付账款	84
应收票据	24	应付票据	40
应收账款	159.2	预收账款	60
预付账款	0.16	应付职工薪酬	4
存货	368	应交税费	9.6
长期股权投资	480	应付利息	40
固定资产	1 442	长期借款	1 008
在建工程	100	实收资本	1 600
无形资产	204	盈余公积	96
长期待摊费用	50	未分配利润	6.16
资产总计	3 147.76	负债和所有者权益总计	3 147.76

2×16年甲上市公司发生如下交易或事项:

(1)以商业承兑汇票支付方式购入库存商品一批,发票账单已经收到,增值税专用发票上注明的货款为30万元,增值税额为5.1万元。材料已验收入库。

(2)委托证券公司购入公允价值为100万元的股票,作为交易性金融资产核算。期末交易性金融资产公允价值仍为100万元。

(3)计算并确认短期借款利息5万元。

(4)计算并确认坏账准备8万元。

(5)计提行政管理部门用固定资产折旧20万元;摊销管理用无形资产成本10万元。

(6)销售库存商品一批,该批商品售价为100万元,增值税为17万元,实际成本为65万元,商品已发出。甲公司已于上年预收货款60万元,其余款项尚未结清。

(7)分配工资费用,其中企业行政管理人员工资15万元,在建工程人员工资5万元。

(8)计提应计入在建工程成本的长期借款利息20万元。

(9)确认对联营企业的长期股权投资收益50万元。

(10)计算并确认应交城市维护建设税3万元(教育费附加略)。

(11)转销无法支付的应付账款30万元。

(12)本年度实现利润总额54万元,所得税费用和应交所得税均为18万元(不考虑其他因素);提取盈余公积3.6万元。

要求:(1)编制该商品流通企业2×16年度上述交易或事项的会计分录(不需编制各损益类科目结转本年利润以及利润分配的有关会计分录)。

(2)填列该商品流通企业2×16年12月31日的资产负债表。

2. 甲商贸公司为增值税一般纳税企业,适用的增值税税率为17%,适用的企业所得税税率为25%。商品销售价格中均不含增值税额。按每笔销售业务分别结转销售成本。

2×16年6月,甲商贸公司发生的经济业务如下:

(1)向A公司销售商品一批。该批商品的销售价格为600 000元,实际成本为350 000元。商品已经发出,开具了增值税专用发票,并收到购货方签发的不带息商业承兑汇票一张,面值702 000元。

(2)委托B公司代销商品1 000件。代销合同规定甲公司按已售商品售价的5%向B公司支付手续费,该批商品的销售价格为400元/件,实际成本为250元/件。甲公司已将该批商品交付B公司。

(3)甲商贸公司月末收到了B公司的代销清单。B公司已将代销的商品售出500件,款项尚未支付给甲公司。甲公司向B公司开具了增值税专用发票,并按合同规定确认了应向B公司支付的代销手续费。

(4)6月25日,甲商贸公司向乙公司销售一批商品,开出的增值税专用发票上注明的销售价格为100 000元,增值税额为17 000元,该批商品成本为62 000元。为及早收回货款,甲商贸公司和乙公司约定的现金折扣条件为:2/10,1/20,n/30,乙公司在2×16月30日支付货款。假定计算现金折扣时不考虑增值税。

(5)计算本月应交所得税。(假定甲商贸公司不存在纳税调整因素,其资产、负债账面价值与计税基础一致)

其他相关资料:

除上述经济业务外,甲商贸公司6月份有关损益类账户的发生额如表12-11所示。

表12-11 单位:元

账户名称	借方发生额	贷方发生额
其他业务收入		30 000
其他业务支出	20 000	
税金及附加	15 000	
管理费用	60 000	

续表

账户名称	借方发生额	贷方发生额
财务费用	22 000	
营业外收入		70 000
营业外支出	18 000	

要求：

(1)编制甲商贸公司上述(1)至(5)项经济业务相关的会计分录。

(2)编制甲商贸公司6月份的利润表。

3. 某商品流通企业2×16年有关资料如下：

(1)当期销售商品实现收入100 000元；应收账款期初余额20 000元，期末余额50 000元；预收账款期初余额10 000元，期末余额30 000元。假定不考虑坏账准备和增值税因素。

(2)当期用银行存款支付购买库存商品货款48 000元；当期支付前期的应付账款12 000元；当期购买库存商品预付货款15 000元；当期因购货退回现金6 000元。

(3)当期实际支付职工工资及各种奖金44 000元。其中，经营人员工资及奖金35 000元，在建工程人员工资及奖金9 000元。另外，用现金支付离退休人员退休金7 000元。

(4)当期购买工程物资预付货款22 000元；向承包商支付工程款16 000元。

(5)当期购入某公司股票1 000股，实际支付全部价款14 500元。其中，相关税费200元，已宣告但尚未领取的现金股利300元。

(6)当期发行面值为80 000元的企业债券，扣除支付的佣金等发行费用8 000元后，实际收到款项72 000元。另外，为发行企业债券实际支付审计费用3 000元。

(7)当期用银行存款偿还借款本金60 000元，偿还借款利息6 000元。

(8)当期用银行存款支付分配的现金股利30 000元。

要求：根据上述资料，计算甲股份有限公司现金流量表中下列项目的金额：(1)“销售商品、提供劳务收到的现金”项目；(2)“购买商品、接受劳务支付的现金”项目；(3)“支付给职工以及为职工支付的现金”项目；(4)“购置固定资产、无形资产和其他长期资产所支付的现金”项目；(5)“投资所支付的现金”项目；(6)“吸收投资所收到的现金”项目；(7)“偿还债务所支付的现金”项目；(8)“分配股利、利润或偿付利息所支付的现金”项目。

参考文献

[1]中华人民共和国财政部. 企业会计准则 2006[M]. 北京:经济科学出版社,2006.

[2]中华人民共和国财政部. 企业会计准则——应用指南 2006[M]. 北京:中国财政经济出版社,2006.

[3]财政部会计司. 企业会计准则讲解 2006[M]. 北京:人民出版社,2007.

[4]财政部会计资格评价中心. 初级会计实务[M]. 北京:中国财政经济出版社,2007.

[5]唐丽春,王国生. 商品流通企业会计实务[M]. 北京:科学普及出版社,1996.

[6]李佩,王国生. 财务会计[M]. 北京:中国轻工业出版社,2001.

[7]王国生. 财务会计[M]. 北京:中国人民大学出版社,2012.